JN045452

いま最もメジャーな人たちの重大メッセージ

地球大崩壊を超えてゆく

《意識進化》の超パワー！

Our Moment of Choice:
Evolutionary Visions and Hope for the Future

ロバート・アトキンソン
カート・ジョンソン
デボラ・モルダウ 編
喜多理恵子 訳

ヒカルランド

本書はまさにいまの時代に応える本、世界中の進化的リーダーたちの素晴らしい活動の証しです。人類はいま、進化の跳躍を遂げようとしています。本書は間違いなくあなたを奮い立たせてくれるでしょう！

――ジャック・キャンフィールド
『ニューヨーク・タイムズ』紙ベストセラー1位『こころのチキンスープ』シリーズ共著者

本書は世界を癒やす慈しみの叡智、魂の回復剤であり、タイムリーで刺激的な偉業のビジョンです。有益な種全体の惑星進化への奉仕に向けて協調意識を喚起する私たち人間の能力が、この素晴らしい本の全37章に描かれています。本書の著者と編集者が見事に表現した先見の知恵、最先端の科学的発見、社会的・進歩的な経済と教育の方向性、再生可能な環境と気候変動戦略は私たち7世代とさらに先の世代にガイア医学の生命のギフトとして熱狂的に迎えられることでしょう。感謝を捧げます。

――オスカル・ミロ＝ケサーダ
ヒーラーズ・ハート創始者

この革新的で画期的なメッセージは現代の偉大なビジョナリーや進化的リーダーからの希望と知恵のメッセージであり、ニューアースを迎える私たちを成長と変革に導く世界的ムーブメントを生み出しています。本書を強くお薦めします。

——アニータ・ムアジャーニ

『ニューヨーク・タイムズ』紙ベストセラー

『喜びから人生を生きる！』『もしここが天国だったら？』（いずれも、奥野節子訳、ナチュラルスピリット）著者

変化の激しい時代の大切な薬！

——ステファン・ディナン

ザ・シフト・ネットワークCEO

この本は、選択といたわりと慈しみの壮大なアファメーション、愛の歌である。

——ゲーリー・ズーカフ

『なぜ《魂のパワー》が宇宙のしくみを発動させるのか』（坂本貢一訳、ヒカルランド）

『踊る物理学者たち』（佐野正博・大島保彦訳、青土社）著者

本書は、人類意識の大いなる進化の流れの合流点を見極める優秀な著者陣が織り成す美しい交響楽であり、私たちをより高次な世界的変革へと導いてくれます。多元的かつ多様な外界に存在する根源的な統一性を表現し、愛と思索をもって私たちを超越へと導く、感動と驚異の作品なのです。ここで述べられている多面的なアプローチは、一貫して、愛、思いやり、人類への無私の奉仕が土台となった健全な地球の在り方へ向かう私たちの全体性の真理を説いています。これは私たちの集合的覚醒への道筋を示す、啓示的な地図なのです。

——オードリー・キタガワ
万国宗教会議議長

人類最大の課題に対する見解、未来に対する個人的ビジョン、そして幾層にもわたる地球規模の危機の手がかりを解明し、啓発するための方策を伝えてくれた43人の聡明な進化的指導者に感謝します。これらの賢明な長老たちは、意識の同調を促しながら、地球文明の繁栄を超える世界観を明確に示しています。

——アレックス・グレイ、アリソン・グレイ
ビジョナリーアーティスト、CoSM（チャペル・オブ・セイクリッド・ミラーズ）共同創設者

本書は、知恵深い教師たちで構成された素晴らしいコミュニティによる深い考察であり、私たち1人ひとりを発見の旅に誘います。各章は、自己、他者、そして世界における全体性とのつながりを育む選択をするために、私たちの潜在的可能性を呼び起こします。この著者たちは皆、古今東西の人間の意識拡大運動の助産師であり、人類と地球の運命の時に新たな生命への希望と道筋を提供しているのです。

――ビクター・H・カザンジャン・ジュニア
牧師、ユナイテッド・レリジョン・イニシアティブ執行役員

我々人類は、あなたと私を含め、これまでで最も重要な決断をしようとしています。私は誰なのか、そして私は誰になることを選ぶのか。このような問いに答える時が来ています。これは地球上の生命の向上だけでなく、霊魂の進化にも関わることです。この注目すべき本に書かれている、注目すべき人々の言葉は、あなたの人生と地球に注目すべき変化をもたらします。あなたを信頼し最善を尽くしてくれた人たちに、あなたが愛をもってこの変化を遺すのです。皆さんの深い熟慮が求められています。私たちは重要な時を迎えているのです。

――ニール・ドナルド・ウォルシュ
『ニューヨーク・タイムズ』ベストセラー作家、
『神との対話』〔吉田利子訳、サンマーク出版〕など、スピリチュアリティに関する書籍9冊を執筆

人類の意識の進化の最先端にいるすべての人に、深く感謝します。
そして、地球上のすべての存在に愛と感謝を捧げます。

目次

サークル2　生態系のバランスを取り戻す　67

サークル5 科学と霊性の統合

サークル7　全体構想　313

凡例

・本書は以下の書籍の全訳である。

Robert Atkinson, Kurt Johnson and Deborah Moldow (Eds.), *Our Moment of Choice: Evolutionary Visions and Hope for the Future* (Atria Books/Beyond Words, a Division of Simon & Schuster, Inc., 2020).

・[　]は著者による補足、〔　〕は訳者による補足を示す。

・原文において強調のため斜体とされている箇所は、訳文では傍点を付して示した。

序文

新しい時代の夜明けにあたっての進化的ビジョン

デボラ・モルダウ師
ダイアン・マリー・ウィリアムズ

選択の瞬間が迫っています。人類の歴史において、いまほど団結と準備を迫られたことはありません。私たちは相乗効果(シナジー)の原理に基づいた新しい形のリーダーシップを発揮するために、準備に取りかからねばなりません。

本書は、希望の本です。行動そのもの、革新そのものです。人間意識の次のレベルに向かう、世界的につながった人類ネットワークの共同収束を呼びかけます。

未来は足早に近づいています。スクリーンを見るとまたたく間に溶けてゆく氷河や自然の大災害の様子が映されています。政治は私たち皆を苦しめています。それでも私たちは人間の歴史において最大の進化的跳躍をまさに遂げているところなのです。

ソース・オブ・シナジー財団は意識の飛躍的拡大と惑星意識に世界的波及効果をもたらすシナジー・エネルギーの解放をサポートします。個人が、組織体が、コミュニティが、国民が全体の善を追求する責任を共有すれば、その集合的な努力は全体のためにはるかに壮大な効果をもたらします。

そのシナジー的な勢いから生まれたのが、エボリューショナリー・リーダーズ・サークル（進化的リーダーの仲間たち）です。

ソース・オブ・シナジー財団はディーパック・チョプラとチョプラ・ファウンデーションが、明確な先見のビジョンをもつ著述家、教育者、社会活動家を集めて２００６年に作った組織で、世界の変容を求めて意識の進化運動を構築する人々から構成されています。２００８年にはソース・オブ・シナジー財団とチョプラ・ファウンデーションはカリフォルニアのグローバル・ニューソート協会に加わって35名の進化的リーダーを招集し、「意識進化の呼びかけ」を打ち出しました。その動機となったのは「意識の転換を加速させるために、私たちが力を合わせてできることは何だろうか？」という問いかけでした。この呼びかけは進化的コミュニティ約5万人のメンバーに支持され、いまも人類意識の進化をインスパイアし、サポートし、奉仕している人々が集まり続けています（あなたも evolutionaryleaders.net/acallto consciousevolution よりご参加いただけます）。

現在、エボリューショナリー・リーダーズ・サークルには、潜在能力の共同フィールドに戦略的に従事し、進化を目指す世界中の共同体に相乗作用を与えるという共通の誓いのもとに１８６名が参加し、いまの私たちの軌道を覆して次のレベルへの全体的進化を支えるために活動しています。本書はすべてこのエボリューショナリー・リーダーズ・サークルのメンバーの寄稿であり、それぞれのチャプターが集まってより大いなる全体の相乗効果を共創するものです。

この比類なき本は私たちの時代の力強い呼びかけに１人ひとりが自分なりの方法で応えられるように、ツールと洞察とインスピレーションを提供するために生まれました。私たちの生活を意識的に生き、大いなる潜在能力を意図的に解き放つと心を決めた時に、私たちの意識の進化は起きると信じています。私たちはすべてにとって良い方向に進むために毎瞬、そのような選択をすることによって進化を進めることができるのです。

本書では、皆にとっての善のために励む社会を実現するために、進化の方向性について7つの領域を探究します。どのセクションも、共鳴のフィールドを築き、意識の進化的飛躍を加速するための秘訣はシナジーのパワーであることを説明しています。

あなたが本書を読んでおられるのは、世界を変容させる意識の進化運動を率いるこの進化コミュニティの一員だからです。あなたは愛と癒やしの共同フィールドにとって、なくてはならない存在です。このフィールドこそが共創・思いやり・慈愛・感謝・協力から成る未来、ハートで生きる未来を生み出すのです。

本書が推進の波となって進化のプロセスに貢献し、私たちのあらん限りの進化的潜在能力をもって現代の問題を変容しますように――そして美しい私たちの地球でまったく新たな動作周波数で命を完全に開花させて生きられますように、そして繁栄の未来が示されることを願っています。

では、新しいパラダイムにまいりましょう。私たちが表現し得る、最高の人間として力を合わせること――その最高のビジョンを起動しましょう。選択肢は私たちにあるのですから。

詳しい情報を知りたいかたは、sourceofsynergyfoundation.org、evolutionaryleaders.net、ourmomentofchoice.com あるいは info@sourceofsynergyfoundation.org をご訪問ください。

イントロダクション

新しい人間のストーリー――極限の時代を豊かに前進してゆくパワー

グレッグ・ブレイデン

私たちの存在の中心には、1つの問いが潜んでいます。私たちのすべての選択の奥に潜む、言葉にならないこの問いは、私たちが試されるすべての挑戦の中に息づいており、私たちが今後も直面するすべての決断の基盤でもあります。すべての疑問の根底にあるこの問い――この地球でおよそ20万年もの間、数えきれない多くの人が数えきれないほど問いかけてきたあらゆる質問の根源にある問いとは、「私たちは何者なのか」というシンプルな問いです。

私たちのストーリーは重要です

この問いそのものは短くシンプルなものですが、私たちが自分自身について語るストーリーは、私たちがこの問いから単純に逃れることができないことを伝えています。それは、私たちの人生のすべての瞬間の中核を直接引き裂くのです。私たちのストーリー、つまり、私たちの過去、起源、宿命、潜在力についての信念は、私たちが自分や他人をどう捉えるかや、どのような選択をするかを決定づけます。これによって私たちは誰を友人・家族・パートナー・生涯の相手に選び、どんな仕事を選び、どのように身体を癒やすかを決めているのです。私たちのストーリーは、この社会そのものを形成しています。身体のための栄養の摂り方から、自分や子どもや老いてゆく両親の労り（いたわり）方まで、すべてに私たちのストーリーが表れています。

そして、私たちのストーリーはさらに深くにまで根差しています。文明そのものの基盤にある思考をも伝えています。生きてゆくための資源である食物、水、薬品、生きるための基本的ニーズの共有方法にも影響しています。どのような理由でいつ、どのように戦争に行くかや、いつ私たちが平和を受け入れるかまで、ストーリーが決めています。自分たちについての信念は、どのような時に人の命を生かし、いつ命を終わらせるかという思考を正当化するのです。

記録に残る２０００年もの歴史ののちに迎えたこの21世紀の夜明けを迎えているいま、私たちの存在の最大の皮肉は、私たち自身についてのこの最も基本的な問いに明確な答えを見出していないことです。私たちの存在についての真実を発見することは、エネルギーと資源を傾けるべき価値あることです。人類という種の生命と生存の最大の危機に直面しているいま、この発見は非常に重要になっています。

極限の時を進んでゆく

私たちはいま、極限の時代を生きています。世界は極限のシフトを迎え、私たちの人生は極限の変化の只中にいます。伝えておきますが、この極限はまったく悪いものではありません。例えば、テクノロジーやインターネットの極端なシフトによって歴史上最大の規模で人同士がつながり、情報を共有することが可能になりました。問題は、持続不可能な思考や生き方が極限に達していることです。気候、エネルギー、貧困、環境の面においてはこのまま進めば衝突する岐路を進んでいる飛行機のようなもので、私たちがこれまでのような持続不可能な生き方を抑制しなければ、いくつもの衝突事故を免れることはできません。そうなれば、地元共同体も世界的社会も、ひいては文明までも脅かされます。

この書籍では、この極限状態の理由とその健全な受け取り方を探究します。本書には貴重なチャンスの時間枠、つまり、「私たちの選択の瞬間」が提示されています。私たちはこの壊れて失敗したシステムをやめ、目前に見えている持続可能なテクノロジーや治療・平和・協力体制に取り換える選択をするのでしょうか？　それとも、私たちはこの時間枠を無視するのでしょうか？　この世界を二極化し、私たちを不安に陥れているエゴ・お金・権力・競争といった、慣れ親しんできた習慣にしがみつくことを選ぶのでしょうか？　私たちが成功するかどうかは私たち次第であり、鍵となる2つの要因に私たちがどう対処してゆくかにかかっています。

すなわち、

（1）極限に達していることを認めるか

（2）この比類なき時代を考慮した新しい考え方・生き方を受け入れる意思があるかどうかです。

私たちが選択する際には数々の未知の要因がありますが、絶対の確実性をもってわかっていることが1つあります。人生は私たちがまったく備えていなかった形にすでに変化していっていること、しかもこの変化はかつてない速さで起きているということです。

実現できるはずと信じている世界を創る

本当の私たち、新しい人間のストーリーを伝える、新たな発見を受け入れる時が来ています。この新しいストーリーを通して、これまでの私たち自身や世界との関わり方、過去の考え方を根本的かつ迅速に転換してゆかねばなりません。

私は、生来の楽観主義者です。私たちの生き方において、楽観できる本当の理由が私には見えています。同時に、私は現実主義者でもあります。このような転換を起こすためにどれほどの努力と作業を要するかについて、幻想を抱いてはいません。哲学者で著述家のハリール・ジブラーンは1923年に出版した有名な作品『預言者』で、この作業は愛を目に見える形にすることだと描写しました。つまり、この極限の時代を乗り越え、繁栄するために必要な膨大な作業とは、私たちの自己愛・お互いへの愛・世界への愛を目に見える形に表してゆくことなのです。私たちの子どもたち、そしてまたその子どもたちへと残してゆく世界、それは私たちの愛の形への遺産なのです。

幸い、世界的な大きな問題については、物理的な問題に関しては、すでに私たちは解決策を手にしています。科学の原理は、もう理解がなされました。テクノロジーは、すでに利用可能です。解決策は、いまここに、私たちのすぐ手の届くところにあります。クリーンで持続可能なエネルギーを私たちの世界のファミリー全員が豊かに使える世界、地球上のすべての人が健康な生きた食物ときれいな水を存分に摂取できる世界、すべての人の生きてゆくための基本的ニーズが満たされ、健康で意義ある人生を生きるための支援を受け取れる世界は実現可能であることを、私たちは知っています。その実現から私たちを隔てているもの、それは私たちが築いたり触れたり数値化したりできるものではありません。この世界を生き返らせる方程式は、捉えどころのない何かによって分断されています。その何かとは、私たちのマインドにすでに存在している思考です。それがこのような世界を創っているのです。そのような可能性を優先するビジョンを、私たちは受け入れたいでしょうか？

私たちは、自分自身や他者との関係性について深遠な真実を明らかにする発見を受け入れ、地球を創発的な世界へとつないでゆくのでしょうか？　私たちの思考を拡大させ、自分たちや地球のために、愛を目に見える形へ表現してゆく作業を、私たちは受け入れるでしょうか？　ここで本書の出番です。

いま、私たちにどのような異常変化が起きているかを明確に示す本は溢れるほどありますが、そのような状態に対処するために、何がその対応の中核であるかという点には触れていないものがほとんどです。どのテクノロジーを選ぶべきなのかなど、どうして私たちにそんなことがわかり得るでしょう？　どのような方針を制定すべきなのか、どの法律を可決させたらいいのか、維持可能な経済をどのように築いてゆけるのか、どうすれば救命技術を共有できるのか、人間関係や社会を引き裂き苦しめている問題をどのように乗り越えてゆけるか。私たちの存在についての最も根本的な問い「私たちは何者なのか？」という問いに私たちが答えを出してこそ、これらの答えも出ます。個人・家族・国民・文明として、この何よりも根本的な理解が私たちの選択や方針の優先順位を決める礎となります。

この問いに答えずに人生を変える決断を下すとは、扉がどこにあるかわからないまま家に入ろうとしているようなものです。窓を割ったり、壁を打ち崩したりすることはできますが、それでは家を傷つけてしまいます。まさにそれが、いまの状況かもしれません。人類の人口は１９００年には16億人でしたが、１世紀と少しが過ぎた２０１９年には約77億人と４倍に増えました。私たち人類ファミリーは、私たちの本質を理解し、それを鍵として使ってゆくことで成功の解決策の扉をくぐることができます。あるいは私たちの故郷、地球と私たち自身の両方を損なうまで無条件反射的な行動や不完全あるいは廃れた科学から成り立つ誤った想定で危機に対応し続けることもできます。

私たちは世界や自分自身はこのようなものだと思わされてきましたが、本書は私たちが希望と可能性の新しい展望を開いてゆくにつれ、これまでの見方を根底から覆す７つの発見エリアを明示しています。読み進めるにしたがって、下記に通じる鍵を発見することでしょう。

・平和の文化としてのグローバルなコミュニティを築く。

・宇宙は生きており、知性をもった意識であるという捉え方に修正する。

・意識的なビジネス・メディア・企業家精神について、真に公正誠実で新たな倫理観をもつ。

・病気への対症療法ではなく、身体全体を生き方として治療する。

・霊性に基づいた科学のパワーに目覚める。

・宇宙は深くつながり合う完全に統合されたシステムであることを示す新しい科学的発見を理解する。

・世界が変容するための基盤は持続可能な生き方と繁栄であると理解する。

自分だけの旅をゆく

本書は、1つの目的のもとに書かれました。それは私たちの地球との関係、人間同士の関係、何より大切な自分自身との関係について正直に、誠実に、事実に基づいた理解を得ること、それによって私たちが力を得て強くなることです。この過程において、私たちに新しい洞察が育ち、「私たちは何者だろう?」というあの古代からの無限の問いに、新たな答えを発見するでしょう。

私たちの選択の瞬間への鍵は単純です。この問いに、より良い答えが出たら、私たち自身のことがもっと深い理解を得ることができ、世界の変化を恐れなくなります。恐れがないとはつまり、情報に基づいて意識的な選択を行う態勢が整っているということです。

どうぞ読み進めて発見を手にしてください。あなたにとっての、それらの意味を探究してください。あなたの周りの人々と話し合ってください。これらの発見によって、あなたのストーリーや家族で共有しているストーリーが変わるかどうか、そしてどのように変わってゆくかを見ていてください。私たちの起源や過去、私たちの存在について根底に根差している概念について新たな発見が起きると、私たちの人生を定めている伝統的な信念を考え直すきっかけにもなります。考え直せば、人生の問題への解決策は明確になり、取るべき選択が明らかになります。本書は、教科書や教室ではまだ教わることのない発見を伝えるための本です。これらの発見こそが、新しい人間ストーリーを目覚めさせる鍵を握っているのです。

サークル 1

架け橋を築く

私たちが力を合わせれば、
世界コミュニティを築いて
平和な文化を生み出せます

第1章

平和の大地図

ジェームズ・オディア

恐ろしい暴力行為や残忍な紛争や搾取行為が起きているこの世界で、平和という概念が実現するとはとても思えないかもしれません。ですが、人類の歴史において、個人、共同体、活動家、宗教実践者、教育者、医療従事者、研究者、学者など、あらゆる存在にとってこれほど平和のための包括的な計画図が浮き彫りになった時代はありません。

私たちが平和の文化と称しているもの、これは1つの全体性システム、つまりすべてがお互いにつながり合い、影響を与え合っている1つのシステムであるという視点から見えるものです。暴力的な分裂と戦争を繰り返してきた古いサイクルから紛争解決、社会の癒やし、融和の実現のために明示された方策へ社会全体をシフトさせる計画を、私たちは作ってゆくことができるのです。多くの人がいま、互いにつながり依存し合っていることにどんどん気づきつつあり、それに従って行動してゆきます。意識的進化派としてこれまで分け隔てられていた知識分野を統合してゆけば、私たちの行動は明確なビジョンをもつ社会改革となります。

説明責任と法律

世界的な平和の文化を創造するための基盤要素は、法の支配とその保護に貢献することです。激動の世界大戦から世界が回復に向かっていた１９４５年、ニュルンベルク裁判において、人類に対する罪や、大量虐殺的・自民族中心的・全体主義的政権による基本的人権の重大違反を規定する重要な枠組みが新たに定められました。１９４８年には、駆け出したばかりの国連が地球上のすべての人の創造と保護を唱える包括的ビジョンとして全ての国の政府による署名を求める法的拘束力のある規約、世界人権宣言を提案しました。これが人類にとっての新しい世界ストーリーの予兆だと多くの人々が信じ、いまもそう信じている人々もいます。

ところが、この協定は採択されず、観念的相違によって2つの規約に分けられました。１つは市民的および政治的権利に関する国際規約で西洋の政府が署名し、もう１つは経済的、社会的および文化的権利に関する国際規約で共産主義圏とグローバル・サウス〔南半球の発展途上諸国〕が署名しました。これらの相違のため、大半の政府は両規約のビジョンを達成することはありませんでした(1)。分裂したのは残念でしたが、20世紀最後の数十年間は法律制定や国際条約、難民・マイノリティ・女性や子どもの権利についての新たな合意など世界的な平和文化に深い貢献が見られました。国際的な法制定の流れには公民権、異議を組織化し表現する政治的権利、労働者の権利、紛争地帯における人道的扱い、拷問からの解放、出版の自由なども含まれ、包括性が大きく広がってゆく進化的傾向が見えました。いまではこの流れに性的指向性、健康、環境保護といった分野の援助が加わっています。

私たちは、法律を、進化プロセスを動かす原動力と見なしますが、文化の変容には限界がありま す。例えばニュルンベルクでは、法律の選択的な適用という問題がありました。1つの法は戦勝国、もう1つの法は敗戦国が適用したのです（連合国によるドレスデン、広島、長崎の爆撃は戦争犯罪に該当しないのでしょうか）。政府が人権と平和の条約を選択的に承認しながらも完全な施行を公約しなかった例は、他にも多数あります。これに対し、世界中の人権運動は結集し続け、法律違反に対する説明責任と透明性を要求しています。

正義を立て直す

法的枠組みは、それに伴う刑罰の世界観によっても制限されます。法律違反があると、違反者への懲罰と制度に対する制裁措置が発生します。懲罰制という世界観には長期懲役が伴うことが多く、囚人を更生させる努力はほとんどなされず、結果として再犯率は高くなります。懲罰の世界観は、犯罪の根底にあるトラウマや傷といった物語性への対処がありません。トラウマや傷が暴力・復讐のサイクルパターンとして爆発し、無際限に繰り返されることが多いのです。幸い、懲罰的なものだけが私たちの世界観ではありません。

あらゆる要素が集まって有力な構造が集結し、さらに転換をもたらす癒やしの世界観がいくつか生まれています。その要素の１つが心理学的転換で、病理に焦点を置くのではなく、変化を生むようなポジティブな戦略に移行していることです。20世紀末に世界中でポジティブ心理学が躍進を遂げたことで、人々は民主的変化に携わるようになりました。関与が中心テーマとなり、人々の運動は盛んになってゆきました。ベルリンの壁は破壊され、アパルトヘイトは廃止され、数々の独裁政治に終止符が打たれ、「自分の人生に変化を起こしたければ、その変化は自分で生み出せる」というポジティブ心理学の原理は政治の舞台にも現れました。私たちは権利があるだけではなく、自らが生きたい文化を生み出す責任もあるという概念です。

公民権の強化、人種差別との対峙、性差別の露呈、フェアトレードの促進、環境保護の確立など市民行動主義の成熟がありました。深いレベルでの文化的変換への責任を担うための誘導的ビジョンとして多数のＮＧＯ（非政府機関）のために１９９０年代後半にある国際協議プロセスを通して地球憲章が起草され、そのビジョンが説明されました。

社会的正義を求めて投獄され、拷問され、命を捧げる人が絶えない中で、ニュルンベルクから50年後の１９９５年、南アフリカの真実和解委員会（ＴＲＣ）に至る間に１８０度の大転換が起きました。この際の最も重要な変化は、ただアパルトヘイトの違法化や体制乱用維持の責任者を罰したことではなく、正義の修復のために大がかりな尽力が実際に行われたことです。ＴＲＣの目標は説明責任に取り組みつつ、国民の深いトラウマの根源を調べてその傷を癒やす環境を作ることでした。紛争終結後の公正環境に対するＴＲＣの回復的アプローチは、応報的あるいは懲罰的正義を超えて前進しました。さらには事実に基づく物語に示された真実だけではなく、トラウマ的体験に示された真実をも尊重するという基準を生みました。ＴＲＣの過程では涙を流すことが歓迎され、回復アプローチにおいては主観的体験が最重要でした。

世界の政治舞台で正義の修復が関心と真剣な注目を集めていますが、これは決して新しいアプローチではありません。犠牲者／違反者の相互関係と説明責任という基盤上に築かれた修復的正義は、あらゆる先住民の実践――例えば、ベドウィン、ポリネシア、アメリカ先住民、アフリカの社会など――に強く根差しています。私はルワンダの大虐殺の後遺症に対処するガカカ裁判の見学を許可されるという幸運に浴したことがあります。その時、事件に関わる大勢の村民たちが積極的かつエネルギッシュに参加し、完全な真実を突き止めようという彼らの強い決意、そして真の悔恨が示された時には赦そうとする決意の固さに強い感銘を受けました。

近年、赦しや、赦しが個人や社会にもたらす癒やしについての関心が急増しています。犠牲者は、赦すことにより暴行のトラウマや傷執着症候群の罠から抜け出すことができます。赦しがなければ、犠牲者は未解決の恨みや憎悪に苦しみます。無条件の赦しでなくてもかまいません。回復的正義プロセスは修復と償いの利点を強調し、加害者の心からの悔恨を促進します。赦しは加害者に贖罪の道を、被害者に癒やしの道を与えます。赦しの取組みは、個人や共同体レベルで内なる心の癒やしと外的な対人関係の修復をつなぐことにより、平和地図に貢献します。このような内と外の全体的地図という考え方が、進化する平和パラダイムの重要な原動力です。

平和の実践

神経科学とマインドフルネスの実践という2つの異なる分野による貢献が勢いを増し、世界的平和の文化を築く統合的アプローチをも固め強化しています。神経科学は神経可塑性などの概念を介して私たちには生来適応力があり、新しい見識を受け取るようにできていることを明らかにしました。反応や先入観を伝達する神経経路が確立してから長時間経った後でも、経路は組み換えられ、共感力・つながり・他人への関与をもっと受け入れるようになるのです。ということは、闘争・逃避・凍結の反応の誘発を和らげ、人のことをもっと深く理解できるようになり、新しい意味を取り入れる新たなチャンスができるということになります。

瞑想とマインドフルネスに関する研究では、愛と優しさの瞑想などを定期的に実践することによって、不安、ストレス、感情的反応が大きく緩和することがわかっています。さらに、あらゆる呼吸のワークやハート・センタリングのテクニックによって平和なコミュニケーション、ハートの共鳴、思いやりをもった傾聴が行いやすくなります。

交渉術と問題解決のスキルの高い、もっと意図的で新しい非暴力コミュニケーション・アプローチも平和文化の進化を推進しています。効果的なハートからの（heart centered）コミュニケーションを行えば、真実が述べられた時に人は深く耳を傾け、話し手も受け取ってもらった、存在を認められたと感じられるような環境が培われます。このような対話は互いが違っていても深い一体感が味わえ、深遠な癒やしを起こし得ます。このようなスキルは家庭で、学校で、職場で、共同体で、政治の対話の場で、文化全体において特に必要となっています。互いに違っていても、育み合い愛されていると感じられる場を作るからです。

このようなハートからのコミュニケーションは精神性の成長への扉を開き、私たちは心の平安を探求するようになります。外界において進化することによって、私たちは永続的な無条件の平安への心の道をも上るのです。瞑想やマインドフルネスは心の平安を生む1つの側面ですが、この心の道を前進するとともに自己内省の意識が表れ、盲点や条件づけが表面化します。この精神的な作業には、私たちの視点や平安の作業を変換させる効力があります。現在は実践主義者をはじめ、より多くの人がいかにエゴ、個人の課題、未決の案件が対極性を維持し、優越感や独善主義を肥やしているかを認めています。この世に変化を求めているなら、私たちこそが変わらなければならないことに気づいています。私たちはこれ以上、平和のためと言いながら自分自身の未解決の敵意・怒り・フラストレーションを放っておいてはいけません。対立と、力を合わせるために自らの心を開いてゆくことは別ものであることは、もうわかっています。

マハトマ・ガンジーやマーティン・ルーサー・キング・ジュニアといった偉大な和平の調停者が身をもって示したこの統合的な実践主義の方法は、ここ十年の間に聖なる実践主義、神秘的アクティビズム、意識的アクティビズム、進化的アクティビズム、先見のアクティビズムとして知られるようになりました。この種のアクティビズムは人格の全体性と完全な真実に携わるための叡智と情熱の修練を要します。どこまでも対話であり、新しい科学とスピリチュアリズムの統合によって与えられます。意識的な新しい構造化形式によって、生態系や環境への深い気づきが生まれます。

私たちの平和文化のビジョンは次の通りです。

・ハート・コヒーレンスの場の設定方法を知る教師たちが、学校の場を整える。そうすることで感情知性が開花し、最善の学習をサポートする。

・教育システムは、一貫して非暴力コミュニケーションの教えと実践に献身する。

・共同体において、修復力のある正義が躍進を遂げる。

・多文化的な価値観を尊重するとともに、全生命の相互連結と相互依存を維持する生態系や経済を大切にする政策を作る政府を増やす。

・宗教における教条主義や主張争いを超えて、普遍的ワンネスと無限の多様性の肯定を可能にする霊的運動を行う。

・過去の多重的な社会的トラウマや、何世代と受け継がれてきた傷を癒やす社会を作る。

・マインドフルで、慈悲深く、熟した倫理観をもち、統合されたビジョナリー（先見の明がある人）である新たな政治的・社会的リーダー世代を創出する。

・大規模な破壊的物質主義から全地球的な奉仕への転換を果たすため、集合的な責任意識を覚醒する。

・意識の宇宙論が登場し、持続可能で永続的な平和の進化・開花をもたらす。

この先進的な平和の文化を生み出す動きに、あなたはどのように参加しますか？

第1章 スポットライト

全体性と平和の物語を実現するための私たちの課題は、橋のないところに橋を架け、すでにつながっているところはさらに強化することです。ジェームズ・オディアはこう伝えます。私たちは互いにつながり依存し合っていることにどんどん気づきつつある。その事実に従って行動すれば、この長い急激な進化プロセスにおいて平和は絶頂に達するだろう、と。正義の修復を実現するための地球規模での努力、思いやりによる個人的・社会的な癒やし、説明責任、赦し、ハートからのコミュニケーション、瞑想とマインドフルネスなど、ありとあらゆる社会的・科学的・霊的進展を遂げることで、私たちは内の世界と外の世界を変えることができます。どれもすべて同じ道のプロセスであり、これからは、自分たちの変化こそがこの世の中を変えるという理解で、皆が生きてゆくことになるでしょう。

『行動への呼びかけ』

毎朝、人類が平和文化に向かってゆくための進化プロセスについて、5分間瞑想しましょう。そしてその日に会うすべての人に、あなたの心の平安を親切という形で表現するよう意識して努めましょう。

第2章

21世紀のスピリチュアリティ――静寂の革命

デボラ・モルダウ師

私たちは、類稀（たぐいまれ）な時代を生きています。豊富な食糧を入手できるようになり、相対的に平和な生活ができ、数分のうちに世界中の人々と簡単に話ができるようになったと思ったら、次には産業化のために、私たちを生かしてくれている地球に大規模な破壊をもたらしていることに気づきつつあります。私たちは本来、この世界を共有するファミリーですが、これまでの私たちは個々の国籍や文化という狭小なレンズを通して存続の危機に対処しようとしてきました。ですが、この危機がもたらす動揺とカオスを肥沃な土壌に変え、世界全体の平和文化を開花させる新しい人間文明の夢をここに植えることは可能です。そしてその結実を育む光は、私たち１人ひとりの中にあります。

いま、異なる何かが出現しています。私たちにとって唯一の故郷である地球からあらためて居住の招待状をもらえるような、そのような新しい意識です。これが私たちにとっての最大の希望です。この意識レベルは、私たちは皆１つの故郷を共有する地球家族の一員であると考えています。このような考え方は、歴史上で初めてです。そして何十年にもわたる異教徒間関与の結果、すべての宗教は私たちの理解を超えた１つの真理を提示していることがわかっています。言語・文化・時代は違えど、すべては私たちが互いに優しく接すること、そして大義のために、自分の利得のための行動本能を制御することの必要性を説いています。

この認識によっていま、私たちの多様な背景と信念を超えた共有の価値観を基盤とする共同体の感覚が築かれつつあります。この流れの最先端の人々は、まだ大きくは知られていない運動に参加しており、その運動は人々の人生に意味を与え、すべての人とこの世界のすべての神聖さを広く認めてゆけるような育成にあたっています。

この深遠な精神性の出現には、私たちをようやく1つの人類として団結させるパワーがあります。国連は国家間で平和を築くという大きな試みでしたが、あまりにも課題が多いことから対立が頻繁に起き、実際に利害関係者すべてにとって共通の利益のために行動することはほとんど不可能でした。一方、私たちがハートのレベルで団結し、全体への奉仕のために個々の種族・国籍・宗教アイデンティティを脇に置くなら、今日私たちが直面している未来を脅かす最大の問題ですら克服することができるでしょう。

この静寂の革命は、すべての人に語りかけます。1人ひとりの才能を育て、私たち全員よりももっと大きなものに喜びをもって奉仕するという目的を実現してください、と。私たちは集合的進化の次のレベルで生きてゆくこと、私たちの想像を超えた未来、地球に平和が訪れてから初めて始まる未来を共に創造してゆくことを求められています。

主に3つの要因がこの創発的世界文化を動かしています。

1．グローバリゼーション

この包括的な言葉にはテクノロジー、移動、コミュニケーションなどのあらゆる領域が含まれています。ですが、先住民族の領地に初めてカメラが入った時以来、いずれこの地球は隅々まで地図化され、全住民を把握する時が来ることは明らかでした。このプロセスは20世紀にジェット機やテレビや国連、ついにはワールド・ワイド・ウェブの登場により加速しました。それと同時に、農業と商業の技術で生産画一性が普及したことで私たちの生態系の豊かな生物学的多様性は深刻なまでに蝕(むしば)まれ、使い捨て文化が生まれ、自然の仕組み通りの生命サイクルは無視され、この地球は無駄なごみで溢れかえっています。

膨大量の汚染を浄化し、地球と調和した完全な生き方を見つけるためには大きな変化が必要ですが、自然災害や政情不安の際には共感を通して世界中で共有の絆が強化しています。近年の国家主義的反感の高まりにもかかわらず、私たちは結束しています。1つの惑星を分かち合っているという この感覚は否定できません。

2．気候変動

私たちの氷山が溶け、海面の上昇によって引き起こされている危機は、世界中で苛酷な気象現象としてすでに起きています。威力を増すばかりのハリケーン、台風、竜巻、火事、洪水が起き、海岸線が変わり続けています。政府は影響緩和のために強力な対策をとる合意に至ることはまずありませんが、どんな国であれ単独では今後も起きるこの事象にうまく対処できないことは明らかです。

この世界でも最も裕福な国々に生まれた幸運な私たちは、その特権的な生き方にかかっているコストを見直し、私たちに命を与えてくれるこの美しい地球との関係性を考え直すことが求められています。

3.スピリチュアリティ

100年前、大半の人々は生まれついた宗教をそのままに信仰していました。いまも多くの人が、特に発展途上地域に生まれた人々はそのように信仰しています。ですがいまではいたるところで教育を受けた人々はありとあらゆる信仰や先住民伝統を知ることができ、すべての霊的教えの価値を認め、すべての信念体系は慈悲・寛容・優しさといった普遍価値につながっていることを静かに受け入れつつあります。

ルネッサンス期以来、科学は多大な躍進を遂げ、西洋では世俗主義が発達しましたが、宇宙の広大さや個人の苦しみに直面すると、人間が〝意味〟を求めるという深い必要性に対して世俗主義ではとても答えが出ないことが示されています。1つの特定の教義に縛られない新たなスピリチュアリティがいま、日常生活に浸透しつつあります。西洋の人々は、ヨガや太極拳など東洋に霊的ルーツをもつ実践に癒やしや強化を得ようとしています。ストレス緩和のために瞑想を行い、超越瞑想は学校で教わっているほどです。あらゆる信仰の人も、あるいは信仰のない人も、食べ物を祝福したりアメリカ先住民の儀式に参加したり、世界の平和のために共に黙禱を行ったりしています。

この進化は20世紀後半の異宗教間運動に倣(なら)ったもので、この運動によって異なる宗教リーダー同士の対話は大いに増え、より大きな相互理解への扉が開きました。かつては希少だった異宗教間奉仕は、憎悪犯罪や自然災害への対応において今は一般的です。

個人のエンパワーメントのこの時代において、私たちはフェイスブックの友達追加ではもう満足できず、共同体を切望しています。そして自然ともっと深くつながりたいと願っています。私たちは自分の安全と快適を得ようと勤しむ間に特別な生命の網との触れ合いを失いましたが、私たちはこの自然界の一部であるという世界中の先住民族が長らく保持してきた知識に再び目覚めつつあるのです。

過去においては、信仰深い人々の動機は自分の共同体の中で善を行うことでした。現代のスピリチュアリティ探究者は、全人類への奉仕を願っています。気が遠くなるかもしれませんが、これが未来の在り方であり、危険が高まるにつれその推進力も高まっています。すべての宗教と霊的伝統の本質である「善を求める意志」は過去の部族的構造を打開し、「人々の人生により大きな意味と目的感を成就する」という地球規模の衝動へと変わっています。

この霊的改革はグローバライゼーションによって生じた巨大な移民の動き、そして気候変化と相まって国籍・言語・文化・伝統・さらには人類ワンネスにとって最難関であった人種といった融通のきかない分断を溶かしています。私たちはいま、極度の国家主義という大波から生じたしっぺ返しを受けており、現行の軍事主義はすぐにはなくなりそうにはありませんが、その間にも穏やかでかつ強力な意識の転換が実際に、かなり急速に進んでいます。問題は、人類の未来の世代繁栄に向けて、この新しい意識が時間内に転換期に達することができるか、ということです。

それは、私たち次第です。

第2章 スポットライト

霊的な成長に励みながら心の平和を実践する、このプロセスが私たちを新しい意識へ向かわせてくれます。私たちは地球という故郷を分かち合う一大家族であることが見えてくる、これは歴史上かつてなかったことだとデボラ・モルダウは伝えています。これまで何十年におよぶ異宗教間関与を経てきましたが、これによってどの宗教もすべて普遍の真理を示していることがわかってきています。私たちには、共通の価値観に基づいた共同体の感覚を築いてゆくことができます。そしてこの共有の感覚は、私たちの和合を妨げてきた過去の障害や分断を溶かしています。

『行動への呼びかけ』

どの伝統もすべて、異なる視点から普遍的価値を伝えています。あなたの宗教的・霊的世界観とは異なる、新しい宗教的・霊的価値観について学ぶ時間をとってください。すべての人の中に神の光を見るために、これをあなたの使命としてください。

第3章

進化的な未来ビジョンと「ハードサイエンス」の統合

デイヴィッド・スローン・ウィルソン（博士）
カート・ジョンソン（博士）

2019年の春、マインド・アンド・ライフ・インスティテュートは、私たちの1人（デイヴィッド）をインドはダラムサラのダライ・ラマ法王の自宅に招聘し、一対一の対話を行う機会を与えてくれました。[1] デイヴィッドの研究は自然淘汰（明確には「グループ」と「マルチレベル」の選択）に関する科学の理解を精緻化することで、進化における協調および利他的行為の位置と役割が明確化し、進化生物学に大改革をもたらしていました。[2]

デイヴィッドはゲストを1人連れてよいということだったので、彼を進化的リーダーに紹介したカートをすぐに招待しました。二人とも進化生物学の博士号を持つ「ハードサイエンス」（物理学、化学、生物学などの諸科学。心理学、社会学など厳密に測定しづらい「ソフトサイエンス」との対比でこう呼ばれる）の研究者と認められています。さらに私たちは意識の進化にも深い関心がありますが、進化生物学者の同僚の多くにとっては、それは二次的なものと捉えられていました。[3]

デイヴィッドは、彼が進化生物学の道に入った1970年代には、その分野の研究は遺伝的進化に限られ、文化的・個人的進化の研究は別の分野に任されていたことを法王に伝えました。遺伝子はすべて「利己的」なものと見なされ、利他的行為の進化はきわめて非現実的とされていました。進化には目的はなく、変異はランダムに起きるものであり、自然淘汰の影響は有機体の直近環境への適応のみに限られていました。

そのままに受け取ると自己放棄という進化の西洋的観点は、法王の根本的な伝統、苦しみを断つことを目指す仏教との共通点はほとんどありません！　ですが、デイヴィッドはハードな進化科学は遺伝子変化から拡大してエピジェネティックな、個人の、文化の変化を包含するようになったと話し続けました。自己中心的進化に加えて利他主義の進化も説明がつきます。そして進化には方向性をもった要素もあり得ること、特に人間の文化的進化についてそうであるといえるようになったこと。進化に関する思考は発達しており、２５００年の伝統をもつ仏教や世界のすべての宗教や霊的伝統との共通点の探求へと変容しているのです。

デイヴィッドから法王へのメッセージは、進化は遺伝子の変化のみならず個人・文化・宇宙の進化が関わっていると考えている、自らを進化的リーダーと呼ぶ人々にとっても同様に重要です。彼らは進化には意識的次元があり、古生物学者でイエズス会神父のピエール・テイヤール・ド・シャルダン（１８８１〜１９５５）が「オメガポイント」と呼んだ世界意識に向かっていると考えています[4]。彼らの生態系観はホリスティックで、地球全体を崇めるべき単一有機体、隠喩的女神ガイアとして捉える傾向があります。

ハードな進化科学は、幾つかの点で進化的リーダー達の観点に追いつきつつあります。そしてその見返りとなるものを提供します。進化は意識的に進めるプロセスとなり、地球は1つの有機体となり得るのですが、それを実現するには特定条件があり、その条件はひとりでに整うわけではありません。この条件を満たすには、社会的に構築しなければいけません。これが実現した時には、文化的進化は完全な意識的プロセスとなっていることでしょう。

一方で、進化論的ハードサイエンスが進化的リーダーシップの展望をどのように支持し貢献できるかを述べましょう。

遺伝進化を超越する

ダーウィンは遺伝子についての知識は一切ありませんでした。彼は変動、選択、複製、あるいは子孫が両親のパターンに相似する傾向という観点から自然淘汰を定義しました。さらに、彼の理論は自然界のみならず人類のすべてを説明できると確信していました。

ところが20世紀初めに遺伝科学が出現すると、進化の研究は瞬く間に遺伝進化のみに制限されました。まるで、子孫が両親に似る唯一の方法は遺伝子共有と捉えているようでした。人類学、社会学、歴史学、心理学などの分野は文化的・個人的変化を進化理論から切り離して、また時によっては進化理論に反対するかのように研究を進めました。これらの研究は互いから大きく孤立したまま発展し、その結果、知識の群島ともいえるような、ほとんど共通点のない思考の島がたくさん生まれました。

より近代になって進化生物学者らは基本に立ち返り、進化は変動と選択と複製の3つの要素が組み合わされたプロセスであると定義しました。遺伝複製の他にエピジェネティクス（遺伝子頻度ではなく遺伝子発現の変化）、数々の種に見られる社会的学習の形態、人間独自の表象的思考形態など他の複製メカニズムも含まれています。さらに継代性に加えて単一生物の生涯で起き得る進化プロセス、例えば免疫系の適応要素、B・F・スキナーによって有名になった試行錯誤学習、象徴的意味体系の急速な進化なども加わりました。[5] つまり生物科学において判明したことがいま、私たちの身の周りで起きているすべての急速な変化（文化的進化）や私たちの中で起きている変化（私たちの個人の進化）まで説明できるようになっています。

この「広範な進化統合」[6] が現在の専門分野知識に取って代わることはありませんが、20世紀の間にすべての生物学的知識の分科が統合されたように、必ず統合は起きることでしょう。

進化は問題であり解決策である

進化はすべてを良くするわけではありません。適応によってある生物を犠牲にして他の生物が利得を得る、ある群れが利を得る代わりに他の群れが犠牲になる、あるいは短期的安泰を得て長期的安泰を犠牲にするということがよく起きます。これは人間の文化的・個人的進化や遺伝子進化にも当てはまります。実際に、「社会病理の大半は進化」という言葉通り、適応の実際の結果です。自己保存は良いことですが、そのあまり自己取引になるといけません。血族を助けるのは良いことですが、それが過ぎると縁故主義になります。友人を助けるのは良いことですが、えこひいきになると行き過ぎとなります。国の経済が成長するのは良いことですが、そのあまり資源略奪や地球に過熱を生じてはいけません。

他の病理は個人的であれ社会的であれ、進化にずれがあった時の不釣り合いな結果であり、まさに不適応の表れです(7)。進化のずれは、過去の環境に適応したものが現在の環境では失敗していることが現れたものです。例えば、海亀の赤ちゃんの遺伝子は何万年もの進化を経て夜間に海辺で孵化するように進化し、即座に海に向かってゆけるようになりました。海亀がこの進化を遂げるための手がかりとして依存したのは、光でした。海は内地よりもより多くの光を反射するからです。ですが人間が海辺に家を建て、街灯を灯し始めると、その光は失われました。過去の環境にしか適応しない海亀の赤ちゃんは悲しいことに内地に向かい、死んでゆきました。さらに彼らが遺伝進化を遂げるか、あるいは人間が介入するかしなければ、彼らの絶滅を防ぐことはできません(8)。

遺伝進化に加え、文化的進化や個人的進化などすべての進化プロセスにおいて環境は常に変化を続けるため、このようなミスマッチが起きることは避けられません。進化という意味での適応の結果が社会的病理や不適応のミスマッチを起こすことを考えれば、結論は明らかです。基準を定めたゴールと進化プロセスが揃うように働きかけることが必要なのです。そうしなければ、進化は解決ではなく問題となります。幸いなことに、意識的な進化によってそれらを一致させることは可能です。

意識的な進化

進化に目的はない、変異は偶発である、生命体はいま置かれた周囲の環境にのみ適応するといった概念は、1940年代に生まれたいわゆる総合説の主な信条でした。ですが、この主張はたとえ遺伝進化であっても多くの点で単純過ぎることが証明されました。例えば、人為淘汰は人間が栽培植物や家畜の形質を意識的に選択しますが、これは人間の意識的要素が入った遺伝進化の1つの形態です。ですが、動物はお互いの形質を常に選びますし、自己家畜化は人間の進化の研究で注目の話題となっています。[9] 生命体には意識があり、彼らの選択が遺伝進化に影響するなら、遺伝進化は意識的要素を帯びます。このような指向進化は20世紀初めに提案されましたが、いまになってようやく注目を得つつあります。[10]

人間の文化的進化は、明らかに意識的要素があります。科学がこれを認識するまでにずいぶん時間がかかったのは、科学がいずれ時代遅れとなる教義を支持していたためですが、世界中の霊的指向コミュニティにとって意識の関与はいつの時代も常に明白なことでした。ただし、人間の文化的進化には方向づけのない要素が大きく含まれていることも認識しておくことが重要です。私たちの意図の対立や、予期せぬ成り行きなどがそうです。多くの点において、生命は多数の無意識な社会的実験から成り立っています。うまく辻褄が合うのは少数で、多くは破綻します。何が機能するか、なぜ、どのようにそうなるかは誰にもわからないままに進化します。また前述のように小規模ではうまく機能するもの、例えば農作業や新しい軍事技術などを、大規模に用いると問題を成すことがあります。今後は、人間の文化的進化はこれまでよりも意図的に、そして世界にとって良い方向に進めなければいけません。

オメガポイントに向かって舵を取る

現在の進化論的ハードサイエンスは、１９７０年代にこの分野が始まった頃に比べてはるかに進化的リーダーのビジョンを支持するようになりました。風に対抗するのではなく、風に乗ってセイリングしているのです。ですが、進化の風に押されているとはいえ、問題を生じるのではなく解決策を提供するような方向に文化的進化を導いてゆくためには、科学によるノウハウが必要となります。この先、進化的リーダーと進化論的ハードサイエンスの科学者がもっとコミュニケーションをとってゆくことを期待しています。

第３章　スポットライト

科学と霊性の架け橋役であるデイヴィッド・スローン・ウィルソンとカート・ジョンソンは、主流科学における革命が自然淘汰の多重的なレベルでの理解につながると伝えています。ポスト・ダーウィン科学の古い視点では、自然淘汰は常に最高の競合者を選ぶとし、この最適者生存（社会ダーウィン主義）は世界経済・ビジネス・政治をも支配するようになりました。現在の主流科学は、自然において最高の競合者が選ばれるのは複雑性の下位レベルのみとしています。グループや階層性においては、自然淘汰は最高の協力者を選択します。時宜を得たこの大転換によって、科学の進化プロセスの観点と叡智伝統のハートは一致します。

行動への呼びかけ

協力についての霊的な法則を考えましょう。これがどのように人類の集合的進化を導き、それが自然界にどう反映されるかも考えましょう。あなたのビジネスや学校、コミュニティで、すべての幸福につながる利益のために力を合わせて共に取り組める人々を探し求めましょう。

第4章

ジャミング——つながり、共同体、協働、共解放を育む

シルパ・ジェイン

最近、私と夫のオースティンはこのように言うのを習慣にしています。「私は、そして私たちは100パーセント恵まれています」。これは家族や友人たち、それぞれが受けた教育、仕事や旅行ができる自由、ベイエリアにある家やコミュニティなど、人生で与えられているすべての贈り物と恩恵とサポートを認識するためです。そして「100パーセント恵まれている」と言うことで、態度を明確にします。人生やこの世界で遭遇するチャレンジも、恵みとして捉えることを選ぶのです。チャレンジは私たちの優しさを呼び起こし、創造力と想像を目覚めさせます。チャレンジがあることで私たちは自分の器をさらに大きく深く広げ、私たちが愛するものを代表して全力を発揮することができ、持てるものすべてを活用する機会が与えられます。

私はありがたいことに「YES!」の常任理事を務めています。「YES!」は個人、人間関係、システムの変容合流点で変化を起こす若い世代やその他の世代の人々をつなぎ、励まし、協働するための非営利団体で、これまで30年間活動してきました（yesworld.orgをご覧ください）。主力となる活動は「ジャム」というプログラムで、一度に約30名が集まり、世界の癒やしと愛と公正と一体化

に貢献します。音楽のジャム・セッションの精神に倣い、１人ひとりが疑問や困難や知恵、希望、恐れ、才能、リソースを持ちかけ、新しい独自のシナジーを共創するために互いの話を聞きます。弱さもそのままに誠実に正直に、ジャムの参加者は仮面を外し、自分について、互いについて、地球について、私たちが望む世界の築き方について学び、あるいは知識を捨て、記憶を捨てながら共に限界まで自らを広げてゆきます。ジャムは、身体とハートと魂の叡智のパワフルな温室です。これらの叡智が、私たちのこの先の道を導くのです。

　私はこれまで18年以上ジャムを行ってきており、私たちの世界が必要とするすべての解決策の中核はコミュニティにあることを何度も確認してきました。実は、私たちが必要とする解決策はすべて、ここにすでにあります。すべてが、あるいは時によってはパズルのピースのように部分が存在しており、そのピースは人間関係や知恵の分かち合いによってつながります。いま私たちに必要なのは、ただいろいろな人々が集まってより深い叡智に焦点を合わせ、互いの話を聞き、１つに揃い、協働してゆくだけでよいのです。このように照準を合わせれば人々は互いを解放し、内にすでにある解決策にアクセスできます。

　これはシンプルという点では小さな秩序ですが、複雑性においては大きな秩序ともいえます。集まること、多様性、話を聞くという三つの部分はそれぞれに困難があります。変化を起こす人々の多くは、内に課題を抱えています。自分自身の叡智に照準を合わせることに慣れておらず、心の中の批判者に支配されるのです。自信のなさ、自分では不足だという感覚、比較、インポスター症候群、恐れ、不安、恥などはすべての存在に備わっている天与の才能をブロックします。内のレベルでは、人々はありとあらゆる理由から完全に人を信頼したり共感したりすることはありません。人種、階級、性別、性的傾向、国籍、宗教、年齢など社会的アイデンティティが異なる場合は尚更です。通常、衝突が起きた時は人間関係とコミュニケーションが破綻し、人々は結局疎遠になります。私たちの殆どは、対立が起きたときに破綻から急進展へとシフトさせるツールに出会ったことがなく、実践もほとんどしてきていません。システムのレベルでは教育、政治、経済の機関や社会はさらなる欠乏と暴力と孤立を生み出しており、皆でスローダウンして可能性の豊かさを感じる練習をする場はほとんどありませんでした。

実際に政治不和、社会破綻、経済不安、環境の大変動の間で、よく私は創発（エマージェンス）と緊急事態（エマージェンシー）の境界線をたどっているような感覚を覚えます。来る（きた）ものに全身で対面し、私の価値観を示せる明確な道を前進してゆくためには、エネルギーと専心と不屈の精神が求められます。そしてそれは私１人の力ではできません。私の前進が厳しい時には、愛するコミュニティが必要です。互いを攻撃するのではなく互いを頼りとしながら私たちは進んでゆくことを、愛するコミュニティに示してほしいのです。

意識的なコミュニティを育む

「文化は戦略に勝る」といいます。より良いアイデアを得たりポジティブな行動を生み出したりしてゆくだけでは、変化は起きません。それらも大事ですが、ホリスティックな環境に囲まれていなければ、すぐに内的あるいは外的衝突によってかき消されてしまうでしょう。そうではなく、私たちはポジティブな文化を共創する必要があります。それが長期にわたる変容を誘い、育み、維持することになります。私たちが植えた美しい種が苗木となり、花を咲かせ、木になり、森を作り、私たちの世界のニュー・ノーマルへと変えるのです。

私の友人ロニ・クラウスマン（「ザ・ピープル・ピース」設立者）は、文化とは構造とスキルセットと考え方の組み合わせであると話しています。つまり、私たちすべての人にとっての豊かさとつながりと幸せに根差した文化を皆で創造したければ、これらの要素すべてに取り組む必要があるのです。

今では、私は「ＹＥＳ！」のジャムは文化を作り、文化を変える強力なプラットフォームと捉えています。ジャムは自分やすべての人の価値を包含し全体性を大切にする構造で、チェックイン・サークルやコミュニティ・チームがあり、共同組織体と自己組織のつながりを活かします。そこで自己認識を実践したり、他者の話を引き受けたり、批判・解釈・修正することなく傾聴する、ハートから伝える、対立時にはゆとりをもつ、真価を認める姿勢で探究に参加するなど、必要不可欠なスキルセットを伸ばします。このような構造と熟練した実践を通し、それが基盤となったところにこそ、人生と世界を変える考え方――在り方、慈悲、寛容、広い視野、愛――が深く根を下ろします。ジャムは分断とルールで隔てる優勢文化に対抗し、その代わりにつながり合った、全体を含む共有的でダイナミックなリーダーシップを奮い起こします。

ジャムの参加者は皆、それぞれにジャム文化に何かを与えて受け取ります。皆で共に意味、学び、サポートを強力に編み上げてゆくことで、私たちが実現したい世界が具現化します。また、ジャム文化は変化を起こす人々に困難な衝突が起きると、それを深く掘り下げてゆけるようになるためにサポートもしています。私たちの闘争・逃避・凍結反応を特定し、スローダウンできるようになると、成長とつながり合いのチャンスが生まれるのです。私たちが困難を迎えた時には生成的な道を選べるよう、ジャムが内や外のヒーリングの場を提供します。文化は、私たち1人ひとりが既存システムと私たちの相互関係を新たに作り直してゆくこと、この既存システムの中で両極化と分離を理解と関わり合いに変換してゆく場を見つけることを奨励します。

ジャマーたちは、個人としても集団としても深く掘り下げ、これらの質問に対する自分の答えを実行すると、家族、友人、同僚、運動を起こす人々、近所の人々、知らない人々へと「ジャムを広めて」ゆきます。彼らは、出会うすべての1人ひとりの価値観を大切に尊重することを原点としながらジャムで実践したことを活かし、構造を転換し、変容的な考え方で活動します。これは理論上の変化ではありません。あらゆる行動の仕方と在り方を通して実行し、進行し続ける変化です。ジャマーたちは一歩ずつ、一瞬ごとに、ジャムと日常の距離を縮めています。彼らは他のすべての「現実の」世界を本物の世界、使命とつながりとコミットメントとコミュニティの世界へと変容させます。

ジャムへのお誘い

ジャムは私たち1人ひとりに、考え、実践することを呼びかけます。どうすれば私たちの仕事、遊び、生活はもっとこの世界でつながってゆけるでしょう？　どうしたら1人ひとりが尊重（respect）し、「re-spect」——初めの判断や反応を離れて見直し、相手の話を聴き、自分の真実を伝え、人類共同性の複雑な全体像を認めようとする姿勢を得られるようになるでしょう？　どうすれば各自の神聖な存在を讃え、ハートと魂と身体を高揚させ、善悪を乗り越えてゆけるでしょう？　どうすれば相手に貢献し、共通点を生み出して共に未来像を築いてゆけるでしょうか？

集合体の器を作ってゆくために、1人ひとりが役割を果たさねばなりません。この器の広さや深さによってそれだけ高次の秩序を備えた解決策が現れ、これまで想像すらできなかった結果につながります。私たちに必要な解決策はすでにここにあるように、この地球にいるすべての人には天賦の才能と目的があります。欠けているのはただ、自分をもっと明確に理解するためにお互いが愛の鏡となること、そして前進するための仲間との交わりだったりします。

もちろん、あなたにもいつかジャムを体験していただきたいのですが、実際には叶わないかもしれません。そこで、ぜひこのジャムの一連の実践と基本原理をあなたの生活、職場、コミュニティに取り入れていただきたいのです。

判断や解釈や修正をせずに、自分のことのように感じることなく、傾聴する練習をしてください。

ジャミングの要は、他とは異なる傾聴方法です。話者にもあなたにもたくさんのゆとりをもたせます。他人の話をあなたなりに聴き、どう言おうか・何と答えようかと考えずに聴こうとしてください。このように広々とゆとりある聴き方によって相手と強力なつながりができ、創造性や気づきが生まれます。

どんな場でもできるだけ遊びを取り込んでください。あなたが求める世界を築こうと働きかけるのではなく、そのような世界に遊んで向かってゆけますか？　ゲーム・即興・ユーモアといった遊びの感覚と実践は、可能性の場を変容させます。あなたが他人と結集した時は遊びを取り入れて、エネルギーと親密さが育ってゆくのを見守ってください。

浮かび上がってくるすべての感覚に居場所を与えてください。私たちや他の人々の愛、深い悲しみ、満足感、怒り、喜び、フラストレーションなどすべての感覚を受け入れれば、もっと多くの癒やしや自由をこの世界でサポートすることができます。繰り返しますが、これらの感覚を直そうとしたり変えようとしたりしないことです。そうすればこれらの感覚は私たちの中を流れ、その時に必要な薬が与えられます。表現することで、過去の学びを解き、共同の学びを得るチャンスを得られるのです。

熱くなったらペースを落としてください。私たちの誤解は往々にして、ただこの熱によって起きているだけで、つまり理解の欠如です。判断、推測、固まりきったストーリーのスパイラルに陥るのではなく、少し間をとってペースを落とし、ひと息つき、相手やその状況に好奇心をもてるかどうか、自分の様子をうかがってください。その可能性の閃き(ひらめ)に従い、知ってみたい気持ちを使ってまたつながり合いましょう。

計画(課題、結果、ゴール)の中でその人の価値を見出してください。現代の制度とシステムにおける人間性の喪失に反撃するためには、これまでとは違う行動をとってゆかねばなりません。何をする人か(human doings)ではなく、どういう人で在る(human beings)か、です。「何かをなし遂げる」ことよりも、愛と真実をもって人々の経験に優先順位を与えるようシフトすれば、私たち自身が実現したい世界を具現できるでしょう。

第4章 スポットライト

シルパ・ジェインは、また別の橋渡しの形について伝えています。それは「YES!」における「ジャム」という活動です。そこでは、変化を起こすあらゆる世代が集まり、つながり合い、互いを鼓舞し、個人や人間関係やシステムの変容のために力を合わせて癒やしと愛と公正と絆の世界に向かいます。すべての中核に共同体を置くことにより、愛する共同体が発揮する威力を彼女もジャマーも知っています。互いを攻撃するのではなく、互いを頼りとすることで私たちは前進できます。このモデルには5つ以上の実践と指針があり、これを適用すれば、どんなコミュニティ設定においても1つにまとまります。

行動への呼びかけ

誰か、あなたが知っている人に目を向けましょう。ほとんどあなたとは共通点がないように思える人でもかまいません。好奇心を起こして、その人の苦しみ・才能・目的を深く見つめながら、その人の真実に耳を傾けてください。そして、あなたからも、あなたの弱さを相手に伝えてください。あなたのハートの価値観が表れるような、コミュニティを深めるような絆を、触媒作用のように引き起こしてください。

第5章

世界平和は可能か？

マイケル・バーナード・ベックウィズ師

平和は、永遠で普遍的なビジョンです。平和は、私たちを等しい存在にしてくれる素晴らしい平衡装置のようなもので、私たちすべてがそれを備えており、また私たち全員の努力にかかっています。世界リーダーのグループがいかに良い意図をもっていたとしても、彼らだけが実現させるものではありません。いたるところで1人ひとりが新しい意識状態に入った時に、地球に平和が噴出するのです。

私たちという種に受け継がれている平和は今でも奮闘を続けており、どんどん世界規模に広がっています。気が遠くなるような困難な課題に直面しながらも取り組んでいる人々こそが、大きな変化を起こしています。いつの歴史でも常に変化を遂げてきたのは、このような人々がいたからです。

手に負えないような困難な問題に向き合う人々は常に必ず存在して、彼らは諦めずに取り組み、対処法を見出します。こうして人々は、この重大な変化をいつも起こしてきました。その取り組みはさまざまで、不治とされるあらゆる病への挑戦であったり、大衆のための教育への取り組みであったり、私たち自身の経済を追求する自由を生むことであったりしました。この不利な戦いに勝ったのは、大多数の人々にはとてもついてゆけない新たなパラダイムから取り組もうと触発された人々です。私たちも、種としてまだ経験したことのない世界平和を生み出すことができるのです。

平和とは何か？

平和について語るためには、平和を定義しなければいけません。平和とは紛争やネガティブなものがない状態だと人は考えるものですが、それでは本当の平和にはなりません。私が述べるなら、平和は調和した善の原動力です。

平和は、あるクオリティです。例えば、ある部屋に入った時、そこは表面的には平和そうに見えるとします。そこにいる人々は、争ったり口論したりしてはいません。ですが、部屋のエネルギーからそこは平和ではないこと、互いに対立していること、お互いを嫌っていることが伝わってくることがあります。たとえ対立が起きておらずとも、そのような意識の中に平和は現れません。

ですから、平和について語る時、それは愛、調和、美しさと同じくらいリアルなクオリティを私たちは語っているのです。世界平和とは、もう平和を抑圧していない人々の意識のことです。平和はこれまでずっと私たちと共にあります。私たちが制限的な見識によって平和を抑圧した時を除き、それは神の存在のように遍在しています。

人間の脳には動物的な脳もあり、何かが起きた時に動物的反応を示します。人間の脳にはそのような部分も備えていています。しかし、人間にはスピリットから流れる高次の意識能力を持つ脳もあります。私たちの脳のこの部分はただの反応ではなく、愛の性質を表現します。

平和意識を使う

この平和を引き出す意識の存在は、この私たちの世代になってようやく、この世界という舞台で知られるようになりました。核兵器削減や環境問題、水不足、貧困、飢饉、適切な住宅供給、今後戦争を引き起こしかねないすべての潜在的要因などについて語る時、相互協力を通じてこれらの問題に対処する能力があるのは今日の脳、これのみです。

イスラエルとパレスチナのような根深い問題で大規模な暴力措置で不和を唱えている人々であっても、平和は実現できます。両者間には共通点がほとんど見当たらないように思えますが、実は大半の点で同意しています。どちらも宗教のルーツは同じで、似たような食生活を送っています。彼らは家族のために保護と平和を求め、子どもの教育や楽しい仕事、家族と和む時間を追求する自由を求めています。彼らはほとんどの点において、同意見なのです。

問題は、土地です。ここで私たちは、人々と政府を分ける必要があります。恐れる人々によって賛成投票された自己中心的な政治家達に蝕まれ、政府が平和を妨害しています。近視眼的位置にいる政治家は、メディアを利用して利己的な政策を大衆に受け入れさせています。政府がこうでなければ、イスラエル人とパレスチナ人はすでに他国の人々のように仲良くできるのです。

この土地のどこを見ても、憎悪に満ちた人はそう多くいません。いるのは傷ついた人々です。癒やしは、赦しから始まります。集会に何人かのパレスチナ人を招き、彼らの失意や身近で亡くなった人、ガザで殺害された子どもたちについて話してもらってください。彼らをイスラエル人で囲み、話を遮らずにただ聞いてもらってください。そして次に場を交代してもらい、イスラエル人の経験を伝えてもらってください。互いのグループの涙と悲しみに立ち会ってもらうのです。

相手の視点から見ると、慈悲が生まれます。慈悲には理解が伴います。理解から対話が生まれます。対話が生まれると、道なきところに道が現れます。共感と慈悲と理解と対話があれば、それまで存在しなかった解決策が見えてきます。意識に転換が起きることで、新しい洞察が生まれるのです。

ですが、共に歌い踊る人々や皆で学校に通う人々は何千人といても、そのような人々が大きなニュースとして報じられることはありません。メディアは、暴力的なニュースを好んで取り上げます。ニュースは、古い恐れのパラダイムから発信されます。ですが、古いパラダイムはいま、入れ替わりつつあります。ニュース企業はそれを伝えることに関心がないかもしれませんが、世界が平和になれるというビジョンは具体化しつつあります。

戦争は、私たちの機能不全の表れです。戦争は、私たちの最高の在り方を反映してはいません。資源を争う時に、戦争は起きます。目先のことしか考えないリーダーたちが、自分の国は「ナンバーワン」だという概念を押しつけた時に発生します。ですが、ナンバーワンだという概念は現実ではありません。偽物の愛国主義の象徴です。いま、新しいパラダイムが現れています。私たちがこのパラダイムで立ち上がり、「1つ」になるために奮起したくなるパラダイムであり、この「1つ」

になるとは人類全員が1つであると認識することです。まだ新聞の大見出しが追いついていない、本当のニュースがあります。それは、世界中で平和を受け入れる人がどんどん増えていることです。平和な新興市場、例えばソーラーパネルを使ったグリーン・マーケットやホリスティック医療市場が従来の市場を凌駕しつつあります。これもすべて、私たちが平和な世界へ大きな変容を遂げている最中であるという明確な兆しです。

この変容は、ありとあらゆるレベルで同時に存在します。個人のレベルでは、私にとっての平和は私たちの奥深くにあります。私たちの存在の中心の普遍のプレゼンスと毎日つながる時間を過ごすと、その平和は現れます。定期的な霊的実践をして真の静寂を得ると、「理解を超えた平和」が日常のすべてに浸透してゆき、何かが起きるというのとは違う、よりリアルな平和へ発展します。最悪の状況にいる人々に、この種の平和が訪れることがあります。投獄中のネルソン・マンデラの場合もそうでした。これは、苦しみか洞察のいずれかによって起きる霊性の成熟レベルであり、私たちはこの平和を決して失うことはありません。

このような平和は、おのずとコミュニティレベルに広がります。もし私たちが活動家になったら、思い描く世界像は私たちのエッセンスから湧き出て私たちのエネルギーとコミットメントを維持します。この平和は、世界が変わるまで待つ必要はありません。私たちの中にすでにこの平和はあるのですから、私たちが変化の手段となるのです。

マーティン・ルーサー・キング・ジュニア博士の言葉にもあります。すさまじい偏見と人種差別の時代に、彼はすべての兄弟姉妹が1つになることを唱えました。当時、そうではなかった世界においても、彼はこの愛と平和に触れたのです。私たちは皆、あの愛と平和にアクセスできます。そのようなビジョン、そのような霊的滋養を引き出せるような道をただ見つければよいのです。これは平和、あるいはエコロジー、あるいは公正に取り組みながらもできることです。

言い換えると、平和は最終ゴールではありません。平和は私たちの道のりの中にあり、すべての歩みにあります。私たちは平和を運び、その影響は広大なスケールで伝わります。私たちは、自分の才能を分かちたくなるような近所づきあいを地元コミュニティに見つける必要があります。それは住民による近所の見回りや隣組グループに参加することかもしれませんし、人々に希望と喜びをもたらすようなボランティアかもしれません。

国レベルでは、地域・州・全国的シーンにおいて、あらゆる意識状態が存在します。そこで参加を止めないで、執着せず、反対側を憎まずに参加します。誰があなたの視点を、この地球に大きなワンネスの感覚をもたらす視点をいちばん代表してくれるかを見出し、その視点を支持するのです。私たちにしかないギフトに照準を合わせながら他人と関わってゆき、そうして社会に可能性の種を植えてゆくのです。

世界の各地で少人数グループの人々が思いやりをもって物事に取り組むと、それが世界全体の精神的・感情的空気に影響を与えますが、多くの人はそれを認識していません。平和は積み重なってゆき、そのすべてが相互につながっていくものなのです。

心の中に平和を抱いていれば、私たちの身の周りにも平和が築かれてゆきます。それと同時に、あらゆるレベルで社会に可能性を植えるのです。私たちが求めているものの種を植えることで、偉大な変化が起きます。ビクトル・ユーゴーは、このプロセスは誰の時代が到来しているかという概念を生むと言いましたが、私もそう思います。私たちは皆、ビジョンを投影し続け、そこにフォーカスし、立ち上がり、そこに向かって歩み続けなければいけません。これは、私からあなたへ贈る賛美歌の言葉です。

「地球に平和あれ、その平和を私から始めましょう[1]」

第5章 スポットライト

いたるところで一定数の人々が新しい意識状態に入れば、世界平和は実現します。幸いなことに、もうそれは世界中ですでに起きつつあるとマイケル・バーナード・ベックウィズは言います。いま、平和に満ちた世界像を心の中に抱く人がどんどん増えており、これによって世界は大きな変容を遂げている最中です。全体性を中核に備える、新しいパラダイムを受け入れている人が世界中で増加し続けています。それは心の中から始まる平和で、私たちはすべての状況を通して愛と忍耐と思いやりのエネルギーを行動に移し、善の調和をはかってゆくのです。この平和は意識の最高の表れで、スピリットから流れ出し、私たちを立ち上がらせ、「1つ」に一体化させます。その「1つ」は私たちのすべてのつながりを通して拡大し、全世界に影響を与えます。心の中の平和を日々実行することで、私たち1人ひとりはこの変化を具現できます。

〓行動への呼びかけ〓

あなたはどんな時も心の中に平和の種を持っていることを、認識し始めてください。あなたは、その平和をどのように世界と分かち合いますか？　あなたはどのコミュニティをいちばん大切にしていますか？　いまこそ、自ら行動してゆくのに完璧な時です。

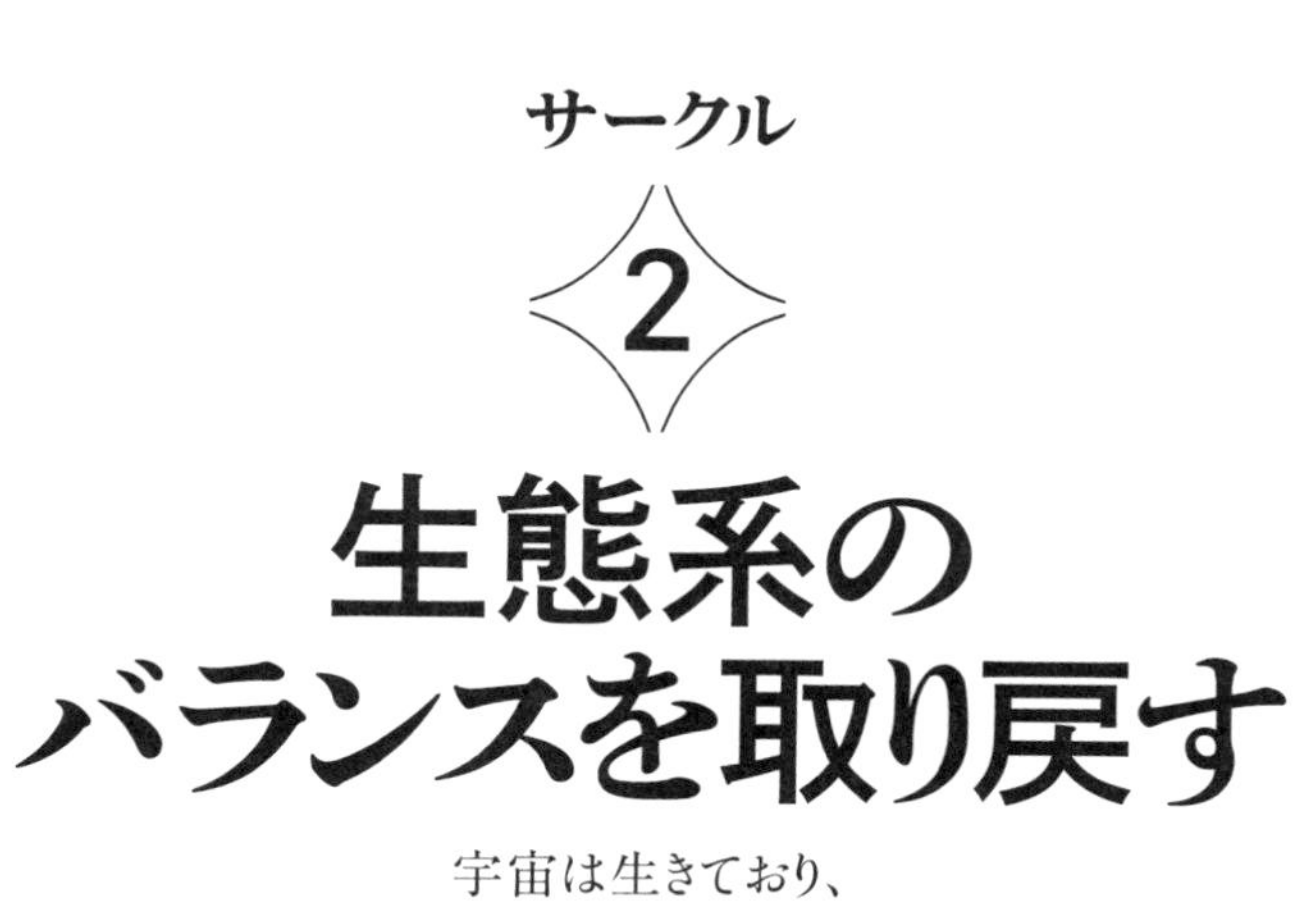

サークル

2

生態系のバランスを取り戻す

宇宙は生きており、
意識があると私たちは考えます
私たちは、地球のお世話役です

第6章

大いなる変遷期の世界を支える進化の叡智

デュエイン・エルジン（経営学修士、文学修士）

人類はいつの時代も困難な課題に直面してきましたが、いま、ある点でかつてないチャレンジを迎えています。それは、循環の閉鎖です。気候崩壊、持続不可能な人口、水不足、植物や動物の大量絶滅からの逃げ道はありません。人類は史上初めてのシステムの危機を引き起こし、全人類の道のりを危険に陥れています。維持可能な栄える未来に移行してゆくために、私たちはどこに進化のための叡智を見出すことができるでしょうか？　以下に、さまざまな叡智の伝統、最先端科学、人々の直接的な体験からの重要な洞察をお伝えします。ルーサー・スタンディング・ベアーのような先住民長老の信条、サー・ニサルガダッタやマイスター・エックハルトなどあらゆる霊的リーダーのガイダンス、生きている宇宙の科学的サポート、その他あらゆる背景の人々の体験を通して、ユニティについて語られた言葉です。ともに、前途有望な未来のビジョンを描くためのロードマップを示しています。

先住民の叡智――生きている世界

私たちのご先祖は、人生や世界をどのように経験したのでしょうか？　以下は先住民文化の引用で、太古の昔から存在していた現実を繊細に、かつ洗練された理解から伝えています。

ラコタ族の長老　ルーサー・スタンディング・ベアー

「世界に空虚など存在しなかった。空にもからっぽな場所はなかった。目に見えるもの、見えないもの、いたるところに命があり、すべての物は私たちに生命の大いなる利を与えてくれた。この世界は、生命と叡智で満ち溢れていた。ラコタにとって、完全な孤独はなかった(1)」

サンフランシスコ、ベイエリアからカリフォルニア、モンテレーに住んでいたオローニ族

オローニにとって、信仰は「空気のように」どこにもあった。自然は生きていて、エネルギーで光っていると考えられていた。すべては生命に溢れ、パワーはいたるところにすべての中にあったからだ。すべての行為は、霊的な行為だった。行為はパワーの世界に従事するからだ。すべての作業は、私たちを囲む生命とパワーの世界を感じながら行われた(2)。

アラスカ中北部のコユコン族

コユコンは、「見ている世界、目の森の中」で生きている。私たちはどんな所にいても本当に孤立することはないと彼らは信じている。なぜなら、どれほど遠くにいても、私たちを取り巻く環境は私たちの存在に気づいているからで、私たちはそれを、尊重をもって扱わなければならない。(3)

エクアドルのアマゾン・ジャングル、サラヤク村のキチュア族

「ジャングルはすべて生きており、スピリットがいる」と信じている。

世界中の先住民叡智に共通の洞察があることがわかります。それは、私たちの生命はもっと大きな生の中に存在しているということです。ある生きた存在は世界中に浸透しており、そこにはもちろん意識も、コユコン族のいう「目の森」も含まれています。私たちが誰でどこにいようとも、それは私たちの存在に気づいており、生命の力、あるいは「聖なる風」は宇宙を吹き渡り、すべての生命に気づき交流する力をもたらしてくれます。

霊的伝統――今は生まれ変わり続ける

先住民の見識と同じく、多くの伝統は、宇宙は毎瞬間、新しく生まれ続けているという共通の理解を示しています。再生の流れは孤独や永遠といった概念を破り、そこに宇宙が現れます。驚異的な精緻さとパワーによるとても言葉にはできない壮大なプロセスの中で、分離のない全体性として宇宙が現れるのです。

キリスト教

「神はいまこの瞬間、宇宙を完全にあますところなく創造し続けている。神が創ったものはすべて……神はいま、すべてをいちどきに創造する」

――マイスター・エックハルト（キリスト教神秘主義者）[4]

イスラム教

「あなたは一瞬ごとに、死と復活を手にしている……毎瞬、世界は更新されるが、その姿は続いているように見えるので、私たちは更新されていることに気づいていない」

――ルーミー（13世紀の教師・詩人）[5]

仏教

「新しい宇宙は刻一刻と創造されている」

――鈴木大拙（禅教師・仏教学者）[6]

ヒンドゥー教

「全宇宙は、あなたの存在に絶え間なく貢献している。したがって、全宇宙はあなたの身体である」

——スリ・ニサルガダッタ（ヒンドゥー教師[7]）

道教

「道（タオ）は維持する生命力であり、すべての母である。ここからすべてが絶え間なく生まれては消えてゆく」

——『道徳経[8]』

言語の違いを超えたところに、1つの共通理解が表れています。宇宙は一瞬ごとに新鮮な創造として絶え間なく創発し続けていることです。そして、私たちはこのプロセスから切り離せない存在です。この再生し続ける宇宙において、完全に独自性を保ち、かつ完全につながり合っているという矛盾した存在なのです。

科学的発見——超個体としての世界

最近までは、宇宙は1つの生命系かもしれないという示唆は幻想であるというのが主流科学の視点でした。いま、量子力学や他の分野の研究結果により、宇宙は生きているという古代洞察が新たに見直されるようになりました。科学が迷信を切り離し、宇宙は予期せぬ謎、奥深さ、ダイナミズム、繊細さをもつことが明らかになったのです。唯物論への驚くべきチャレンジに挑む中、科学は宇宙の圧倒的大部分は不可視で非物質であることを最近発見しました。いま私たちが知る宇宙の96%は、私たちの身体感覚では見えないと科学者は推定しています。(9)

ここで見えてくるのが、生ける宇宙ホログラム——統合された「超個体（スーパーオルガニズム）」——という新たな宇宙像です。この新たな宇宙は、刻々と再生され続け、意識あるいは知る能力を本質とし、これによって存在のあらゆるスケールでシステムは自身を中心とし、ある程度の自由を行使することができます。私たちは、この再生的なホログラフの宇宙の中に完全に浸っているのです。

直接体験——生気の存在を感じる

日常生活において、行き渡る生気との深い一体感はどれくらい起きているのでしょうか？　人は、より大いなる世界とつながるような生き生きとした感覚をどれくらい感じているのでしょうか？　これらの質問を、調査機関から教会まで、若い人からお年寄りまで世界のいたる地域において尋ねた結果が以下です。

・２００８年より17カ国７０００人の若者を対象に行った調査では、75%が「高次のパワー」を信じていることがわかった。大多数が超越体験をしたことがあると言い、死後の世界を信じており、生命あるすべてのものがつながっているのは「おそらく真実であろう」と考えている。[10]

・1962年にアメリカで行われた成人対象の調査では、22%が宇宙と交流するという深遠な体験をしたと報告している。2009年には「神秘体験」を報告した人数は49%と劇的に増加した。[11]

・2014年にアメリカで行われた調査では、成人の60%近くが深い「霊的な平和と幸福」の感覚を定期的に感じると言い、46%は少なくとも週に一度は「宇宙を知りたい」深い感覚を覚えると言っている。[12]

これらの調査からは、強力な結果が示されています。私たちの種は数値化できるほど目覚め続けているということです! 人類の半分以上が生き生きとした宇宙とつながり、深い一体感を定期的に体験しているようです。

進化の道のりの新鮮な視点

私たちが現実的であろうとするなら、人間共同体は過剰消費や地球を深刻に傷つけているいまの道のりから離れることはなさそうです。ですが、それは優れた変化の力に満ちた未来への道があり、素晴らしい招待を約束され、私たちが共にそちらに引き込まれるような道がない限りは、です。人々の直接体験、科学による発見、世界中の叡智の伝統に共通する理解による洞察を統合させれば、その道は現れます。死んだ宇宙の中で生存の意味と奇跡を求めてもがくのではなく、私たちは生きている宇宙の深い生態系の中で永遠に学び成長するように導かれているのだということが明らかになってきています。歴史の傷を乗り越えて和解と癒やしのプロセスに着手し、私たちが協力してこそ成し遂げられる素晴らしい未来を実現できるよう、過去の叡智を集めなさいと呼びかけられているのです。

生きている宇宙で意識的に生きてゆけるよう、この呼びかけに応えること、それが人類進化の新たなチャプターの始まりです。

第6章 スポットライト

宇宙を生きているものとして再度ビジョン化し、私たちがそのお世話役となるためにデュエイン・エルジンが見出しているのは先住民伝統の不朽の叡智、生命とスピリットはいたるところ・すべての中にあり、この意識がすべての生命と交流する可能性をもたらすという叡智です。宇宙の性質について、このような理解は世界の霊的・宗教的伝統の神秘伝承や新たな科学的発見にも見られ、私たちの目前には生きた一体の宇宙という新たな像が現れています。

行動への呼びかけ

あなたを取り囲んでいる全宇宙は生きているということを思い出し、その弛まぬお世話役となることを奨励する不朽の叡智をどのような瞬間も活用するよう励んでください。一日を通してあなたの思考、言葉、行動にはパワーがあることを思い出してください。すべての行動において、そのパワーを善のために使ってください。

第7章

地球とその民を生まれ変わらせる

ダニエル・クリスチャン・ウォール（博士）

私たちは、破綻と突破の時代を生きています。危険な時代ですが、進化のチャンスでもあります。私たちの生存はいま、人類が共同体として一体になれるかどうかにかかっています。全生命の家族に対して私たちが深い愛を向け、大切にしなければいけないという高い境地に立ってこそ、すべての壮大な多様性をもつ私たちは団結することができます。人類を癒やすために私たちは人間同士、そしてこの地球で共存するすべての生命との親密な関係性を認め直し、思い出さねばなりません。

この現実に目覚めると、すべては介入であり、意識的に関与することの大切さが明白になります。地球とその民を生まれ変わらせるには、私たちが関わっている入れ子状の複雑な構造の健康と一体性に、私たち皆のデザインが貢献せねばならないでしょう。私たちは皆、デザイナーです。いまという瞬間に備わる未来の可能性を実現化してゆく、共同創造者なのです。つまり私たちはどのように参加し、今日の気づきと意図を通して何を動かしてゆくか――いま、どうするかということです。

進化の跳躍の時です。私たちという種は、生命や人間同士のもっと広大なコミュニティが生まれ変われるような、影響力をもったヒーラーになる時が来ています。これまで見たことのない協力態勢で全生命を深く労る時です。私たちはお互いに再度、心を通じ合わせ、謙虚に土地セラピーを進めてゆくのです。傲慢な気候工学（ジオ・エンジニアリング）はやめて、生きている地球との親密な関係を実現してゆかねばなりません。

深刻な生態学的危機に向き合う

人類は、自らの存続を脅かす存在となっています。過去５０００年の間に、世界中の森の半分以上を切り倒してきました。この50年間だけでも、人間の活動によって世界中の哺乳類、鳥、魚、爬虫類の3分の2近くが消えました。[1] 人間、生態系、地球の健康を左右する生物多様性を破壊し続けています。

気候の大変動を回避するチャンスの期限は、もうすぐ切れてしまうと言っても過言ではありません。科学的にも、先行きの見通しは暗いのです。２０１８年、気候変動に関する政府間パネル（ＩＰＣＣ）は、あと12年のうちに対処しなければもう後戻りできない状態になると示唆しました。いま緊急に行動を起こさないのは、無責任の極みです。[2]

地球の癒やし——症状ではなく原因に対処する

世界中で起きている前代未聞の生物多様性の喪失、世界規模の受け入れ難い不平等、切迫した社会・経済・生態系の崩壊に直面するいま、私たちはこれを進化のチャンスとして捉える必要があります。そして維持不可能な世界観の根底に潜む原因に対処するために、私たちはハートとマインドを変えなければいけません。そうして、力を合わせて生命を助ける条件を生み出す謙虚なお世話役や、細心を払うヒーラーとなるのです。

人生は協調の豊かさのためにある（不足を争い合うためではない）

生命の進化は、複雑性の上層においては、多様化とその後に続く多様性の統合というパターンをもっています。進化においては、この統合は主に新しい協調と共生の形によって進むのが常でした。生命は地球の協調プロセスであり、その中で1つにまとまった統一体が、その時その場の入れ子になった複雑性の中に現れながら、1つの生きている地球として親密な相互利益の中で進化している――そのように捉え直す必要があります。生命は共生と協調のパターンに根差す再生的共同体であり、生命を助ける豊かさと条件を共有すべく創造するものなのです。

競争も、確かに存在します。進化の推進力を見ていると、私たちは近視眼的に、欠乏が深刻な状態に陥っていると感じてフォーカスしますが、実際には欠乏状態の割合は思っているよりもはるかに低いのです。たとえるなら、生命進化において競争が果たす役割の割合は、広大な共生と協調の大海において表面上の波や波紋ほどに過ぎません。進化は共同進化なのです！　進化をたどる生命は、より豊かな多様性と複雑な生命を支える条件を常に生み出してきています。

新しい形の協調的複雑性が顕著に見られる進化の跳躍例は多数ありますが、ここにいくつか挙げましょう。

1. 2つの無核細胞の融合から形成された初めの真核細胞から、より複雑な生命体ができる。
2. そのような細胞が集まって多細胞生物になる。
3. 細胞型の協調的分化と機能によって、脊椎動物のような複雑な生命体ができる。
4. 複雑なパターンが鯨、象、狼、類人猿、人間といった社会的哺乳類に協調的優位性をもたらす。
5. 町内共同体、都市、生態地域、国、国連といった、人間によるあらゆる規模の統治と友好のシステムが生まれる。
6. 人間の微生物叢(そう)は健康の維持と遺伝発現の調節における役割を果たしている。このことに関する最近の研究で、私たちの身体は、体内、体表のいずれにおいても、ヒト細胞の数よりそれ以外の細胞の方が多く、非常に多様性に満ち、協調的な〝歩く生態系〟であることが判明している。

迫りくる危機を目の前にして、比較的若い種はいま、未曽有の進化を発展させる態勢を整えています。絶滅が尚早に起きるかもしれず、人類は地球規模の成人通過儀礼を迫られています。いまこそ、成熟した大人となって生命のコミュニティの責任あるメンバーになる時です。

危機を迎えた生命への唯一のまっとうな対応は、地球の癒やしと再生に奉仕することです。そうすることでこそ分断され、亀裂が入っている私たち自身を癒やしてゆくことができます。再びそれぞれの土地に根を下ろしてつながりを取り戻し、詩人メアリー・オリバーが言う「すべてのもののファミリーの一員としての我々の場所」にもう一度住処(すみか)を得るのです。(3)

新しいやり方を受け入れる

そう、私たちは大気から二酸化炭素を取り出すために100以上ある実証済みの既存技術と方針に早く着手する必要があります（一翼を担うために、ドローダウン計画、カーボン・アンダーグラウンド、ゼロ・カーボン・ブリテン、ラピッド・トランジション・アライアンスなどの機関を調べてください）。

そう、私たちは団結して生態地域規模で健全な生態系機能を再生せねばなりません。その土地に合った多様な森林を植え、草原・マングローブ・塩性湿地・淡水地域を修復せねばなりません。そして海に珊瑚礁や海草湿地帯を取り戻さねばなりません（参加するには、コモンランド、リジェネレーション・インターナショナル、リワイルディング・ヨーロッパ、グローバル・フォレスト・ジェネレーション、グローバル・コーラルリーフ・アライアンスなどの機関を調べてください)。

そう、私たちは生態地域を再生し、地元共同体の回復力を培いながら、人間の健康を改善するために地球と生態系を養い育まねばなりません。こうしてこれから30~40年、動乱の時期に備えるのです。その間は気候パターンを築き直して地球を癒やすために、再生活動を維持せねばならないでしょう。最善を尽くす中で、もし気候系でタイムラグが起きて初めに状況が悪化したとしても、努力を絶やしてはいけません(この取り組みに参加するためには、プラネタリー・ヘルス・アライアンス、C40シティーズ、リジェネレイティブ・コミュニティズ・ネットワーク、グローバル・エコビレッジ・ネットワーク、コモン・アース、レジリエンス・ブローカーズ、グローバル・レジリエンス・システムズなどの機関を調べてください)。

そう、私たちには物質的な蓄積や経済的財産よりも、人間関係や経験のクオリティを深く重要とする、もっと公平・公正な世界が必要です。私たちは、多様な再生的文化がこの惑星の範囲内で健全に共生できるような社会基盤を作らねばなりません。そのためには食、住、移動手段、衣、動力、教育、統治を設計し直すとともに、この再設計を実現するためにいまの構造的に機能不全な経済金融システムを変換してゆかねばなりません(この取り組みに参加するには、ドーナツ・エコノミクス・アクション・ラボ、ザ・キャピタル・インスティテュート、ザ・コモン・アース・アライアンス、ウェルビーイング・エコノミー・アライアンス、P2Pファウンデーション、バイオミミックリー・インスティテュート、リジェネシス・グループなどの機関を調べてください)。

新しい在り方を受け入れる

とはいえ、新しい叡智を活かすために、私たちにはさらにすべきことがあります。この不確かでコントロールも予見もできない未来に向かって舵を切り、進んでゆくためには、私たちは本当に質そのものから変わらねばなりません。イモ虫は、その古いアイデンティティが死んで初めて蝶になります。古いアイデンティティが死ぬと内在の潜在力が解き放たれ、この潜在力が変容のプロセスを推し進めます。

私たちはいま、人間の意識について深く理解しつつあります。人間の意識は、根本的に広大な生命の共同体と相互依存していることがわかりつつあります。老いも若きも世界中の人々が、生態系がこれ以上破壊されないよう保護のために立ち上がり、自然の権利のために議員に働きかけ、生態系を自然な状態に戻す作業や少なくとも今より元気な状態に修復する作業に取り組んでいます。誤った世界観が私たちの行動にどれほど破壊的影響を与えるかに気づかないまま、私たちは何世紀も夢遊病のように生きてきて、いま大惨事に際して目覚めています。生命は惑星プロセスで第一の、最重要な部分です。生命として、私たち人間は分離していません。地球上の生きとし生けるすべてのものと、親密につながっています。

私たちはあまりにも長過ぎるほどの間、この世界から自分たちを切り離し、自然から文化を切り離し、物質からマインドを切り離し、分離という幻想の中で生き、地球の生命のお世話役どころか支配人のように振る舞ってきました。いまの私たちの役割は、生命を助ける条件を生み出すことです。

地球を癒やすためには、私たちの在り方を癒さねばなりません。心で、そして人間関係を通して癒やすのです。まずは、まさに目の前にあるものを愛すること、そして死に向かっているシステムや、もはや役に立たなくなったパターンに囲まれていても、日々の生命の美しさに寄り添い感謝を込めて味わうこと。ここから始められます。今日という日にあなたがどのように関わってゆくかが大切です。システム思想家でダルマ教師のジョアンナ・メイシーが私たちに想起を促しているように、私たちはいま、二重の役割を果たしています。死にゆく世界（時代遅れになった私たち自身のパターンも含めて）のためのホスピス・ワーカー、そして再生可能な未来を導く助産師です。[4]

これから数十年は、少なくとも今世紀後半に入ってしばらく経つまで、私たちが針の穴を通るに等しい困難を切り抜けて、再生可能な人間文明の名にふさわしい文明を皆で生み出せるかどうかはわからないでしょう。多様性のある再生可能な文化に向かう道のりがその1つという保証はありませんが、それは癒やしと奉仕に役立ってくれます。

確かなものがない、わからないという状態は、私たちを謙虚にさせ、学びを得ることができます。私たちのすべての行動・非行動、つまり私たちの在り方は重要だけれど、私たちの知識には限りがあることを認めるという矛盾を受け入れ、予見とコントロールへの執着を手放さねばなりません。生命の助けとなる状況を意識的に創造する生命として在ることで、この地球の成熟した慎み深いヒーラーとなるにはどうしたらいいか。個人として、そして共同体として、こう問いながら生きねばばならないでしょう。

第7章 スポットライト

健全な生態系を再生し、レジリエンス（回復力）を備えた共同体の風土を生み、関係性のクオリティを優先する公正・公平な世界を再築するような新しいやり方と在り方を求める。ダニエル・クリスチャン・ウォールはそのような取り組みをしながら、地球の癒やしを実現させる者として、兆候への対処から原因への対処、不足をめぐる競争から協力による豊かさへのフォーカスの転換を推奨しています。つまり、生気溢れる地球ともう一度、親密なつながりを具現化するということで、そのためには先例のない協力と生きるすべてのものへの深い思いやりを要するのです。言い換えると、私たち自身のための最も啓発された道のりとして、万物の健康と幸福への奉仕を行為で表すことです。

行動への呼びかけ

今日、環境を再生させる具体的な行動を1つとり、心からすべての生きものを大切に思いやってください。木を一本植えたり、地元の共同庭園に参加したり、献血したり、あるいは歩道に落ちているゴミを拾うことでもよいでしょう。

第8章

1人の善良な人間のパワー

コンスタンス・バッファロー

むかし、人々が地球や生きものや人間に優しく接するのを忘れてしまった時がありました。スピリット界の首長会はとうとう、人間を見限ることにしました。人類は命の家族の一員となれるように、それは多くの贈り物やチャンスを与えられていましたが、それでも私利しか気にかけず、周りの世界を大切にしませんでした。本当に必要なものを受け取るだけでは済まず、年配者や困窮している人々を無視しました。人間は、この世界と神聖な家族関係にあること、そして互いに依存し合って生きていることを忘れてしまったのです。

首長会は、この幼い種族を翌日、廃絶することを決めました。彼らの話は夜風にのって流れ、偉大な鷲（グレート・イーグル）の耳に届きました。彼女はいくつもの村々の上空を飛んできましたが、たくさんの人々のハートの中に見える誓いを愛していました。彼女は夜と朝のはざまの夜明けの光の中に行き、首長会と話さねばならないと思いました。

彼女は伝えました。「私は調和と尊敬の心で生きようとする人々の祈りを聞き、彼らのハートを見てきました。毎日の始まりには、人々が祈りを捧げるためにその手で焚いているセージの香りを嗅いできました。私は知っています、彼らはこの世界を愛しており、万物と仲良く生きるために慈悲と助けを求めています」。

その日、1人でも善人が残っている限り、人類は生命の環(わ)にいられることが決まりました。

——チペワ族の言い伝え

長年の間、私は地球とそこに住む人々がどのように破壊されていくかを把握する仕事をしていました。当時、私は化学薬品や生物学的な汚染の除去を行う会社の最高経営責任者でした。脅威の実態を理解することで、それに対する防御手段を見出しました。このような背景があり、そしてチペワ族の一員であることから、前述の物語は私にとって特に大切な意味があります。私の種族はオジブワ族とも呼ばれており、この名でご存じの方がいるかもしれません。私はウィスコンシンのスペリオル大湖に住まう北方森林地帯の部族チペワの出身です。私たちはアメリカで4番目、カナダで2番目に人数の多い部族です。

何年ものあいだ、企業の最終戦争(ハルマゲドン)〔企業活動がもたらす破滅や破壊行為〕について考察した後に、私はアニシナアベの教えと伝統に戻ることにしました。生命は神聖なギフトであることを教えてくれた伝統です。

コロラド州デンバーに住んでいた頃のある日、156年前に遡(さかのぼ)るという深遠な体験をしました。

その時の私はコロラド・マウンテンを旅していて、クレムリンの小さな村で泊まることにしました。ボブズ・ウェスタン・モーテルの受付デスクに行くと、強烈な、心地の悪い感覚がしました。

それを受付で伝えると、その女性は小さな事務所の壁に飾られたハンティングトロフィー〔狩猟で仕留めた動物の頭部などの剝製〕のせいではないかと答えます。ですが、私は何かもっと悲しいものを感じていました。

そのうちに、壁にかけられた古いインディアンの矢筒と弓に目がいきました。弓の先には人間の頭皮がぶら下げられており、受付の女性がそれを指さした時、私の中に深い悲しみが込み上げました。「サンドクリークのどこかにあったものです」と彼女が言いました。私は過去の記憶に呑み込まれながら、そこを立ち去りました。

サンドクリークは、西部で最も苛酷な、身の毛もよだつ大虐殺が行われた地の1つです。ブラックケトルズ族が新協定の署名を待っていたある日、男性たちが野営地にほぼ女性と子どものみを残し、食糧を求めて狩りに出かけました。村の中心には、アメリカの旗と、この村の人々が友好的であることを示す白い旗を掲げていたので、彼らは安全だろうと思ったのです。1864年11月28日の夜、彼らの知らないうちにジョン・チビントン大佐と675人の兵士が野営地を包囲し、明け方に銃撃戦を仕掛けました。彼の命令は「［インディアン］全員を殺して頭皮を剝げ、大人も子どももだ。しらみは卵からつぶせ」でした(1)。

彼らは人々を殺し、頭の皮を剝ぎ、ばらばらに切断し、130〜150人のシャイアン族とアラパホ族が死にました。その約3分の2は女性と子どもでした。冒瀆され切断された死体はデンバーに運ばれ、アポロ劇場の舞台に吊られ、頭皮1枚につきブーツ1足で取引されました。

平和なキャンプに対するこの残酷行為は西部中のインディアンの復讐心に火をつけ、平安を求める大勢の人々によって唱道されていた平和的展望は打ち砕かれました。攻撃の命(めい)を下したエバンス知事とチビントン大佐は、たとえ束の間とはいえ、名誉を得ました。後に行われた軍部の調査と戦争遂行協議会の調査の結果を抜粋します。

チビントン大佐に関して……彼は汚く卑劣な大虐殺を故意に計画・実行し、その残虐行為の犠牲者たちの名誉をこの上なく残忍なやり方で汚した。彼らの友好的な性格を十分承知の上で、あえて彼らには安全であると思い込ませ、彼らが理解できないこと・無防備であることを利用して最悪の欲望を満たし、人間の心を永久に苦しめた(2)。

チビントン大佐は告訴される前に軍を退役しましたが、ジョン・エバンスはコロラド州知事の地位を失うことになりました(3)。

高速道路での渋滞中に、受付事務所で目にしたものが思い出されました。その夜は年に一度の私の生命とスピリットの再聖別の夜だったので、車に乗り込み、どこへ向かうともなく車を走らせました。私の隣に、黒い毛布に身を包んだ年配のインディアンの男性が現れました。亡霊だとわかりました。彼は穏やかに、どこで儀式を行えばいいか教えてくれました。山の上の方で公道からも離れ、私たちは漆黒の森の中を登ってゆきました。私には車のヘッドライトが照らす狭い道筋しか見えませんでしたが、彼がどこで曲がればいいかを教えてくれました。突然、「止まれ」と言われると、目の前に広大な湖が広がる、湖に向かって突き出すような形の岩層の上にいました。

私は祈りのためにタバコのパイプを取り出しましたが、まだ吸わないように言われました。目前の黒い湖はガラスのようになめらかで、１００万はあろうかという星の光が映っていました。実際、どこまでが湖でどこからが空なのか、わかりませんでした。その壮大さに畏敬の念を覚えると、もう一度マインドの中であの声が聞こえました。「あなたや他の者たちは、あなたが今夜見ているこれらすべての星よりも膨大である。それを忘れているだけだが、思い出す時が来た。サンドクリークに頭皮を返し、名誉にふさわしい埋葬式をしなさい。彼らを殺した人々のことも、殺された人々に対するのと同じように祈りなさい。このすべてが完了したら、パイプを吸ってもよろしい」。

その夜、私は長い間そこに座り、目の前の星の野原を見つめながら彼の言葉を考えていました。私に付き添ってくれていた亡霊は去り、私はなんとか山道を見つけて下りました。

翌朝、事務所に行くと、例のホテルのオーナー、ボブがフロントデスクにいました。ボブは大柄でチェック柄のシャツに赤いサスペンダーをつけ、大きなお腹に着古したジーンズを穿(は)いていました。ぶら下げられている頭皮のことを尋ねると、彼の曽祖父があの戦いに参加したのだと言いました。

私は静かに伝えました。「我が友よ、あれは戦いではない、虐殺です」。

彼は、あの頭皮をＲＶ車と交換しようと持ちかけられたが断ったのだと言いました。彼は古い矢筒のフリンジを指差し、いつかこれを修繕しなければ、とほとんど独り言のように言いました。

私は彼の言葉に耳を傾け、彼の腕に優しく触れて言いました。「これらが元の場所に帰る時が来ているのよ、ボブ」。

彼がゆっくりと私の方を向くと、目に涙を湛えていました。「俺はこんな殺戮があったことが信じられない。もし俺がまた生まれ変わるなら、インディアンとして生まれ変わりたい。白人たちが来るよりもはるか前に生まれ変わって、自由に生きるんだ」。彼は頭皮を私に手渡して、歩み去りました。

頭皮は2人の人間のものでした。どちらも12インチほどの長さで、ピンク色の細い糸で1つに縫い合わされていました。私は頭皮を持って立ち上がり、魂からその頭皮を感じました。ただ涙が溢れました。

私は頭皮を赤い布で包み、東西南北の色のリボンで束ねて結びました。デンバーに戻ってすぐに、自分が通うアメリカ先住民教会のリーダーに電話をすると、彼はラコタ族の長老の女性に連絡をとって、私が来るべき事態に備えられるよう手配してくれました。私たちはシャイアン族とアラパホ族のメンバーにも参加を呼びかけましたが、彼らからの返事はありませんでした。

私たちは浄化のためにスウェット・ロッジ〔アメリカン・インディアンの蒸気風呂〕を行い、サンドクリークでの埋葬の許可を得て、他のインディアンたちも儀式に招待しました。ギブアウェイ〔参加者への贈りもの〕が決まり、タバコ・タイ〔儀式や祈願の際に使われるタバコの葉を包んだ小袋〕もできました。毎晩、私は自分の祭壇に置いた神聖な頭皮に向かって歌を歌いました。シャイアン族やアラパホ族の歌は1つも知りませんでしたが、私の意図を感じてもらえますようにと願いながら、知る限りのすべての歌を歌いました。

埋葬のためにサンドクリークでキャンプを設営している時、数人の男性が周りを散歩しに行ったのですが、すぐに戻ってきました。まるで村がまだ生きているかのように居住地の物音を聞いたそうです。夜明けになり、私たちは儀式を始めました。12人いる私たちの上空に、2羽の鳥が飛んでいました。彼らは輪を描くことはなく、儀式の最後まで空をただ飛んでいました。歌が歌われ、祈りが唱えられ、伝統の食物が捧げられると鳥たちは飛び去りました。私たちが知る限りの最善のやり方ですべてが進められました。

この話を伝えるのは、私たちの親類であるすべての存在に対する優しさ、尊厳、尊敬を、あまりにも多くの人々がいま再び忘れてしまっているからです。

私の部族の最も偉大な価値観の1つが、勇敢さです。勇敢とは、敵と向かい合う際の高潔さです。私たちはいま、一巡して元の位置に戻ってきているでしょうか？　現在は、1人の善良な人間がインターネットやその他メディアを使って簡単に他の人々と交流し、アイデアを分かち合ったり、解決策を提案したり、敵対者の話を聞いたりできますし、私たちが遭遇する困難な状況に応じて新しい解決策を見つけてゆくこともできます。

私は自らの経験から、霊界と物質界はただの概念ではなく現実であることを学びました。霊界は私たちを支えるためにあるので、純粋なハートから祈れば私たちを助けてくれます。すべてのスピリットは――犠牲者の霊も加害者の霊も――私たちの祈りを自らのために使うことができます。祈りは、過ちを放棄したりしません。加害者は今もなお、その行いの責任を負っています。ですが私たちは、この生命を生きるすべての人に愛と信頼をもって祈るのです。

最も初期の教えから、私たち人間は第4世界に属していることがわかっています。第1世界は元素の創造物（風、水、空気、火）と星の世界です。第2世界は土地や海や山、地球を覆うすべてをもたらしました。第3世界はすべての動物、地を這うもの、泳ぐもの、飛ぶもの、そしてこの世の人間以上のすべての生き物です。そして最後の第4世界になって、新しい存在である人間が現れたのです。

私たち以前のすべての世界に属する生き物は皆、私たちの先祖であり家族です。私たちは木や川を物としてではなく、親類として見ています。立っているものをグランドファーザーと呼び、月をグランドマザーと呼んでいます。このように呼ぶことで私たちは切り離された存在でなく一体の存在となり、このような帰属感のなかで私たちは自らの家族を愛し、大切にします。地球を自分とは別の存在として守ろうとするのではなく、私たちは地球の一員だから守るのです。

チーフ・シアトル（１７８６〜１８６６）〔スクウォミッシュ族およびドワミッシュ族の首長〕が１６０年以上前に言ったことは、今も真実です。

すべてのものはつながっている。地球に起きることは、地球の息子たちにも起きる。私たちにはわかっている。地球は人間に属しているのではなく、人間が地球に属していることを。すべてのものは血管のごとく、私たちすべてを１つにつないでいる。人間がこの生命の網を編んでいるのではない。人間はその糸に過ぎない。人間がこの網に対して行うことは何であれ、自分自身に行っているのである。(4)

この密接な関係は、見える世界でも見えない世界でも、それぞれの存在は生命の網における大切な糸であり、私たちは自らよりもはるかに大きな現実に属しているということを思い出させてくれます。この現実は私たちにビジョンを与え、行動を鼓舞し、私たちが「時」と捉えているものを超えて続くのです。

もしかしたら、これが、鷲がもう一度チャンスをくださいとお願いしに行った時に霊界の首長会の決定を変えたのかもしれません。善良な人が何人かいるということは、他にももっといるかもしれません。これが大勢に増えれば、これらの生命を崇敬する人々はパワフルな種族となり、山の湖に映る何百万もの星のように、最も闇の濃い夜にも明るい光をもたらすでしょう。

最後に、ボブズ・ウェスタン・モーテルのボブは、若者の頭皮を埋葬のために返却してから6カ月後に穏やかに亡くなりました。彼が自分の種族を見つけていることを願います。

第8章 スポットライト

先住民の叡智は、地球やそこに生きる生き物や人間同士が、どうすれば互いに調和し、優しく生きていけるかを教えてくれます。コンスタンス・バッファローが伝えるチペワの美しく感動的な物語は、善良な人間が1人でもいる限り生命の環に属することができるという事実が、彼女個人のパワフルで感動的な物語を通して語られています。すべての親族への優しさと尊重が忘れ去られてしまったかのように見える時ですら、霊界と物質界は親密な関係にあるという現実は確かなものであると、彼女の目前に示されました。これは、一つひとつの存在は、見える世界でも見えない世界でも、生命の網を成す重要な糸であることを思い出させてくれます。

『行動への呼びかけ』

今日、匿名で良いことをしてください――誰かに言いたくなっても、誘惑に負けないで！

第9章

預言、ダイナミックな変化、新しいグローバル文明

フィル・レーン・ジュニア世襲首長

世界的な嵐が勢いを増しながらマザーアースの表面を一掃しており、いかなる地域もこの浄化と癒やしと統合のパワーから逃れることはできません。現在は国や個人の利益よりも世界規模の組織的操作を優先するという、意思の麻痺状態がまかり通っていますが、それでも私たち人間ファミリー全員が平和と調和と繁栄をもって生きられる新しい世界が生まれつつあります。現時点の私たちのいちばんの関心は、協調が普及し、平和な世界文明の確立につながるように、この世界を変容させるために必要な変化をどのように起こしてゆくかです。

ターニング・ポイントに到達する

多くの人がスタンディング・ロック保留地から来たハンクパパ・ラコタ族の若い女性のパワフルな画像を見たことで、ダコタ・アクセス・パイプライン（ＤＡＰＬ）を阻止するための祈りと平和の集会に注目が集まり、神聖なものを守るための世界的ムーブメントにつながりました。

このスタンディング・ロックで、あるいはマザーアースのいたるところで行われている、聖地を守り、再建するための前例のない統一的な行動で顕著なのは、若者の参加の増加です。いまや世界人口の半分以上は若者世代となっています。若者の聖地への回帰は、ヨーロッパのアメリカ大陸植民に続く第7世代についての預言で予期されていました。この預言はホワイト・フェザー（ホピ族）によるもので、他にも多数の預言が伝えられていますが、これ以外については後ほど触れます。

若い人々が、人間と共同体の変容のすべての次元において、リーダーとして出現しています。これについては、先住民の長老が長きにわたって預言してきました。これらの預言によると、気候変動の暴走、種の多様性の喪失、生態系の崩壊が起きるなか、彼ら若者たちの働きを機に、先住民族のリーダーシップが世界的に高まるといいます。

私たちはいま、長らく約束されてきた霊性の春を迎えており、第7の世代が現れ、マザーアースのいたるところの若い人々が、気候変動や種の多様性の喪失に対処するために動いています。その一例が「アワ・チルドレンズ・トラスト」に関わっている人々で、彼らは幼い提訴人に代わって複数の訴訟を起こしています。

アメリカそしてマザーアースの全域で、役に立たず受け入れ難い政治・経済構造に取り組むために、第7世代は政治的・社会的・霊的変容を求める呼びかけに共鳴し、どの地域でも一斉に呼びかけています。どんな困難が来ようとも、私たちは皆1つの人間家族であり、すべての生きとし生けるものとの親密なつながりという霊的かつ生物学的現実に目覚める時がいずれ、必ず来ます。

新グローバル文明を生み出す

新グローバル文明のビジョンは霊的・預言的叡智で伝えられている約束で、先住民の情報源（『ブラック・エルクは語る』など）や主要な預言者たち、『諸国への呼びかけ』（バハーイー教の指導者ショーギ・エフェンディが世界中の信徒たちに送った書簡集）、万国正義院（バハーイー教の最高管理機関）、その他あらゆる地域の多数の長老、霊的教育者、信仰伝統が含まれています。先住民やその預言が伝えるこの新グローバル文明は、あらゆる競合的な情報源が示唆する恐ろしい新世界秩序（ニュー・ワールド・オーダー）とは、決して、少したりとも混同しないでいただきたいのです。私たちのビジョンは、極度の富や秘密の上層階級の人々が利己と強欲のために人類の大半を奴隷化する新世界秩序のことでも、全員が同じように見て行動して考えることを強制されたり、１つの民族国家が他のすべての民族を支配したりすることでもありません。

平等で調和した新グローバル文明、これはすでに展開し始めていますが、このような文明につながる新しい生き方を築くためには、真実を求めて、個人として何にも束縛されずに自律性をもって探究することに、私たちが完全にコミットすること、これが第一の前提条件です。そのためには１人ひとりの人間には、他人ではなく自らの目を通して知識と理解を得る責任があります。そのためには深く入念な内省と考慮が必要であり、私たちが受け取る「ニュース」の情報源を調べる必要があります。

自分たちの力でこの知識を得る時、私たちは感じ方、話し方、振る舞い方、共存・共生の仕方を変えることになります。どこまでも深い霊的理解と人生の目的を得るからです。私たちの先住民の預言――「第8の火の評議会」「ホワイト・バッファローの帰還」「ピースメイカー」「ケツァルコルトル」「スウィート・メディスン」なども含む――は、人間ファミリーとすべての生命のワンネスについての揺るぎない理解の上に成り立っています。この意識から、私たちが以下を必要としていることが自然と認識できます。

・男性と女性の平等
・富と貧困の二極の均衡化
・すべての偏見の撤廃
・科学と霊性の統合
・普遍的な教育
・真実の自律的追究
・多様性の和合

こうした統合的指針を実践することで、新グローバル文明が生まれるでしょう。その文明では、先住民の人々の声、叡智、ビジョンが正しく敬意をもって表され、人々は古代の叡智に耳を傾け、その叡智に沿って行動するのです。

どの人間科学も、人間には生命の派生的側面が無限にあれど、人類は一種しか存在しないことを裏づけています。だからこそ、この根本的真実を完全に認識するために、すべての偏見——人種、階級、性的指向、肌の色、宗教、国籍、性別、物質的富などの偏見、すなわち、自分は人よりも優れている、あるいは劣っていると思わせるものすべてを放棄せねばなりません。すべての偏見を捨てるというのが、いまの私たち全員の大きな霊的課題であり、必須条件です。

明らかになってきたグローバル社会のシステム構造に根本的変化をもたらすための準備を整えるにあたり、人間家族のワンネスの霊的・物理的現実についてすべての学校で教え、すべての国が賛同せねばなりません。生きとし生けるすべてのもののワンネスという霊的現実が実現してこそ、初めて世界平和は完全に成就します。

一方、預言に伝えられるように、宗教イニシアチブ連合（ユナイテッド・レリジョンズ・イニシアティブ）（ＵＲＩ）や世界宗教会議（パーリアメント・オブ・ザ・ワールズ・レリジョンズ）といった機関は、異宗教や異信仰間の理解と気づきを促進し、世界の調和を目指して史上初の統合を実現するための推進力を増しています。ＵＲＩの序文、目的、原理、組織体制、統合的思考体系は、預言の成就を明らかに支持し、この世界的ムーブメントを築く力となっています。

宗教を動機とする暴力を終焉させ、平和、正義、地球および全生命体の癒やしを生むために、日々、宗教を超えて弛（たゆ）まぬ協力を推し進めるにあたって、世界宗教会議もＵＲＩも、先住民の宗教伝統は私たちを一体化させ、世界平和と新グローバル文明に向かって進ませるという点で同等として歓迎しています。

人類のワンネスを認識するためには、世界全体の立て直しと非軍事化が必要です。それは、人生に不可欠なあらゆる部分——政治組織、霊性を求める気持ち、産業と経済、文字と言語——も自然に統合されながら、それぞれの文化と生態地域の個性や特徴は無限の多様性をもつ世界です。この約束された未来は、2030年、2040年、そして2050年を迎えても、信念、ビジョン、忍耐力、時間、団結行動をなお要し続けることでしょう。

「グローバル・コモンズ」を形成する

これらの預言は、世界平和を実現するために世界的な集会が必要となると言います。この世界的な指導の場では、すべての文化と霊的伝統の代表者が一堂に会し、継続する世界平和の基盤を敷く方法や手段を相談し、世界中の先住民族の女性たちが重要な役割を担うことになります。

ブラック・エルクの「フープ・オブ・メニー・フープス（たくさんの輪の中の輪）」などの預言は、「グローバル・コモンズ」（世界全体で共有する空間や財産）の要点を明確に表しています。いかなる国籍、民族、宗教、利己的関心よりも、人類共通の善を優先すると皆で誓約した時に、グローバル・コモンズは実現するのです。すべての国籍、人種、宗教、階級が1つの人間家族として親密に永久に一体化するためには、新たな世界統治システムが求められます。すなわち、各地に根差し、生態地域に沿って編成され、世界規模で相乗効果を発揮し合うような原理を中心とする方法で選ばれた、無党派のメンバーで構成されるシステムです。

この統治システムは、世界の資源と文化が持続可能で調和的な発展を遂げられるよう管理します。人間家族のメンバー全員のニーズや人間関係を調整し満たすために、富と貧困の両極の均衡化や、普通教育や表現の自由や個人の主権といった人間のあらゆる基本的人権の擁護を含め、必要な法律を制定するのです。このシステムの主要機能は、全体の統一と調和の保護です。

私たち人間家族の既存言語からは世界語が生まれ、すべての国の学校で母国語と共にこの世界語が教えられることになるでしょう。人生において最も強い2つの力、科学と霊性は和解し、協調し、調和しながら発展するでしょう。世界の経済的資源は人間家族すべてのメンバーの富となるように構造化され、その生産品やサービスは平等に調整され、分配されるでしょう。国同士の対立や偏見は、人種間の親睦と理解と協調に取って代わるでしょう。

戦争を終わらせることで莫大な資源が完全に自由化するので、これらの資源は新たな科学的発明とテクノロジー開発に捧げられ、生産性は向上し、病気はなくなり、医療システムの基準は高まり、マザーアースの資源は生態系的に維持され、彼女のすべての子どもたちの知性、道徳、文化、芸術、霊性の生活は促進されることでしょう。

これらの預言は、「1人の傷は皆の傷であり、1人の恩恵は皆の恩恵である[1]」という理解を特徴とする、尊重的・持続可能的・調和的な関係性に人間家族全体を包み込む地球規模のワンネスを予見しています。このような日が来れば、もう夜の時代は来ません!

骨の折れる長期的な仕事となるでしょうが、グレート・スピリットは私たちに筆舌に尽くし難いほど素晴らしい褒美を与えると決めています。この究極のビジョンおよび「日の老いたる者」〔神。ダニエル書7章〕と先住民族の預言は、成就を保証されているのです!

第9章 スポットライト

先住民族の叡智という深い糸と私たちの現代のニーズをつなぎながら、フィル・レーン・ジュニアはいま目前に迫るターニング・ポイントについての先住民族の預言を伝えています。それは、長らく約束されてきた霊性の春に続き、第7の世代が出現することです。気候変動や社会的・霊的変容に取り組む若い人々による世界的ムーブメントは勢いを増しており、これが新グローバル文明につながってゆくのです。この新たな文明は真実の限りなき追究を基盤とし、人間ファミリーのワンネスの意識をもたらす原理が特徴です。地球規模の会議によって統治され、偏見が一切なく、共通言語をもち、すべての文化が強力なリーダーシップを発揮し、自律管理と調和という古代先住民の叡智を導きとします。

行動への呼びかけ

あなた自身の先住民的ルーツについて熟考してください。どれほど古い歴史まで遡っても、かまいません。それはあなたの未来ビジョンにどう影響しますか？　もし自分のルーツを知らないなら他の文化を勉強し、それらから学んでください。その叡智を活用してあなたの世界観を作り変え、すべての人々を、動物を、植物をあなたの親族と捉えてください。

第10章
楽観の理由――ライフ・エコノミーへの移行

ジョン・パーキンス

歴史においてこの枢要な時期に、私は世界中を旅し、さまざまな会場で世界的リーダーから自給自足農家の人まであらゆる人々に会ってきました。そして、驚異的な目覚めが起きていることを目の当たりにしてきました。真の意識革命です。私たちは自分たちが美しくも脆い宇宙ステーションの航空士であり、いま大惨事に向かってその舵を切っているという事実を理解し始めています。これまでは「１００年に一度」しか起きなかったハリケーンや火災が突如、ほぼ毎年起こるようになり、さらにそれより少し強いメッセージとして起きたのが新型コロナウイルスのパンデミックです。このウイルスの場合、まったく予期できない事態がいつでも私たちを襲い得ることを伝えています。私たちの航行システムを再起動する時が来たということです。

私たちがいま知っている人間という存在は20万年前から存在し、少なくとも３０００年前から他者や自然の搾取によって文明を発達させてきました。私たちは狩猟採集社会から農耕・産業革命を経て、現代の技術・情報時代に移行してきました。過去３０００年間、私たちは階層構造を中心にして、社会・経済・政治構造を築き続けてきたのです。

今日の私たちの世界は、中国、ペルシア、ギリシャ、ローマなどの古典的帝国、あるいは中世の封建社会、またアフリカ、アメリカ、アジア、中東へのヨーロッパの植民者、奴隷所有によるプランテーション・システム、もしくは苛酷な条件で女性や子どもが働かされていた19世紀の工場の直系子孫です。

現在、短期的な利益を優先する企業に勤める人々の暮らしは、かつての奴隷や農奴や強制労働者ほど惨めではないかもしれません。しかし、彼らもまた、強欲に衝き動かされた、しばしば残酷でさえある企業所有者の方針に支配されています。彼らは労働市場で売り買いされ、大企業の利益のために戦いに駆り出され、受け取る賃金は上司の何百分の一、あるいは何千分の一です。世界中で何十億もの人が、家族を養うことも自分の健康や退職後の生活を支えることもできない賃金のために、長時間苛酷な労働を行い、時には耐え難い条件下で働いています。コロナウイルスにかかったとき、多くの人が病気のまま出勤する（そしておそらく他人に感染させる）か、家族を養うのを諦めるかを選ばざるを得ないという恐ろしい状況に陥りました。他にも、失業を強いられたり、解雇されたり自宅待機させられたりして、どこからお金を借りようか、1カ月は凌げてもこの先どうすればよいのかと悩む人々もいます。一方で、想像もつかないほどの大金が、現代版の世界権力者であるほんの一握りの億万長者の金庫に積み上げられています。

産業革命の開始以降、次々と大きな変化が起きました。私たち人間は、科学、技術、医療、芸術において数々の奇跡を生み出してきました。多くの国々が下水処理、飲料水供給、暗路の街灯などの効率的システムを備えています。幼児死亡率や貧困率も多くの地域で減少しています。私たちの素晴らしい近代工学によって、数多くの都市で古びた街や汚水を覆い隠し、高層ビルや橋を建設することが可能となり、政府も太陽系の最果てを探査する乗り物を生産できるようになりました。ほぼどの国でも著述家、芸術家、哲学者らが戦争の狂気を訴え、私たちのハート、マインド、魂が求める真実をそれぞれに伝えています。

しかし、不平等と苦しみは、いまも蔓延しています。富裕国に住む私たちの多く、そして貧困国に住む裕福な人々は、世界人口の半分以上におよぶ絶望的な状況にある人々から我が身を隔離しているのです。

私たちは低賃金労働力を搾取し、資源を奪い取っています。私たちはレンガやモルタルの壁と同じように、法律という壁を築いています。その過程で、私たちは戦争、あるいは戦争の脅威や戦争が依存する資源の破壊を基盤とする世界経済システムを作り上げてきました。このシステムは、取り返しのつかない気候変動と核による大量殺戮の脅威をはらんでいます。これはデス・エコノミー（死の経済）であり、自らもろとも絶滅に追い込みます。

それでも私たちは、経済学者がライフ・エコノミー（生命の経済）と呼ぶものに移行し始めています。ライフ・エコノミーとは、汚染の除去、壊滅的被害を受けた環境の再生、リサイクル、エネルギー・交通・通信その他さまざまなセクターの新技術を開発する事業の発展に取り組むビジネスに報酬を与えるシステムです。この移行は、農耕から産業社会への移行よりもかなり簡単に実現できるでしょう。

現在、数多くの個人や組織が、死の経済から抜け出すために必要な行動をとるように、人々、企業、機関を啓発し、促すべく働きかけています。日々、さまざまな立場の人々――消費者、投資家、労働者、最高経営責任者（CEO）、政府官僚――が次々と目覚め、使い古されたシステムを新しいシステムに変えようと決意しています。それ自体が再生可能な資源であるような経済に投資した人へ利益がもたらされるビジネスに将来がかかっていることに彼らは気づいています。この「成功」についての新定義やそれに伴う価値観と行動が、ビジネスにおいても政府においても、民主主義的意思決定プロセスと経営スタイルを強化することも理解しています。コロナウイルス・パンデミックは、私たちは単純に変わらなければならないこと、もっと適応力をもたなければならないこと、この地球でもっと持続可能で平等な人間存在を育むためにすべての国籍・文化・人種が集結できるような経済と行動に焦点を向けなければならないことを理解せざるを得なくなるという良い結果をもたらしました。以下は、デス・エコノミーとライフ・エコノミーの主な特徴の比較リストと、この移行を起こすための私たちの役割のリストです。

デス・エコノミー（死の経済）とは

以下はデス・エコノミーの主要な特徴です。

・相対的少数のための短期的利益の最大化を目的とする。
・市場シェアと政治的支配を得るために、恐れと借金を利用している。

・誰かが勝ち、誰かが負けるという概念を支持する。
・搾取的で、ビジネスが互いを、人々を、環境を餌食にすることを奨励する。
・自らが長期生存するために要する資源を破壊する。
・生活の質（クオリティ・オブ・ライフ）を高める商品よりも、強引に搾り取られた物質主義的な商品に価値を置く。
・非生産的な財政取引（株式操作と金融化／〝ギャンブル〟）に重度の影響を受けている。
・利益評価、国内総生産、その他の基準において外部性（ある経済主体の行動が他の経済主体にも影響を与えること）を無視する。
・軍事化、人やその他の生命体の殺害（もしくは殺害の脅迫）、インフラ構造の破壊に多額の投資をする。
・公害、環境崩壊、極端な所得不平等と社会的不公平を生み、政情不安定を引き起こす可能性がある。
・税金を基幹構造、社会事業、医療などへの投資と考えず、非難する。
・非民主的であり、政治に強い影響力をおよぼす経済力をもつ少数の人によってコントロールされている大企業の成長を奨励する（独占は寡頭政治につながる）。
・ビジネスや政府は、専制的管理方式を支える、トップダウンの権威主義的命令系統を基盤とする。
・人生を豊かにする仕事（教師、音楽家）よりも、競争を促進する仕事（ベンチャー投資家、弁護士）の価値を重んじる。

・何十億もの人々を貧困状態のままにする。
・植物、動物、自然界のすべては人間の利得のために使う資源と捉えて、自然を敬ったり保護したりしないため、大規模な絶滅やその他取り返しのつかない問題を生み出している。
・これが世界中で資本主義の支配的形態となっている。

ライフ・エコノミー（生命の経済）とは

以下はライフ・エコノミーの主要な特徴です。

・公の利益に奉仕し、すべてにとっての長期的利得の最大化を目的とする。
・この経済における法律は、健全な非独占的競争、革新的アイデア、維持可能な製品を奨励するような条件の平等化を支持する。
・すべてにとっての長期的利益を目標にすれば、私たちは皆、勝者になれるという概念、つまり協調の感覚を尊重している。
・物質主義や搾取よりも、生活の質を豊かにする商品、サービス、活動を大事にする。
・有益で生産的な活動（株式操作や金融化／〝ギャンブル〟といったものではなく、例えば教育、医療ケア、芸術など）を基盤とする。
・公害を浄化し、破壊された環境を再生する。

・慈しみ、公正な資源配分、負債回避によって推進されている。
・飢えている人は自力で食べていけるように、住む場所がない人は住む場所を確保できるように、病気の人は治療を受けられるように、リソースのない人はそれを見つけられるように、あるいは自力でリソースを生み出せるように支援する。
・財政的・経済的評価で外部性を考慮している。
・革新的である――すなわち、再生可能で、持続可能な、新技術を開発し、活用する。
・物をリサイクルする。
・税金は相互利益的な構造基盤(インフラ)、社会事業、医療などへの投資だと捉えている。
・民主的であり、地元密着型の商業や従業員所有事業や共同体所有事業を奨励する（例えば生活協同組合、ベネフィット・コーポレーション〔社会や環境に配慮する企業〕など）。
・ビジネスや政府において、民主的な意思決定プロセスと運営スタイルを強化する。
・人生を豊かにする仕事を高く評価する（例えば芸術家、ボランティアなど）。
・これらの特徴に賛成する投資家に報酬を与える。
・人間は地球と共生関係にあるので、自然界を敬い、称え、保護せねばならないという根本的理解に基づいている。
・人間の歴史における経済的進化のうち、多くの部分ではこの形態が優勢だった。

ライフ・エコノミーは人間の昔からの伝統の一部であったというこの最後のポイントは、未来への展望と希望を開いてくれます。私たちは皆、長期的な持続可能性、つまりライフ・エコノミーの重要性を理解していたご先祖の子孫なのです。私たち人類の遺産の1つは、自分たちが受け継いだ世界と同じくらい豊かな、あるいはもっと豊かな世界を将来の世代に受け渡す責任がある、という信念です。先住民族の伝統的なライフスタイルは、何千年と成功してきたライフ・エコノミーの例です。

この移行を円滑に進められるか否かは、私たち1人ひとりにかかっています。消費者や従業員や投資家など、たとえ相対的に少数のグループであってもライフ・エコノミーの価値を受け入れ、これらの価値観を促進するビジネスを支える行動をとり、法律として体系化するように働きかけていけば、ついには私たちの時代遅れな経済システムは成功のシステムへと変換を遂げることでしょう。

第10章 スポットライト

私たちの将来について楽観的になれるたくさんの理由に加え、ジョン・パーキンスが伝えているのは、長い間瀕死の状態だった経済システムから成功的な経済、つまりすべての生命を維持するだけでなく生命の繁栄と力強い成長をサポートする経済に、すでに私たちは移行し始めているということです。人間は地球と共生関係にあると知っていれば、このデス・エコノミーをライフ・エコノミーに置き換えることができます。環境を浄化し再生するビジネス、新しく革新的で持続可能な技術を開発するビジネス、公益に役立つビジネス、条件の平等化を生み出すビジネス、協調と慈悲を奨励するビジネスに報酬を与えることで、私たちの市場は変容を遂げることでしょう。

『行動への呼びかけ』

あなたの思考や行動のうち、使い古されていて、新たな生命を維持できるアプローチに取り替えるべきパターンは何ですか？　古い行動パターンのリストを作り、今度はもっとポジティブで楽観的な人生を生きるためにそれをどのように変えていけばいいか、新しいやり方のリストを作ってください。そのような人生を生きることがすべての種の未来の世代を助けることになり、それがあなたに大いなる充足感をもたらしてくれます。

サークル

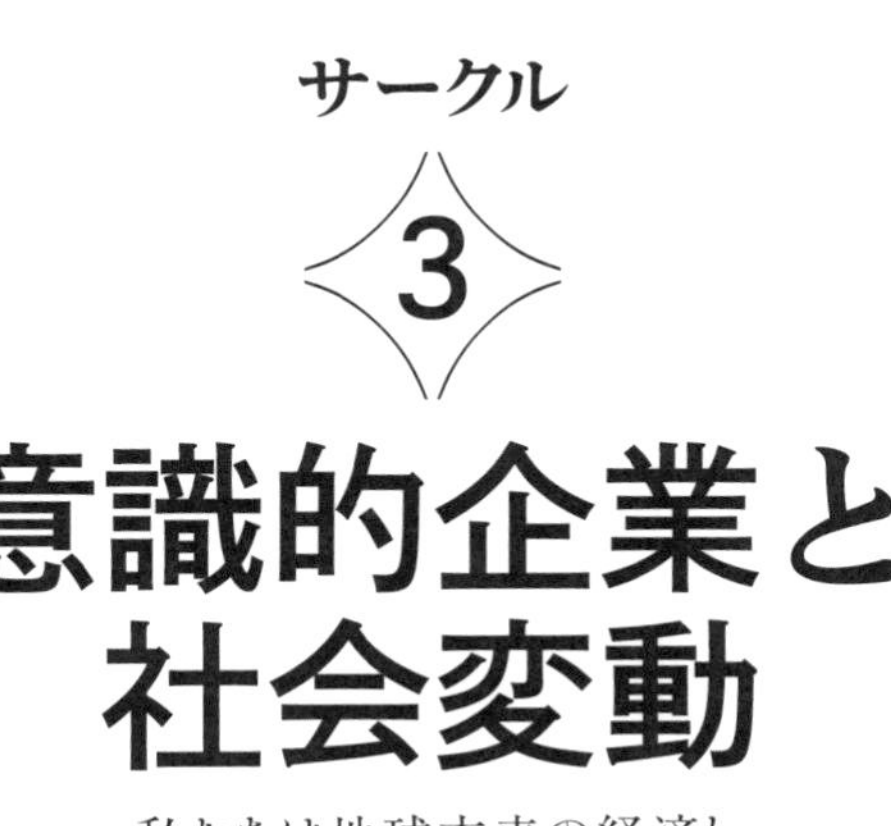

意識的企業と社会変動

私たちは地球本来の経済と
コミュニケーションを守る、
エシカルな管理人です

第11章

意識的ビジネス・ムーブメントの夜明け

スティーブ・ファレル

無意識的ビジネスの影響を覆すために、早急な行動が求められています。抑えのきかない資本主義、例えばいかなる代価を支払っても成長しようとする中毒的な世界経済などは、この無意識なビジネスがいかに私たちの共同体や世界中の環境に損害を来すかを示す最たる例です。

ですが、必要なのはビジネス・ムーブメントだけではありません。効果的な変化を生む必要があるなら、ビジネスは最前線に立ってリードしなければいけません。ビジネスが意識的になり、人類全体がより意識的に生きるようになってこそ、初めて永続的変化が生まれます。現在、地球に起きている問題やカオスの大半は、無意識に生きてきた結果です。地球上のすべての人がこの事態に加担しているか、影響を受けています（その両方の場合もあります）。ですから、真のビジネス革命のためにはまず、人間の意識的進化の革命が必要です。

ビジネスは無意識な生き方を作る第一の要素かもしれません。しかし、この行動の呼びかけ、そして希望のメッセージは、誰もが問われています。意識的な生き方を大切にすることで、私たち全員が不和を癒やせる機会をもつことができ、また私たちにはそうする責任があります。これこそ私たちが個人的にも集合的にも求められている変化なのです。

霊的活動家のための最近のプログラム、「クレストン・コンバージェンス・イン・コロラド」には約50人のリーダーが参加し、世界資本主義という注目の話題について話しました。世界のビジネスの方向性について深刻に懸念する人々の間で、感動的な討論がなされました。これは本当に変化が起きつつあること、進化の竜巻が着陸したことを示す兆しです。アメリカの市民権運動とインドの独立運動は、この進化の竜巻の一例です。進化の竜巻は変化を招き寄せます。混乱を引き起こし、ものごとの尚早な成立には執拗に抗います。進化の竜巻は、市民社会を必ず新しい方向性に向かわせます。その途上で止まることもあれば、左や右に曲がることもあり、真っ直ぐ進むとは限りませんが、必ず、です。

まだ10年も経っていませんが、ヒューマニティーズ・チーム（教育システムを通して世界をワンネスに目覚めさせる）は機能不全のビジネスを念頭に研究を行いました。Bコープ（＊123頁参照）のような進歩的ビジネスモデル、意識的資本主義、自然資本主義、その他のモデルを調査し、ビジネスの乱用に歯止めをかけて世界を繁栄させる意識的なビジネスシステムを作るために、私たちがどんな役割を果たせるかを把握するためです。私たちの結論は、これらのビジネスモデルには価値があり、ビジネスを健全な方向に向かわせるものではあるが、真に意識的なビジネスを無視している、あるいは、世界規模で一様に持続可能な形で行えるような意識的ビジネスと捉えるまでには至っていない、ということでした。

意識的ビジネスの本質を探究する

ケース・ウェスタン・リザーブ大学のクリス・ラズロによると、意識的ビジネスには内的変容と外的変容の2つの次元が含まれていなければならないといいます。[1]「B Lab」や他の進歩的団体は外的変容──例えば人々、地球、利益といったものだけにフォーカスしています。ラズロは、ビジネスは利益だけではなく、人と地球の幸せにフォーカスしなければならないと伝えています。ヒューマニティーズ・チームでは、クリスも指摘するように、繁栄するビジネスを育むには内的変容が決定的に重要であるということで意見が一致しています。それと同時に、これらすべてを可能にしてくれる全体性を尊ぶことが大切です。

内的変容はマインドフルネスのような実践にフォーカスしますが、さらにそれを超えた、奥深い、源(ソース)のエネルギーと交流できる場所まで向かいます。このエネルギーと交流する方法は、他にも同等に有効で感動的なものを、個々人で見つけられるかもしれません。それは神性を信じる心に根差す宗教的信念や実践かもしれませんし、生命が相関的につながっており、相互依存していることを明瞭に立証する量子力学の原理に深く共感するという形かもしれません。すべては単一の現実の一部です。私たちは皆、1つのものから生じているのです。

ある年、10月28日のグローバル・ワンネス・デーの時に私たちは「4Pモデル」という新語を作りました。「4P」とは、人々(people)、惑星(planet)、プレゼンス(presence)、利益(profit)です。

プレゼンス（霊的存在の実在）は、全体性、結束、目覚めた意識をもたらし、世界を見渡させ、生態系の深い霊性や相互のつながりに目を向けさせます。私たちが意識的になると、すべてが変わります。多くの人が神を自らの中に、お互いの中に、私たちを取り囲む世界の中に見出すことでしょう。また、霊的な意味合いよりも別の形で源（ソース）との共鳴のつながりを感じる人もいるでしょう。もしかしたら、すべての中にあるエネルギー、すべての生命形態をつないでいる高揚感のある明らかなエネルギーとして感じるかもしれません。

外的変容だけにフォーカスするビジネスモデルは、ビジネスが与える害を減ずることはできますが、繁栄するビジネスの定義の1つとして、内面のプロセスが動き始めるような内的変容が要求されます。内的な道のりは、魂による愛、美、善、真実の経験です。これが私たちの自己観や世界の見方を形成し、新しい現実に私たちをつなぎとめてくれます。生命は神性であり、私たちは神性の力となって生きてゆくのです。

このような視点は遅かれ早かれ、実際に働き始めます。例えばマインドフルネスはすでに勢いをもって広がっています。決定的に重要なのは、リーダーたちが完全に包摂的な方法でビジネスの対話を促進し、ある特定のイデオロギーや方針を指図しないことです。世界の偉大な諸宗教は、神性のインスピレーションと源（ソース）とのつながりを尊重しています。全宇宙がつながり合っていることを、科学もどんどん認めるようになってきました。私たちは、自らを育み維持してくれる自然的・社会的な生命の網の一部なのです。

霊性や宗教や先導的な科学思想は、いずれも同様に、人々の内的変容を支える役割を担っています。もし企業の中心的価値観や文化がオープンで包摂的で、多様な霊的・宗教的・科学的視点を尊重するなら、ものごとは見事に収まってゆくでしょう。(ケーススタディとして、ヒューマニティーズ・チームを参照してください)。意識的ビジネスは、心の奥深くにある価値観を仕事生活に統合するチャンスを生みます。そうすると、組織の価値と質を評価する際、利益の他に、生活の質と成功の指標も加わります。無意識的なビジネスはほぼ財務利益のみを追求します。それがまさに今日、私たちが経済的・社会的泥沼にいる理由です。

現代の最も重要な哲学者の1人、ケン・ウィルバーは、この世界で最も困難かつ切迫している問題の1つを明確に示しました。すなわち、外的世界への過剰なフォーカスにより生み出された「平地」で、意識が日常のルーティンや日々の生活に囚われてしまい、健全な人や組織が育まれたり、インスパイアされたりしなくなっていることです。(2)

意識的ビジネスの同盟(アライアンス)を作る

問題が膨大過ぎるため、ヒューマニティーズ・チームは他3つのNGO(非政府組織)と集結し、コンシャス・ビジネス・アライアンスを立ち上げました。ここにクラブ・オブ・ブダペスト(ハンガリー)、五井(ごい)平和財団(日本)、公益の仲介者としてのビジネスのためのファウラー・センター(ケース・ウェスタン・リザーブ大学)も加わりました。私たちの第一の課題は、簡潔ながらグローバルかつ包括的な「意識的ビジネス宣言」を起案することでした。繁栄する世界を創ってゆく中で、意識的ビジネスが果たすことのできる役割を説明する宣言です。世界のどの大陸においてもビジネスモデルを順応させ運用できるくらい、簡単に把握可能なビジネスを提示する必要がありました。

世界共同体の一員として、私たちは以下の原則に従って自らの組織を意識的に進化させるために、必要な気づきとスキルを発達させることを約束します。

1. 「私たちは1つ」——全人類とも、すべての生命とも、1つです。人間共同体のビジネスとすべての機関は、ただ1つの現実——つまり、すべては関わり合い、つながり合い、依存し合っているという現実になくてはならない存在である。

2. 上記のような現実と一致して、ビジネスの目的は、健全な環境に貢献し、人間の幸福を高めながら、経済の繁栄を増進することである。

3. 地球が自己再生し完全性を修復するためには、ビジネスは持続可能性や「危害を与えない」という指針の先に進まなければならない。

4. ビジネスは経済、社会、生態環境において透明性をもって活動すべきである。

5. ビジネス活動を行う地域で、地元共同体および地球共同体のメンバーとして積極的にポジティブに振る舞わなければならない。

6. ビジネスが、すべての人間、すべての生命はお互いにつながり合っているという本質的な性質を認識し、尊重し、称賛する時、人間の潜在力は最大限に発揮され、ひいてはすべてにとってうまく機能する世界が生まれる。

7. ワンネスでつながる時、ビジネスは地球で最強のエンジンとしてすべてのための繁栄と発展を生み出す。

これらの原則はまた、いかなる個人をも意識の進化という原則と行動に向かわせる促進剤として見ることもできます。ビジネスという言葉を私という言葉に置き換えてみて、あなた自身がどう感じるかを試してください。そうすることで、これらの一つひとつの原則がこの世界での行動ステップの基盤となってゆきます。

もしあなたがビジネス界にいるなら、これがビジネスパーソンとしてのすべての行動にどのように適用できるか、イメージを描いてください。これがあなたのビジネス全体にどのように調和するか、想像してください。もしこの宣言に共感するなら、consciousbusinessdeclaration.org. に署名をしてはいかがでしょうか。

私たちはこの宣言がビジネスに意識の完全性をもたらすと信じています。意識的なビジネスは、どのような重要な貢献ができるかを初めに決めて、そこから財政的利益に焦点を向けます。マイケル・バーナード・ベックウィズが述べたように、意識的ビジネスはビジネスのある使命であって、使命のあるビジネスではないのです。

意識的ビジネスの活性化を育む

宣言が人に受け入れられるためには、活性化を進める媒体、例えば世界的に意識的ビジネスを明示するためのトレーニング、コンサルティング、認定サービスなどが必要です。そこで私たちはコンシャス・ビジネス・チェンジ・エージェント（意識的なビジネスの変化を起こすエージェント）になる方法を教えるプログラムを作りました。これはプロセス構造の認定プログラムで、ビジネスを変容させるために必要なツールもあります。

宣言に署名すること、トレーニングに参加すること、活気豊かなビジネス変容プラクティショナーのコミュニティに参加すること、どれもすべてビジネスで意識的な行動主義を促進します。こうした動きは、知識を分かち合い、パートナーシップを組み、ビジネス変容に関する一流の専門家による専属的なトレーニング・プログラムを開拓するなどの参画方法によって進められます。

あなたはこの新たに生まれつつある意識的ビジネス運動に参加し、軌道修正し、人類と地球と将来の世代のために機能する世界を生み出したいですか？

私たちは消費者ですから、ビジネスが全体にとって良い事業を実行するかどうかに対して、1人ひとりが影響力をおよぼすことができます。例えば――

- 意識的消費者になる。
- 買い物カゴに商品を入れる時にブランドを識別する力をもっと養う。
- リサイクル可能あるいは堆肥にできる製品を選び、廃棄物ゼロを目指す。
- 再生可能な手法を採用している会社のものを買う。
- 人権を尊重する供給者の製品を買う。
- 雇用者を尊重し、大切にし、公正な給与を支払っている企業の製品を買う。
- 維持可能な実践と、会計情報・社会的情報・エコロジー的情報の透明な共有を優先する会社のものを買う。

古い購入パターンを遮るには時間がかかります。ですが始めましょう！　私たちの価値観に、購入の意思決定をマッチさせましょう。意識的な消費者ブランドに、報酬を与えましょう。私たちのファミリーは、私たちが選ぶ製品やサービスを通して私たちの価値を表現します。

これは、目的をもった旅路です。新しい行動を生み出してゆくのですから、時には困難にぶつかるでしょう。ですが私たちが実践し、力を尽くし、新しい理解を得てゆけば、また、私たちの選択によって価値観を行動に表してゆけば、意識的な世界を生み出してゆけます。意識的なビジネスだけの世界、意識的実践が私たちの家族や共同体をサポートし、また私たちの家族や共同体が意識的実践を支持している世界を想像してください。この夢を皆で実現させるために、共に献身しましょう。私たちの人生はこれにかかっていると思って専心しましょう。

事実、そうなのですから。

＊Bコープ（B Corp）：アメリカ合衆国の非営利団体「B Lab」が２００６年に開始した公益性の高い企業の認証制度。認証を得るには、環境・社会への配慮の他に透明性、説明責任など多岐にわたる基準を満たすことが必要。（参照「世界標準「B Corp」を知っていますか　アジアで広がる「良い会社」認証」『Globe』２０１８年12月30日　https://globe.asahi.com/article/12035299）

全体性の意識をもってビジネス、起業家精神、メディアに深い統合性を浸透させ、倫理的に管理する存在となってゆくことが世界の変化を生み出すために必要不可欠です。スティーブ・ファレルは「意識的ビジネスのための進化的リーダーのシナジー・サークル」の先導者、『コンシャス・ビジネス』誌の共同発行者であり、無意識的ビジネスを無効化し変化を誘発するために、すでに上陸した進化の竜巻に関心を向けるべく早急な行動を呼びかけています。私たちの奥深くには私たちを1つの現実と交流させることができる場があり、そこにつながるためには内的変容と外的変容の両方が必要です。この両方をもってのみ、すべてにとっての繁栄を生み出すことができます。

『行動への呼びかけ』

意識的な消費者になりましょう。あなたの価値観に合ったものを選んで購入してください。あなたの共同体で、倫理的で維持可能なビジネスに良い貢献を行ってください。あなたのすべての行動において、より意識的になるにはどうすればいいかを自問しましょう。

第12章

若者主導の社会的起業プロジェクト

ジーノ・パストーリ＝ン

私たちすべての集合的な幸福のために、搾取が基盤である世界的経済を平等で命を肯定するシステムに変えてゆくのは、人類史上において最大のチャレンジです。現在の社会問題はすべて、命そのものを商品にしている私たちの経済モデルにあります。このモデルの財政持続性は外在コスト、特に土地・大気・水の汚染と人的労働に依存しています。文明の成功を生産（国内総生産）において定義する限り、地球は生態系が崩壊するまで破壊が進み、人間の大半は絶望的貧困のもとで生きることになるでしょう。人生を１００回以上生きられるほどのお金を蓄える人々がいる一方で、ほとんどの人は最も基本的なニーズを満たすのに精一杯で貧困へと荒廃してゆくのです。

この空前の課題に見舞われるなか、危機的状態の世界を受け継いだ若い人々は今もなお、破壊的な現状を維持するために才能とエネルギーを活かすように奨励されています。気候問題の改善や平和を求める若い活動家たちが、絶望的に遅れている行動を求めて協力し合っていることに対して、批判の声すらあがっています。

この問題の緊急性を考えると、すべての学校はイノベーションの実験室に変えてゆくべきです。

社会問題や環境問題を解決するアイデアを若者が実験できる場にするのです。ところが、教育システムの大多数はいまだに産業革命をモデルとしており、管理的で、奉仕をベースとしたキャリアにおいて反復的な作業を行うような人間を育てています。このやり方ではすぐに時代遅れとなり、学生たちに備わっている創造力を養うことはできません。学生たちは搾取経済に組み込まれてゆくようにプレッシャーがかけられ、自分のアイデアを有意義な形にしてみせるチャンスが与えられることはほとんどありません。

若者たちはどんどん大人になってゆきますが、大人になること自体がすでに借金を抱えるということで、有意義な仕事を得るために苦闘し、学校で教育を受けて安定した仕事に就けば人生は成功するという幻想は崩壊します。経済的に自立するというゴールは達成不可能となってゆく一方で、間もなくこの地球には人が住めなくなるという見通しに直面している世界中の若者はいま、命を肯定する経済への迅速な転換を求めて立ち上がっています。

パークランド（＊131頁参照）の学生たちによる銃規制法の改正への働きかけやグレタ・トゥーンベリの気候変動への提言など、若者による現状改革活動を報じるメディア報道が最近は増えているものの、有意義な政策転換や若者のビジョンに対する十分な財政投資はほぼ行われていません。地球を居住可能な状態に維持するために、私たちは真の財政投資を行なって若者を奨励し、若者の才気と創造力を養成しなければいけません。

ローカルレベルでは、すべての生命の相互のつながりを認めている循環型経済がすでに新たなストーリーとして生まれています。「economy（経済）」という言葉の語源は「家をお世話する」という意味で、経済をこの語源に回帰させるための再生が進行しています。ビジネスは個人を豊かにするための手段であるという古いストーリーは、もはや正当化できなくなっています。２０１９年の国連報告では、１００万種もの植物や動物が、人的活動が原因で数十年以内に絶滅すると推定されているのです。[1] 多くの人がこれを第6回目の集団絶滅と称していますが、別の道に進むために新たな経済が勃興しており、その第一の目標は私たちの家、地球をお世話することなのです。

新しい経済をビジョン化する

私は、搾取的経済で最も疎外されてきた人々がリードする、超地域密着型経済の世界的ネットワークを思い描いています。このような人々こそ、現状下で生き残るために最も創造力が豊かで、修復力があり、進化において適応的な人々です。このような人々は、適切なリソースとチャンスがあれば有意義で恒久的な解決策を打ち出す心構えが整っています。すべての人の基本的ニーズが満たされ、すべての人にその才能を分かつチャンスがある世界、人間がいることによって生態系や生物多様性が健やかに成長・改善される世界を想像してください。

このようなビジョンを達成するために必要なのは、世界規模の運動です。搾取的経済の富を受け取った人々から大量のリソース流入をはかり、多様な革新者をサポートするのです。現状維持による財政報酬を受け取ってきた人々は、搾取的な採取産業を棄却し、命を肯定する経済の誕生に投資をすることで気候崩壊や社会の不公正という潮流を変える歴史的チャンスと道徳的義務があります。

「リソース・ジェネレーション」のような機関はすでにこのような活動を始めていますが、社会、人種、経済、環境の公正を実現するためには、資源を再配分するべく、積極的に若い人々に財政的特権を広く供給してゆかねばなりません。アメリカでは、ベビーブーム世代の人々が自分の子どもたちに譲渡するであろう遺産額は30兆ドルと推定されています。命を肯定する経済への迅速な移行を進めるには、このリソースから十分な額を流用し、現在のパラダイム下で苦しんできた人々のビジョンを実現化すべきです。

私が希望を見出しているのは私の地元、カリフォルニア州オークランドで地元密着型の革新的な解決策が急増していることです。オークランドの「ユース・インパクト・ハブ」の共同創立者・共同責任者として、私は若者が率いる社会的起業プロジェクトを75件以上支援してきました。いずれも搾取的経済によって社会から無視され、行動を起こすために立ち上がった強靭な若者たちが立ち上げたプロジェクトです。私たちはボランティアのメンターや投資家によるゆるやかなネットワークを形成し、あらゆる世代を含むサポーター共同体を育成しました。これらの人々は人や地球を大切にする経済に奉仕できる若者の革新的アイディアを高め、紹介するために団結してくれました。

このプロジェクトの枠組みはシンプルですが、大半の若者が学校で得る経験とは根本的に異なっています。自分の共同体で個人的に問題を体験した参加者を見つけ、どのように取り組みたいかを尋ねます。私たちは、学校やビジネス・インキュベーション・プログラム（起業家や新事業の育成を行うプログラム）にありがちな競争とは一線を画し、企業支援プログラムに取り組む準備が整っている人なら誰にでもリソースを提供するという、協力的な雰囲気を作り上げています。

その結果は実に素晴らしいものです。以下はその例です。

ディザイア・ジョンソン=フォートの場合

彼女は地域社会が、いわゆる「フード・スワンプ」に起因する肥満や糖尿病といった食生活関連の疾病によって衰退していく様を目にしました。フード・スワンプとは、ファストフードの氾濫によって健康な食事ができなくなっている地域のことです〔スワンプ=低湿地〕。彼女は地元で持続可能な形で育てられたハーブを用いて、健康で栄養豊かな飲み物を提供する「Damn Good Teas」という企業を創立しました。

トラン・トランの場合

トランは、ベトナム人同性愛者は家族から迫害されることが多く、帰属感を必要とする彼らを支援するシステムが社会に欠如していることを個人の体験を通して知りました。そこでトランは、ベトナム人同性愛者やトランスジェンダーの若者が食べ物を通して年配者たちと交流できる場として「QTViet Cafe」を創立しました。このカフェではお年寄りたちの家族直伝レシピをそのような若者たちに提供したり、地元の交流イベントで食事を提供したりして、関わるすべての人に深い癒やしと絆を与えています。

ジャスミン・カーティスの場合

彼女は大学生の時に有毒製品を使っていて髪が抜け落ちることに気づきました。そこで食用原料を用いた自然へアケア製品「Avocurl」を製品化しました。美容業界の製品は多くが地球汚染につながり、特に黒人コミュニティではガン罹患率を増加させているので、まさに必要とされていた代替策です。

参加者は概して、このような活動を通して初めて、自分は共同体のメンバーであり、自分の創造力と革新性を完全に共同体に受け入れられたという実感を得たと報告しています。多くの若者は現状維持を壊したことで学校からはみ出し、家族からも締め出されてきました。そのような厳しい逆境にあっても、彼らは自分なりの道を進み続け、夢を追い続けているという事実は、私に将来への大いなる希望を与えてくれます。

こういった若者たちは搾取的経済のどん底を経験してきており、これまで存在しなかったオンライン情報へのアクセスや実体験を活用し、社会的にも環境的にも維持可能な解決策を情報として伝えています。何より重要なのは、協力体制で行っていることです。限られたリソースをめぐって争うのではなく、お互いのスキルを交換し、お互いのソーシャル・ネットワークを利用して集合的に影響力を拡大しています。その深い協力レベルを支えているのは、現在の政治的・社会的文脈の精緻な分析と、高度に発達した精神的理解です。私たちの共同体に参加する若者たちはブラック・パンサーやアフロビート音楽からクリスタルのヒーリング効果に至るまで、あらゆるインスピレーションに溢れています。毎年1月に新しい仲間がグループの協定を決めるのですが、彼らは「ウブントゥ」（「皆がいるから私がいる」を意味するズールー語）や「インラケシュ」（「あなたはもう1人の私」を意味するマヤ語）といった概念を参考にしています。彼らが生み出す社会的起業プロジェクトは、すべての命がつながり合っているという彼らの深い気づきをそのまま反映しています。

この比類なき今のタイミングに成人となる若者たちは、この時期にまさに相応しい才能を生まれながらに備えています。地球上のすべての組織体は、若者たちを有意義な形で引き込み、貴重な思考パートナーとして接してゆかねばなりません。彼らはいつか未来にではなく、いま、問題を解決する心構えができています。若者たちに周囲の環境を改善するためのアイデアがある時は、彼らのビジョンに向かってできる限りリソースを投資せねばなりません。それが、すべての命を神聖なものとして敬う新しい世界経済の誕生につながるのですから。

＊パークランド：アメリカ合衆国フロリダ州の都市。２０１８年2月に高校での銃乱射事件が起こり、生徒や教師ら17人が犠牲となった。

第12章　スポットライト

若者は、社会に利益をもたらす事業において、必ず、きわめて重大な役割を担う。ジーノ・パストーリ＝ンは痛烈に伝えています。若者の才気と創造力を積極的に取り入れた超地域密着型経済という世界的運動は、オークランドですでに育まれています。75以上もの若者主導による協同社会的起業プロジェクトを立ち上げてきた彼は、すべての命がつながり合っているという深い気づきに根づいた世代間サポートコミュニティを育てています。

『行動への呼びかけ』

あなたの地域の若者グループや組織を挙げて、あなたはどのように世代間協同支援ができるかを見極めてください。あなたは自分の時間をボランティアに使えますか？　若者の尽力を支援するためにお金を寄付できるでしょうか？　あなたの共同体の若者を奨励し、インスパイアし、彼らと協働する具体的な方法を考えてください。

第13章

お金に対する新しい意識

サラ・マクラム

大きな1枚の金貨をイメージしてください。このコインは、私たちの現在の財政システムの象徴です。その片面には無気力、幻滅、無力化の絵が描かれています。欠乏の生活を送り、決して充実した人生や、生きるに足るものは得られないと思い込んでいる人々を表しています。コインの裏面は力、競争、搾取の絵です。これは、富を追い求め、数々の犠牲と苛酷な労働によって達成感を得られると思い込んでいる人々を表します。

この1枚の金貨は表も裏も、「お金」には限りがあり、人を堕落させるものであるとし、ともするとお金を悪と捉え、大勢の人を犠牲にしてほんのひと握りの人だけが報酬を得られるという、広く普及しているお金の価値観を表しています。

人は往々にして、世界のために良いことをしてお金を稼ぐのを恐れています。お金は腐敗であると信じていると、善行を重ねてゆくことは実質上、できません。私たちはお金なくして生きていけないのに、お金があっても生きづらいのです。ですが私たちの経済的手段であり、リソースの共有手段でもあるお金は、この社会や私たちの存在に深く根づいています。ですから、何かを変えなければいけません。

10年前に私が事業で失敗し、事業をやめてすぐの頃、誰かがマリー＝クレール・カーライルの『お金はこうして引き寄せる』〔江原啓之監訳、日本文芸社〕という本をくれました。ある日、私はノートを片手に座り、各章の最後にあるエクササイズを読んでいました。その中に、「お金はあなたに何と語りかけたがっていますか？」という質問がありました。私がノートにペンを置くと、ペンが自ずと何かを書き始めました。私から出たものではない言葉が目の前に溢れ出しました。ペンが書き出した一文目は「私を愛して、と言いたいです」、そしてこう続きました。「私に微笑みかけて。私を集めて。私を楽しんで。私のパワーを感じて。私を使って。私を投資して。私に与えて。私を使って支払って。私を受け取って。私はエネルギーです。私はとてもパワフルで美しいのです」。それは2ページにもおよび、最後に「私はあなたを愛するでしょう」と締めくくりました。

読み返すと、涙が流れました。お金が明かしてくれたように、お金は人間の創造性とつながりを支える愛と寛容のエネルギーだなんて、一度も考えたことがありませんでした。

その後の何カ月かの間に私はお金からのメッセージを68個も書き続け、『お金を愛せば、お金から愛される　*Love Money, Money loves you*』という本にまとめ、出版しました。それ以来、私は個人や社会において、事業であれ個人的人生であれ、私たちのお金との関係性が私の受け取った情報と整合するかどうか、関わり合いの変容をもたらすかどうかを探究してきました。

お金の深い性質を認識する

今、私たちはお金について、もっと深い真実に気づくべきです。現在のようなお金の捉え方は、この地球に対立を生み出してきました。リソースは不足している、個人には限界がある、社会には制限があると思い込んでいるため、問題を解決するための私たちの創造力や能力は衰えています。私たちは種として、新たな問題に直面しています。これまで私たちは戦争、飢饉、病気、自然災害など大きな課題に直面してきましたが、記録に残る記憶の中でいまほど大きな規模で気候変動、公害、不平等のすべてが混在する問題に直面したことはありません。

お金が私のペンを通して語った時、お金は私たち全員の生活の一部であり、日々私たちが利用している財政システムの背後にあるものだということを明かしました。お金の本当の役割とは、私たちが求めるものを生み出すことであり、それを私たちが人生で経験し、与え受け取るという永続的プロセスを通して社会に私たちにしかできない貢献をしてゆくための手段だったのです。

お金は、いつでも入手可能であり、悪いものでは決してなく、危害を与えたことは一度もないと、自らについて語りました。人間はお金を使って危害を与えることはあっても、それはお金そのものの真の性質とは関係ないことを認めました。もしお金のエネルギーの本当の仕組みを学べば、誰でも好きなだけ裕福になれることを何度も伝えてきました。ですが、私たちがお金について基本的に誤解しているため、貧困に生きる人々と、他の人を傷つけながら富を得ている人々がいる社会になっています。

最も驚いたのは、お金と愛のつながりです。お金はこの私とのコミュニケーションの最初から最後まで、愛を伝えていました。現代の西洋文化で私たちがお金について得てきた信念とは、非常に対照的です。

もし私たちが、お金は日々の暮らしをしのぐために働いて得るものとしてしか捉えていなければ、このように言われてもなかなか信じられないでしょう。このメッセージの深さとパワーを把握するためには、お金にまつわるいまの思い込みを保留し、新しいお金の見方を受け入れる必要があります。

このお金についての意識を転換させるだけで、現代の地球上の対立を生み出しているいちばんの根源が、内的にも外的にも転換します。その対立とは、経済的に豊かな生き方を求める私たちの物質的願望と、喜び・心の平和・愛・美しさ・自由を求める私たちの奥深くの霊的熱望との葛藤です。

もしお金が堕落的影響をおよぼす悪、あるいは私たちの徳と誠実さを危うくさせるものと考え、同時にお金を心から必要としもっと欲しいと願っていたら、混乱と苦しみが生まれます。それでも働き続け、お金を稼ぎ、生計を立ててゆくために、私たちはそれを心の奥深くに葬り去っています。

また同様に、東西の教義が語るように、物質的欲望を諦めて霊的に純粋な存在となることによってのみ、私たちは喜びや自由や平和を得られるのだと信じるなら、私たちの自然な内的豊かさから切り離されてしまいます。

そして日々常にもっと多くのお金が必要だ、お金が欲しいと感じながらも恐れや嫌悪感を抱え、必要を満たさなければいけないことに嫌気すらさします。それほどの混乱と分離感を感じないで済むように、さらにもっともっと働いたり、あるいは自分の感情を忘れられるような他の方法を探したりして、それらが苦痛を取り除き、物質的満足感を求める我々の願望を埋め合わせてくれるよう願っています。

私たちは自らのニーズを完全に無視し、自らを消耗させ、自ら病気になっています。もっとお金を稼ぐためにです。私たちは物質的成功を求めるあまり、家族がもっと深いつながりや愛を必要としていても無視しがちです。ですが、お金は悪いもの、あるいは苦しみを生むものという考え方の罠に陥っている限り、真の豊かさは私たちの手からすり抜けてゆくでしょう。

もうこのような誤解から目覚め、きっぱりと解消すべきです。お金は愛と寛容のエネルギーであり、存在であり、世界中を流れながら私たちが交換と奉仕を行えるようにすべてを繋いでいます。私たちが委ねることができれば、お金はそれだけ直接的に私たちの願いを叶えてくれます。自分の人生に来てくれるお金の存在を愛し、リラックスし、楽しみ、オープンでいれば、その流れにお金が乗ってきます。お金の価値を否定し、そのギフトを拒否している人々に対しても、お金はいつもオープンで入手可能でい続けます。まるでお金の真価を認められるのを待っているかのようです。

これまで、私たちはそうした事実を知りませんでした。お金は自分たちを堕落させるものと教えられ、お金のパワーを恐れてきました。お金が愛とつながるものとは気づかなかったからです。

私たちの財政システムの裏側にあるパワフルなエネルギーはすべての人を支援し、寛容で無限に存在し、愛に満ちているということを理解できれば、その時に初めて私たちはお金があってもリラックスできるようになり、自分の才能や創造力を分かち合う喜びを得て、金銭やその他の報酬をのびのびと受け入れられるようになるでしょう。

そうすると、私たち自身や他の種に危害を与えるような決断を続けることなど不可能になります。あるいは住む場所をひどく汚してもう住めない状態にしてしまったり、世界中のすべての人口の大半が裕福になれる教育を遮断したりすることも不可能になります。

このことを理解できれば、寛容と愛の精神から真に奉仕できる事業を生み出すことになるでしょう。有意義な仕事に就き、私たちの影響力を高めることで報酬を得られるようになるのです。現代経済ではほとんど認識されていない大勢の人々——介護士、医師、芸術家、美しさと社会強化をありとあらゆる形で生み出すクリエーターたちによる貢献の大切さを評価するようになります。

そして何よりも重要なのは、私たちの心のいちばん奥底にある願いがわかるようになり、叶えるための方法を学べるようになることです。お金の見事で美しいエネルギーは、ただシンプルにそのように働くものだからです。

お金は常に、求めては受け取るサイクルを通して私たちに奉仕してくれます。お金はシンクロや相乗作用を起こして、私たちの人生は魔法の冒険のように変わります。困難で気がかりな問題について私たちが解決策を呼びかけ求めれば、お金は答えてくれます。

私たちの財政・経済システムの背後にあるエネルギーはどんなことも可能です。この同じエネルギーは、私たちのすべての願いを実現してくれます。お金が求めるのは、お金は愛のエネルギーだと私たちが真に深く理解すること、それだけです。

もっと豊かな人生を味わうことを自分に許すことができたら、と想像してください。そうすれば、私たちはもっと健全で清浄な環境を作ってゆけます。いま私たちが直面している大きな問題を解消するために、世界の国境を超えて団結することができます。私たちの最大の望みを叶えてほしいと求めることだってできます。例えば、善を生み出す、世界中をもっと住みよく安定した気候にするためにお金を触媒にする、といったこともできるのです。

これが、お金のエネルギーにできることです。私たちの願いを叶えてくれるのです。お金の仕組みを学ぶかどうかは、私たち次第なのです。

第13章 スポットライト

いま展開している世界変容プロセスにおいて、私たちは個人としても集合体としても、お金との関係性にまつわる視点を改めなければならないとサラ・マクラムは説いています。お金の深い本質は愛のエネルギーの表現であり、生命のつながりの背後に潜んでおり、すべての人にとって利用可能です。このお金の意識に私たちが同調すれば、もっと平等・公正な財政的決断を行い、寛容と愛の精神で他者に奉仕し、すべての人々への貢献に価値が置かれます。そして困難な問題に対して、お互いに恩恵と豊かさをもたらすような解決策を見出すことができます。

〓行動への呼びかけ〓

あなたとお金の関係について視点を変えるための時間をとりましょう。お金は愛と支援と寛容を表すエネルギーであり、このエネルギーによってあなたの最高次元の熱望は叶えられるのだとイメージし、その様子を思い描いてください。

第14章

ビジネス・ウォリアー・モンクの基本指針

リナルド・S・ブルトコ

「我らの時代では、聖者にいたる道は行動の世界を渡らねばならない」
ダグ・ハマーショルド（元国連事務総長、任期：1953〜1961）

気候変動から所得不均衡に至るまでこの時代が直面している数々のチャレンジに取り組んでゆくためには、リーダーたちはあらゆる特質を独特な方法で組み合わせて活用する必要があります。そのような取り組み方を、私は「ビジネス・ウォリアー・モンク（ビジネスの僧兵）」と呼んでいます。

ここでは、従来のリーダーとビジネス・ウォリアー・モンクの違いを表す4つの基本指針を説明します。この基本指針は私が創立した「ワールド・ビジネス・アカデミー」という非営利シンクタンク組織の根幹で、このアカデミーは現代の道徳的・環境的・社会的問題の面からビジネスの役割を探究する行動支援団体です。私たちは過去30年の間に「全体の責任を担う」ように努める営利目的事業（ニューヨーク証券取引所、ナスダック、OTC）と非営利事業（ジャスト・キャピタル、ワールド・ビジネス・アカデミー、チョプラ・ファウンデーション、オメガ・ポイント・インスティテュート、アンストップパブル・ファウンデーション、ゴルバチョフ・ファウンデーション、ナショナル・ピース・アカデミーその他）の設立に成功してきました。

ワールド・ビジネス・アカデミーは１９８７年に正式に発足して以来、以下の３つの理念のもとに活動してきました。

・ビジネス・リーダーシップの既存の意識を、捕食者的意識から世話役的意識に転換すること。自分の行動による結果の責任を負うことを受け入れると、私たちの行動は変わるから。

・ビジネスに参入しようとする若者の意識を、特に経営学大学院の時点で、ジャングルに入るという意識から高潔な職業に就くのだという意識に転換すること。私たちはジャングルに入る時と寺院に入る時とでは振る舞いが変わるから。

・大衆のお金の費やし方に関する意識を、深い価値の認められるところに費やすように転換する。大衆がこのように振る舞えば、ビジネスはそれに応じて繁栄するから。

４つの基本指針

この公的理念の根底にはビジネス・ウォリアー・モンクの行動と見識を導く４つの基本方針があ

ります。これらの「修行僧たち」は、アカデミーの高潔な仕事が社会の「全体の責任を担う」ことについて伝えています。以下に要約されるように、これらの基本指針とは、霊（スピリット）の位置づけ、目的の明晰性、重要な資質の取り入れ、成功の再定義のことです。

霊（スピリット）の位置づけ

「私たちは霊的経験をしている人間ではない。私たちは人間を経験している霊である[1]」

この方針は「永遠の哲学」（オルダス・ハクスリーの言葉）に基づいており、世界中の偉大なる宗教は、表面上は違えど、すべて同じ形而上的真理として「神聖な現実」（慈善、執着しない、自己認識、善悪、祈り、苦しみ、信仰、その他）を顕現しているという見方です。この指針は哲学者、ゲオルギー・グルジエフとピエール・テイヤール・ド・シャルダンがさらに詳説しています。

目的の明晰性

「もし宇宙は恵み深いという結論を受け入れるなら、『私はどのように役立てるだろうか？』という超越的疑問が私たちのライフワークを決めるであろう」

アインシュタインは、宇宙は友好的な場であると結論しました。唯一の「真の選択肢」とは、宇宙を生来、脅威ととるか、あるいは恵み深いと信じるかを選ぶことであるという彼の見解は有名です。もし前者であれば、すべては絶望的です。後者だとしたら、どうすれば私たちは最高の調和を遂げられるかを調べるのです。私たちの究極のゴールは、私たち各自の人生の目的を見つけるために宇宙が提供してくれるヒントを明らかにすることです。完全性（インテグリティ）とは、その真理と調和して生き、「私たちが知っている真実そのものを生きる」ことです。もう何年も前に私はある見解を得たのですが、それ以来、何度も同じ見解が生じています。それは、「あなたが知っている真実を私が生きること、これを個人の完全性であると定義する。私の知っている真実ではなく、あなたが知っている真実を生きることである」。そして私たちが毎日味わうあの「痛み」は、私たちが知っている真実を生きることと、私たちの実際の人生との隔たりだといえます。

重要な資質の取り入れ

「私たちは人生の目的を理解したら、ハートと魂の全力を傾けて非の打ち所のない自律心、謙虚さ、インスピレーションをもって行動し、その目的を果たさなければならない」

私たちの目的を達成するためには3つの本質的な資質を精密に磨き、これを行動で表してゆかねばなりません。

1．プロのスポーツ選手がもつ自律心。変わり続ける条件にかかわらず、常に最高のパフォーマンスを達成するために努力すること。

2. 少林寺仏教徒の謙虚さ。結果に執着したり承認を求めたりせずに、行動すること。

3. 夢想家のインスピレーション。クリエイティブなアイデアを物質世界に合わせて変換するために、どんな否定的な思考も超越すること。

成功の再定義

「もしこれらの指針に従って行動すれば、私たちは必然的に至高の成功に達する。私たちの仕事を発展させる感情的・物質的サポートも、豊かに惹きつけるであろう」

私たちが全努力を傾けると「摂理も動く。ありとあらゆることが起き、そうしなかったら決して生じなかったであろう助けがやってくるのだ」とゲーテは言いました(2)。私たちが目的を追い、大好きなことを行うと、お金はついてきます。私たちのニーズを満たす以上に、十分過ぎるお金がやってきます。その過程で、「お金やパワーは絶対に不足するものである」などの概念やエゴといった典型的なビジネスの落とし穴を回避し、成功を単なる富の蓄積以上のものであるとして再定義します。成功とは、アカデミーの4つの最終収益、すなわち、人（people）、目的（purpose）、利益（profit）、地球（planet）を満たすことで繁栄する事業のことを指します。

運営指針

ビジネスを霊的事業と捉えるのは、従来のアプローチとはかけ離れています。私たちは、これらの基本指針を信仰の一環として受け入れてほしいとはお願いしません。むしろ、ビジネスの新しいパラダイムの運営マニュアルだと思って、その結果を判断していただきたいのです。

この目的に向かって、私たちは成功的な営利目的事業と非営利事業のために12の運営指針を作ってきました（基本指針から発展させたものです）。

以下に挙げる12の運営指針は、大小を問わずあらゆる事業に適用することができます。さらには、複雑な国内的および国際的社会政策問題にも適用できます。営利事業においては、ケーブルテレビ企業の共同設立に始まり、幾人もの艦隊司令長官が「キティホーク以来の最高の飛行革新」として予告している水素燃料の飛行船開発に至るまで、幅広い展開が起きています。非営利事業では気候変動対策、マザー・テレサへの奉仕、アフリカの2万人の子どもたちのための学校設立と清潔な飲料水提供などの解決策なども行ってきました。

以下が運営指針です。

1．高度に成功的なビジネスを築く時、文化は必ず戦略に勝ることを認識すること。

2. 「奉仕するリーダーシップ」を実践すること。常に「私はどのように奉仕できるだろう?」と問うこと。

3. 既存の価値基準を打ち砕くような会社を築くこと。特に、業界全体の概念を打ち砕くような企業を作ること。

4. 常にネットワーク＝人と人とのつながりを作ること。もしネットワーキングしていないなら、あなたは働いてはいない。

5. 「全体性への責任を担う」ことによって、人類の最大のチャレンジに挑むこと。

6. 謙虚さを受け入れること。もし自分の手柄を立てなくてもよくなったら、どれだけ素晴らしいことを成し遂げられるか、気づくこと。

7. 困難な環境問題に向けて革新的解決策を築くためには、既成概念からかけ離れて考えること。

8. **変わるか**、**死ぬか**。現状を打破する技術や企業を生み出すために、自然の基本的法則に従うこと。

9. 効率的な販売キャンペーンを構築するために、最先端の情報技術を使うこと。

10. 根本的な統合性と透明性を追求すること。あなたに寄せられる信頼は、あなたにとって何よりも貴重な資産である。

11. 制御不能なエゴに気をつけること。エゴは、人も企業も破壊する。

12. 宇宙には「グリーン・エネルギーの流れ」があると信頼すること。あなたのアイデアが真実であれば、資本金は豊かに楽々と流れる。

出資者資本主義の興隆

2013年、ワールド・ビジネス・アカデミーはビジネス・リーダーシップの意識を転換させるという使命を大きく拡大するために、チョプラ・ファウンデーションと共に「ジャスト・キャピタル」を立ち上げました。「ビジネス・ラウンドテーブル」や「ダボス2020」といったフォーラムで出資者資本主義の概念を促進することによって、ジャスト・キャピタルは、アメリカの主要企業が行うビジネスの進め方をすでに変え始めています。その変化は、経済的平等と環境の維持を実践すればするほど、純利益も良くなると提示することでもたらされています。

ジャスト・キャピタルと密接に協働することで、ビジネスは「現代世界で最もパワフルな力である」というアカデミーの教えは、さらに確かなものとなりました。ポジティブで長く持続的な変化を起こすためには、ビジネスとは単に利益を生むだけではなく、人間の条件を向上させるために道徳的責任をもつことであると概念化してゆかねばなりません。つまり、すべての出資者を代表し、関わるすべて、つまり従業員、顧客、株主、共同体、環境を向上させるのです。

私たちがワールド・ビジネス・アカデミーを立ち上げたのは、ビジネスは平均以上の利益を提供しながらも人生のクオリティを改善させることができるということを示すためです。初めの頃は、基本指針である霊(スピリット)の位置づけを「Ｓワード」〔タブーの言葉〕と呼んでいました。「霊性(スピリチュアリティ)」と言っただけで、事業経営者は恐れをなして離れてしまうと危ぶんだからです。

ですが、ビジネスは霊的鍛錬であるというアイデアは公になりました。いまやこの概念はブルーのリボンに囲まれ、役員室に掲げられています。「慈悲的資本主義」「お金の魂」「奉仕するリーダーシップ」。これらが表す革新的アイデアを通して先見の明のあるＣＥＯ、ベストセラー著述家、ビジネス・コンサルタントたちが企業を変えようとしています。アカデミーが30年以上支持してきたこれらの新パラダイムのビジネスが、末端から主流へと変わってゆくのを見るのは嬉しいことです。

アカデミーを築くプロセスの中で、私たちは試行錯誤、成功、失敗を重ねながら、先ほどお伝えした運営指針を発見し、導入しました。成功する事業を打ち立て、人類のために勝利をつかみ取り、私たちの子孫のためにより良い未来を確かに残すために尽力するビジネス・ウォリアー・モンクの仲間は、増えています。これらの指針をここでお伝えしたのは、皆さんにも仲間に加わることを検討していただきたいからです。

懐疑派の方のために、最後はイギリスの詩人クリストファー・ローグの言葉で締めくくりたいと思います。

「いちばん端まで来なさい」と彼は言った。
「行けません、怖いです!」と人々は答えた。
「いちばん端まで来なさい」と彼は言った。
「行けません。落ちてしまいます!」と人々は答えた。
「いちばん端まで来なさい」と彼が言うと、人々は端まで来た。
彼は人々を、押した。
彼らは飛んだ。(3)

第14章 スポットライト

リナルド・S・ブルトコは、寛容と愛の精神の奉仕をさらに一歩進めています。彼は他の先進的な革新者たちと数十年前から協働し、出資者資本主義という革新的概念に基づく、意識性の高いビジネス組織を結成してきました。将来に影響をおよぼすこの概念、そして彼らの４つの基本指針と12の運営指針によって、ビジネスは社会全体に対する責任を担う霊的事業へと変わります。このポジティブなビジネスの将来によって、世界平和の実現のために必ず解消すべき温室効果ガスと所得不均衡は激減するでしょう。

〖行動への呼びかけ〗

あなたの人生を導いている基本指針を確認してください。例えば自律心、慈悲、誠実、寛容、献身、柔軟、正直など。あなた自身の基本指針は何ですか？　さらにその指針を高めるためには、何ができるでしょうか？

第15章

地球を新しく再生する——ボトムアップ大戦略

デイヴィッド・ガーション

もし世界を変えたければ、私たちはまず、変化という概念を変える必要があります。

人間は進化の重大局面を迎えており、私たちが種として早急に軌道を変えなければ、文明は崩壊するでしょう。社会問題の解決に挑む大勢の英雄的な社会起業家たちが、世界の変容させるために精魂込めて活動しています。ですが、もし世界が変わりたくないわけではなく、私たちのアプローチに問題があるしたら、どうでしょう？　社会の変化と人々の能力についての私たちの思考に制限があり、それが問題だとしたら？

アップル社が90年代に出した、有名な挑発的な広告「クレイジーな人たちへ」は、すでにこのような考え方を予測していました。「クレイジーな人は、人とは違う見方をします。彼らはルールを好みません。現状維持をまったく尊重しません……人はそれをクレイジーだと見なすかもしれませんが、私たちにとって彼らは天才です。なぜなら、自分は世界を変えられる、自分こそが変えるのだと思うくらいクレイジーだからです[1]」。もし世界を変えたいなら、クレイジーな人が問い続けるべき3つの質問があります。

1. 私たちはどのように社会変動を新しく作り直すか？
2. 私たちはどのように社会運動を新しく作り直すか？
3. 私たちは地球をどのように新しく作り直すか？

社会変動を新しく作り直す

これらの問いに答えるためには、社会変動の性質をもっとよく理解する必要があります。いまの社会の変化はどのように進められていて、どこに変化を起こすチャンスがあるのでしょうか。

この世界は、数々の社会システムから構成されています。経済、政治、医療、教育などどれも、かつて世界がもっと単純で進めやすかった時期に作られたものです。これらのシステムは、現在のように複雑性と不和のストレスに対応できるように作られたものではありません。

ひどくストレス負荷のかかった社会システムは不安定になり、動揺し始め、ついには基盤の支えが崩れ、ギリギリで機能するか、あるいは機能不全になるまで崩壊します。アメリカの政治システムは、崩壊した社会システムの象徴です。しかし、他の社会システムも、引けをとっていません。地球上の気候変動の危機は、複数の壊れた社会システムの集大成であり、人類は自分たちが生み出した機能不全を厳しく見直すことを余儀なくされています。

社会システムが、そのシステムを維持・機能させるような何かにつなぎとめられていない時、結果として起きるのは機能停止（ブレークダウン）に限りません。現状突破（ブレークスルー）が起き、より高度なパフォーマンスレベルと社会的価値に進化する可能性もあるのです。システム理論ではこれを第２次変動あるいはこの文脈では変革的社会変動といいます。もう１つは、１次的または漸進的な社会変動です。私は、この２つのアプローチを「ソーシャルチェンジ１・０」および「ソーシャル・チェンジ２・０」と呼んでいます。

ソーシャル・チェンジ１・０は、法案の可決、奨励金、意識向上キャンペーン、社会的抗議など伝統的な社会変動ツールで成り立っています。これらのツールは、最高に威力を発揮できた場合は漸進的変化をもたらすことができますが、それが通常であるとはいえません。この平常運転の世界では、人類はこうしてお茶を濁して生き続けています。このアプローチは必要ではありますが、種の絶滅や第１次変動による解決策では効果を出せそうにもない非人間的な社会問題の数々を回避するためには根本的変革が求められており、この世界にとってはこれらのアプローチでは不十分です。

では人々に変化を強要し、変わるためにお金を支払い、人々に変わってほしいと願いながら彼らの意識を高めたり、彼らを辱めて変わらせたりしても、この地球に必要な事態を一変させる社会変動を成し遂げられないとしたら、何が残るでしょう？　残念なことに、多くの人にとっては、絶望、無気力、悲観主義です。

ですが、私たちが人々を力づけて変わりたいと思えるようにしたらどうでしょう？　もっと良い生活、もっと良い共同体、もっと良い世界を生きたいという、皆がもっている願いにつながれるように、私たちが手伝えるとしたらどうでしょう？　思わず引きつけられるような夢のビジョンを描くサポートをして、そうして人々が楽に夢に向かってゆけたらどうでしょう？　その時に、その夢を実現させるためのツールを提供したらどうでしょう？　行動のエンパワーメントです！　こうすることで、ソーシャル・チェンジ２・０の中核となる行為主体性が人々の手に渡ります。

社会運動を新しく作り直す

これまで40年以上にわたり、エンパワーメントと社会変動における世界の第１人者の１人と認められてきた私は、変化というゲームを変えようと努めてきました。そして人類の進化に不可欠な、５つの第２次変動を生み出しました。そして第２次変動について明確に伝える著書『ソーシャル・チェンジ２・０　世界を作り直すための設計図』を書きました。この本は世界を変えるために必要な社会変動のための５つのスーパーパワーを説明し、クレイジーな人々を力づけます。強化、変容、革新、一体化、可動化の５つの方法です。

これら第２次変動の５つの解決策と５つのソーシャル・チェンジ２・０のスーパーパワーを取り入れてゆくと、変化のゲームを変える錬金術的反応が起きます。そこに、地球を新しく作り直すための計画が現れます！

地球を新しく作り直す

1．気候のゴールと戦略——クール・ブロック・プログラム

２０３０年までに、世界中の都市（地球の二酸化炭素の70％を排出）と市民（都市の二酸化炭素の70％を排出）を、行為主体性と第2次変動の知識で強化し、気候停滞を変容させ、カーボンニュートラルな都市を作り、現状突破の解決策を生みます。

私たちの行動変容・共同体従事プログラムは、これまで数十カ国で何百万もの人々を力づけ、30年以上かけて低炭素生活スタイルを適用してきました。これら多数のプログラムの進化版である「クール・ブロック」は、ブロック（街区）ベースの仲間支援グループで、より地球に優しく、災害に対する強い回復力を備えた、豊かな共同体を作るために人々を助力します。参加世帯は炭素消費量を平均25％軽減し、トレーニングを受けたブロックリーダーは近所世帯を誘い、うち56％が参加しています。クール・ブロックは現在、カリフォルニア州のロサンゼルス、パロアルト、カリフォルニア大学サンタバーバラ校のあるイスラビスタ、マウンテン・ビューの4つの都市で運営されています。これは「クール・カリフォルニア」と呼ばれる私たちのより大規模な戦略の第1段階で、カーボンニュートラルな都市を州全体に広めるための活動です。

2．発展のゴールと戦略——「イマジン」プログラム

2030年までに発展途上の世界にいる女性たちを行為主体性と第2次変動の知識で強化し、貧困のサイクルを変容させ、生活とコミュニティの繁栄を実現させます。

ジョンズ・ホプキンス・リサーチによると、「イマジン」に参加した女性たちについて以下のように報告しています。

・3倍以上の女性が所得増加の傾向を報告
・10倍以上の女性が健康改善の傾向を報告
・15倍以上の女性が人間関係の改善の傾向を報告

「イマジン」はエンパワーメント・ワークショップに基づいており、発展途上界にいる公民権を奪われた女性たちを対象に4日間のトレーニング・プログラムを通して彼女たちが生きたい人生をビジョン化し、創造してゆきます。これまでに12カ国2万2000人の女性がこの訓練を受け、550万人の人々に影響を与えてきました。私たちはこの「イマジン」をアフリカ、南アジア、中央アジア、中近東全土の数千におよぶNGO(非政府団体)に拡大してゆく計画をしています。

3.平和のゴールと戦略——2030年までに地球を平和にするゲーム

2030年までに、人類を行為主体性と第2次変動の知識で強化し、戦争のパラダイムを変え、地球の平和を実現します。

冷戦の真っ只中だった１９８６年に平和のたいまつが世界中に送り渡され、それによって戦争が終結し、そのたいまつは人々を団結させせました。「第１回アース・ラン」と呼ばれるこのイベントには２５００万人と62カ国から45人の国家元首が直接参加し、10億人がメディア参加しました。それ以来、人類の最も高潔な大望が形となったこの現代版神話は、世界中で絶えず語られてきました。いま、この平和のたいまつは、「２０３０年までに地球を平和にするゲーム」という形で「第２回アース・ラン」を行うために、再び着火されています。このゲームは、世界を団結させた７つの戦略を基に築かれたもので、その戦略はゲームの基盤となる７つの行動で表されます。

私たちはどんどん分断が進み、いま時の分かれ目に来ていますが、このゲームは私たちを分断させるものを癒やす薬のような役割を果たします。世界中でつながり合っている善意の人々は大勢いるのですから、人類の最も根本的な夢を実現させるのに相応しい火花で、地球規模の炎をいま一度、着火させることができます。地球の平和を実現する７つの行動は、そのような地球規模の火を灯せると実証しています。

4．知識のゴールと戦略——地球を新たに作り直すためのエンパワーメント・インスティテュート・センター

２０３０年までに、世界中の変革者を行為主体性と第２次変動の知識で強化し、地球を新しく作り直すための変革的解決策を生み出します。

１９８１年に設立した私たちの先駆的な「エンパワーメント・インスティテュート」は、世界中

のあらゆるレベルの幅広い社会・環境問題に応じるために、行為主体性と第2次変動のための解決策を創出してきました。私たちが40年間行ってきたエンパワーメントと第2次変動の知識に基づき、アメリカ、アフリカ、インド、中近東、中央アジアに「地球再生センター」を設立してきました。このセンターでは、あらゆる社会企業家や変化の主体が世界の最難関な問題を変革するためのスキルを学びます。

私たちの「地球再生センター」では、ジョン・ガードナーの言葉がマントラです。「この世界は、解決不可能な問題と見せかけた素晴らしい好機に満ち溢れている[2]」。エンパワーメントと第2次変動の知識があれば、不可能は突如として可能になるのです。

5. お金のゴールと戦略——地球の資金を新しく作り直す

2030年までに、社会変動に参画する世界中の投資者の行為主体性と第2次変動の知識を強化し、地球を新しく作り直すための変革的解決策への投資を促します。

私たちの「エンパワーメント・インスティテュート」は、世界中に力をおよぼし、第2次ソーシャル・チェンジ・ソリューションを展開するために数千万ドルの資金を調達し、数千人のボランティアを採用してきました。

そしてこのセクションで説明した5部構成の「地球再生計画」を導入するために、トップダウンやボトムアップの投資家による10億ドルの慈善投資ファンドを設立しました。このファンドの意図は、社会の第1次的変動に投入されている何兆ドルもの資金をもっと効率的に慈善のために使えるように、ファンドを活用して資金の流れを変えることです。

構想――誰の時代が来ているか

社会と環境のストレスがあまりにも顕著になり、その勢いによって私たちはいま、人間として進化を加速せねばなりません。進化生物学では、これを「断続平衡」といいます。急速な量子的変化が突然可能となる時代のことです。

２０１５年、国連により、２０３０年に向けての意欲的な「持続可能な開発目標」が掲げられました。それ以来、必要とされる社会変革の規模と速度を実現するための手段を各国が追求していきます。この地球再生のための計画は、人類に手段のみならず、それ以上のものを提供します。この計画によって私たちは、

・種として、人間の最大限の潜在力を実現することができます。
・人間同士や地球との調和を保ちながら生きることができます。
・私たちの運命の主導権を取り戻し、未来に対する希望、情熱、胸の高鳴りをもつことができます。

この時代最大の冒険に、ぜひあなたも参加してください。地球を再生しましょう！

第15章 スポットライト

デイヴィッド・ガーションは大規模レベルの社会変革を行ってきた40年間の経験を説きながら、この世界に根本的変化をもたらす独創的で包括的なロードマップを示しています。この加速的に退廃してゆく社会システムを覆し、現状を利用して人間の進化を加速させるために、彼は急速な革新的変化を生み出すのにまさに必要なものを提供しています。第2次社会変動のための解決策のゴールと戦略を明確化しながら、私たち人間が種として最大限の潜在力を発揮してゆけるような、大胆な地球再発見プランを彼は詳述しています。

『行動への呼びかけ』

エンパワーメントと第2次変動のためのツールを学んでください。新しい地球に作り変える、クレイジーな人になってください。あなたは地球の平和のために生まれてきました。その目的を実現するために、社会変化の中であなたが役割を果たすという意図を設定してください。すでにそのような活動をしている団体をあなたの共同体で見つけ、時間を作って助力してください。

サークル

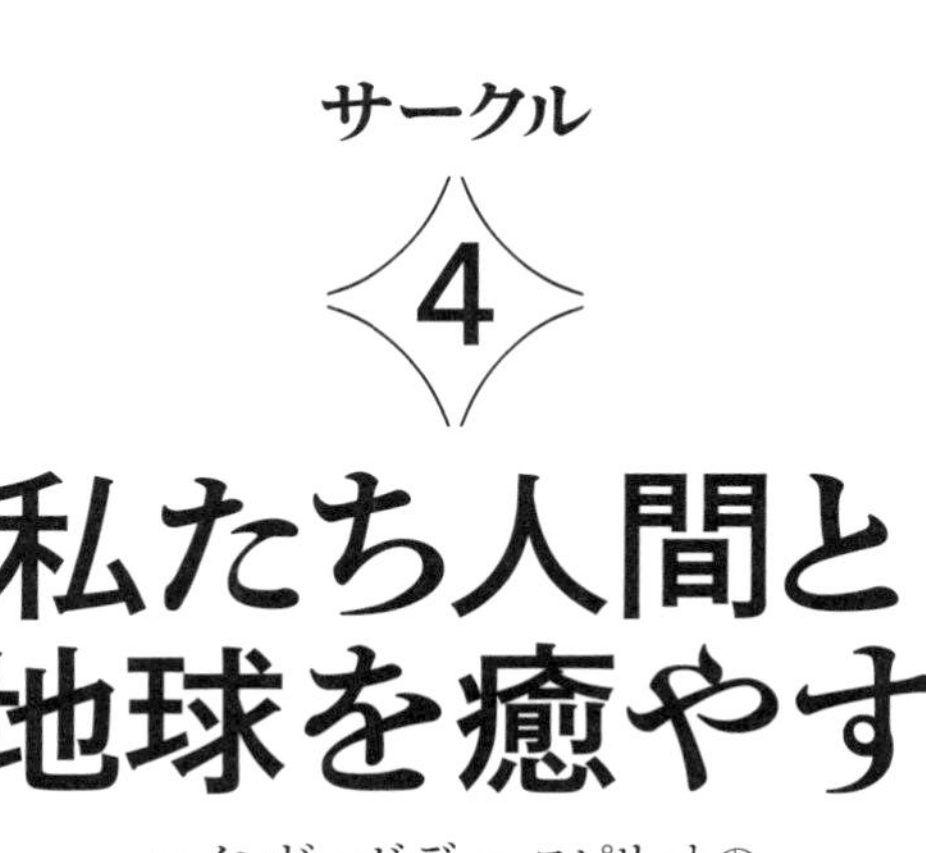

4

私たち人間と地球を癒やす

マインド＝ボディ＝スピリットの
つながりと連動すれば、
システム全体を癒やすことができます

第16章

生存、意識、ワン・マインド

ラリー・ドッシー（医学博士）

バーバラ・ドッシー（博士、看護師）

「マジカルで神聖な神秘的再生は、もう始まっています。まだメインストリームには現れていないだけです。その胞子は、この恵まれた地球の神聖な土地のいたるところに埋められています。やがてそれはやってきて、過ぎ去ることでしょう——もうそれは生まれています」

キングスリー・L・デニス（イギリスの社会学者）

今日、私たち人間は先祖たちが想像すらしなかったような生存の脅威に差し迫られています。気象変動、大気や水の汚染、人口の爆発的増加、生息地や種の喪失、水不足、森林破壊、砂漠化、殺人的な信念体系、資源の枯渇、貧困の蔓延、長期的戦争の選択肢、民族・宗教間の憎悪、人に対する礼儀・愛・優しさの欠落——延々と続きますが、すべては「これは私のものである。皆、自分のものは自分で手に入れるのだ」という物質主義的価値観から発生しています。この社会の大多数の人がそうだとは決して言いませんが、残念ながら大勢の人々がこのように考えているようです。

これらの問題の起源を簡潔に言うと、「私たちという種は、自然から離脱しようとして失敗した」ということにあるといえます。離脱しようとしているうちに私たち自身の意識の性質を曲解し、相互のつながりや意識をもつすべての生命体との関係性を曲解してきました。現代生活には、何かが欠落しています。私たちは、ビジョンに飢えています。私たちの未来を脅かす偏見、頑迷、強欲、甚だしい物質主義の結果、窒息しそうな窮屈さや、絞殺とも呼べそうな知性の抑圧が起きています。ですが、私たちはそんなものを超越した文化を渇望しています。つながりに憧れてはいますが、私たちの熱望はまだ、そこに至りません。実際は、私たちのつながりは地球に制限されず、無限なのです。

詩人も、物理学者も――私たちは皆、1つのマインドである

この世界をもう一度神聖化するために、愛が力を貸してくれます。愛は人間の生を表す生来の統合、つながり、ワンネスに自然に伴っているものです。もし私たちのつながりを純粋に感じるなら、従来の「他人にしてもらいたいと思うことを、他人にもしなさい（ルカ6：31）」の黄金律は「他人に優しくありなさい、他人はあなただからです」に変わることでしょう[1]。愛は、私たちの生存を支えてくれるのです。

私たちのつながりを感じるためには意識をシフトし、地球や人間同士に対する倫理的・道徳的指針を調整し直すことが必要です。経路を変え、私たちを維持している地球規模の闘ぎ合いの姿勢を

調整するのです。つながりは愛を生み、愛は労りにつながります。

この労りがすべての生命を包含すると、ビジョンはパワフルになり、私たちが直面しているすべての問題に対するアプローチは大きく変わります。単なる思考的概念だけではなく、可能な限り私たちの奥深くで感じる何かへと変わるのです。

私たちの存在の基盤は統合、つながり、協力であり、私たちが教わってきたような分離や競争や粗野な個体性に基づいてはいません。労りの行為は、統合やつながりや協力といった本質的な関係性から自然に湧き上がるものです。意識は単一で非局所的という性質がありますから、この土台には境界線はなく、パーツに分けることなどできないのです。ある次元においては個々のマインドは単一体にまとまり、集合的な1つのマインド（ワン・マインド）となります。普遍的集合意識という概念は、何千年も前から存在します。ヒポクラテスはこう言いました。「1つの共有の流れ、1つの共有の息吹があり、すべてのものは呼応し合っている」[(2)]。

ワン・マインドの概念は永遠の叡智の中核です。現代物理学は、この統合を発見したのではありません。彼らは古代の詩人や予見者が知っていた、この統合のことを思い起こし、確証をとったのです。詩人ウィリアム・バトラー・イェイツは多数のマインドが互いのマインドの中に流れ込み、単一のマインド・単一のエネルギーを成していると書いています[(3)]。ウォルト・ホイットマンも同じく、すべての分離が「つながり合って」一体を成している様子を観察しました[(4)]。随筆家ラルフ・ウォルド・エマーソンは、万物が共有する普遍的マインドについて書きました[(5)]。20世紀の偉大な物理学者たちも同様に、すべてのものをつなぎ合わせている単一意識という感覚に強く同調しています。

ノーベル賞受賞者アーウィン・シュレディンガーは、「真実として、1つのマインドしかない」[6]ので意識は分断できないと述べていますし、著名な物理学者デイビッド・ベームも「人類の意識は、奥深くでは1つである」と賛同しています。[7]

ワン・マインドは永劫である

ワン・マインドの概念から、非局所的な単一意識のイメージが見えてきます。空間で区切られることのない意識ですから、遍在し、時間は無限ですから不死で永遠です。しかし、科学はワン・マインドの概念にまつわる最も偉大な有利点を見逃しがちです。物理学者、看護学者である私たちは、肉体の消滅が人間の歴史にもたらした苦しみはすべての身体的疾病を足してもまだおよばないほど大きいと信じています。そうだとすれば、非局所的なワン・マインドはすべての病気、肉体の死に伴うすべての消滅への恐れを癒やす解決策である可能性があります。

肉体の死がもたらす個人性の破滅は唯物論に付きもので、免れることはできません。唯物論を讃える支持者は、この膨大な損失をかなり過小評価しています。ユングはこれを本質的な問題と捉え、このように言いました。「人間を決定づける問いがある。その人は何か無限のものに関わっているか、否か。この問いが、その人の人生を物語るのだ」[8]。

唯物論者が言うように、もし意識が脳内で生まれ、肉体の死とともに消滅するのなら、「無限の何か」との重要な関係性は幻想です。ユングはこれに強く共鳴し、彼の患者治療においてこれを指

針としたほどです。「医師として、私は不死の信念を強化するために全力を傾けている……」と彼は言っています。(9)

物理学者シュレディンガーのビジョンでは、マインドが不死であるという特徴が鍵です。「それ［マインド］は破壊不可能であると、私はあえて言う。マインドには特定のタイムテーブルがある、つまりマインドは常に『いま』だからだ。マインドにとっては、前も後も本当には存在しない。記憶と予期を含んだ『いま』しかないのだ(10)」。

シンプルに言うと、物質主義、思慮のない消費主義、環境破壊は不死性を否認するがために悪化の一途をたどっているのです。私たちの本質は統合であり、時間も空間も遍在するワン・マインドであることに気づくこと、これこそ私たちが地球で生き残るための最大の希望です。人間同士も地球とも感情レベル・心理レベルで最も奥深いところからつながっていれば、生き残るため・地球と私たちを救うために必要な厳しい選択を迫られても必要な勇気を奮い立たせることができます。

私たちは、人間の歴史において重要な時を迎えています。20世紀の間に、私たちはマインドを分離させました。いま、また元に戻さなければいけません。私たちは、マインドは断片化していると教わり、意識・前意識・潜在意識・無意識・自我・超自我・アイデンティティなどなどに分断されているという教育を受けてきました。私たちは内から分離しているばかりか、外とも、お互いからも分離しています。

望遠鏡の反対側から覗くと、私たちの個々のマインドは1つの大きな全体性の一部であることをワン・マインドは明かします。全体性とは、すべてのマインド――過去・現在・未来、人間・人間以外のものすべてを内含する意識の１つの次元のことです。

集合的臨死体験によって私たちは皆、変容できる

以下は、これから展開する可能性のある数多いシナリオの１つで、哲学者マイケル・グロッソが彼の重要な著書『最後の選択　死か超越か *The Final Choice: Death or Transcendence?*』で提示したものです。彼は、この先も環境破壊が増加してゆく傾向を見て地球バージョンの臨死体験（ＮＤＥ）が起きる可能性を示唆し、それを死に向かう人間のＮＤＥにたとえています。[11]

グロッソのビジョンには、ＮＤＥの４つの特徴が備わっています。[12]

1. ＮＤＥは、健康な人にも起き得る。
2. ＮＤＥは、自分の正当性を信じられない人にも体験として起き得る。
3. ＮＤＥは、複数の人たちが一斉に体験する可能性がある。
4. ＮＤＥ体験者は通常、劇的な変容を遂げる。特に倫理的・道徳的視点が変わり、すべての生命体の未来や地球環境の完全性に高度の関心が生じる。

NDE体験後、ほとんどの人は死の恐怖が消えたと言っています。彼らは自分の非局所的な性質に気づき、本質的に不死であることを知るのです。大抵において彼らは愛情豊かに、慈悲的になり、赦し、私たちは世界全体の環境に対する責任があることに非常に強く気づいています。環境問題や他の生きものの幸せや人類の未来について情熱的に、関心を示します。ニューヨーク大学ランゴン医科大学の臨死治療蘇生研究理事、サム・パルニア医学博士はこう言っています。「傾向として見られるのは、そういった非常に深遠な体験をした人が戻ってきた後に、非常にポジティブな変容を遂げているということです。もっと利他的になり、人助けに関わってゆきます。彼らは、死に遭遇したことで人生に新しい意味を見出すのです(13)」。

NDEから得た学びは、人間の行方に新しい展望を開いてくれます。NDEをポータルとして使うことで、それは多くの地球市民がポジティブな選択をするようになるでしょう。自分のそれまでの信念や行動とは関係なく、個人の人生において人間の種が地球で生き残り繁栄できるような、そんな影響力をもつ選択がなされるでしょう。理性、論理、証拠の新しい迂回路を作るということではありません。これまで無視していた根拠を受け入れるのです。

本書に寄稿している進化的リーダーたちは、キングスリー・デニスがこの章の題辞で示したように、皆、人間という胞子です。あなたもその1人です。この恵みの地球の聖なる土地に、一緒に種を植えましょう。

第16章 スポットライト

私たちの課題は、システム全体を癒やすことです。全体の調和とバランスを維持するためにすべての構成要素を1つのまとまり、1つの生き方として働きかけるのです。ラリー・ドッシーとバーバラ・ドッシーは、私たちがこれまであまりにも長らく間違った考えで生きてきたことを明確に指摘しています。私たちの意識は実は他のすべてとつながっていること、個々のマインドはワン・マインドという1つの統合体を成していること、愛によってそれに気づき、生き残ることができることを私たちは知らずに生きてきました。これは、永遠の叡智です。ただ、いまほどこの叡智が求められている時はありません。集合的臨死体験が私たちの超越、慈悲、全体性、統合への集合的世界観を変容させることでしょう。

行動への呼びかけ

すべてのマインドがつながり合った、大きな網(ウェブ)の姿を瞑想してください。意識の源が互いにつながり合い、無数の光に結びつく大きな網です。あなたもその光の1つで、欠かせない存在としてこの網につながっています。あなたの光を輝かせましょう!

第17章

私たちと、子どもたちと、この世界を癒やす

ロリ・ライデン（博士、経営学修士）

ハートと脳と身体のテクノロジーが今、世界に平和をもたらすために存在しています。1960年代に行われたマハリシ効果実験により、ある地域の人口のうち、ごく少数の人々（1％の平方根ほどの人数）が瞑想によって心の平和を得られたら、地元共同体全体に平和が反映され、犯罪や交通事故や救急車で運ばれる人の数が減少することが明らかになりました。

その後の研究では、意識に大きな変化をもたらし、平和に向かうためには何が必要であるかを調べるためにいくつもの調査が行われました。その最たるものがハートマス研究所のグローバル・コヒーレンス・イニシアティブ（GCI）で、人類のハートを活性化して平和と調和を促進し、世界意識にシフトを起こすために国際的に活動しています。GCIは世界にバランスと協働と平和をもたらすために、心臓のコヒーレンス――心臓とマインドと感情がエネルギー的に同調・協調している状態――のパワーについて画期的な研究を行っています。これほど混沌だらけの世界にいるというのに、今、私たちはなぜ平和を選んでいないのでしょうか？　答えは、私たちの未解決のトラウマにあります。私は人道主義者で、かつ集団殺戮の生存者や学校襲撃事件があった共同体に従事

するトラウマ治療専門家であり、未解決のトラウマの治療は私たちの時代の最大の課題の1つでありチャンスだと捉えています。私たちは皆、何らかのトラウマをもっています。そして、ハート・脳・身体の隠されたパワーを活性化し進化させることで世界平和をもたらすことができます。

孤独、別離、断絶のトラウマを認識する

私たちの時代において、あまり重要視されていないある伝染病について考えてみましょう。それは多くの人々が感じている孤独、別離、断絶感の蔓延です。これらの感覚は、トラウマ体験から来ています。私たちは神から分離し、人間の身体に入ってあらゆる状況や出来事を経験するうちに人間の最も貴重な赦し・愛・回復力という平和を培うギフトから分断されます。極端なケースでは、トラウマを負った結果として暴力やテロ活動を行うこともあります。

世代間に伝わる危機を克服する

では、世代間で引き継がれる、癒されていないトラウマがあると、私たちが心の中から外界に向かって平和を選ぶ能力にどのような影響がおよぶかを考えてください。極度の暴力、貧困、抑圧、時によっては戦争や集団殺戮のトラウマはその世代からその後の世代へと伝播します。世界中の30歳以下の人々のうち、52％以上（39億人）とさらに大勢の人々が暴力やその他の分裂状態によって

迫害されながら育っているのですから、若い人々が健全で実質的な世界市民となれるように育むためには、効率的な世代間トラウマ治療を行うことが必要不可欠なステップです。

私自身の癒やしの経緯や専門とする仕事を通して刺激を受けた私は、次世代の若者たちが癒え、取り組み、ハートから平和を築く人々になれるように育成してゆくことに献身しています。そうすることで、私たちは平和な未来に向かってゆけます。私自身が継続的な幼少期トラウマを受けていたのですが、その頃に感じていた孤独感と不安のなかで必死に追い求めていたものをよく思い返します。それは人の目に認められたい、話を聞いてほしい、愛し愛されたい、私が大切な存在であることを知りたい、絶望の奥底から救われたい、自分にも有意義な未来があってほしいという切望です。

この切望感から私は生涯をかける冒険に駆り立てられ、最も優しくて早くて効果的なトラウマ治療法を粘り強く調べ、体験し、修練し、伝え続けてきました。

ハート・脳・身体のつながりを通してトラウマを受けた生理機能を再調整する

トラウマとハート・脳・身体のつながりについて理解しておかなければいけないことがあります。トラウマは生理的プロセスであり、その結果、脳で機能不全が起きます。圧倒的な恐怖に直面した時の、生化学的凍結反応もその１つです。実際には、私たちの未解決のトラウマが誘発されると、私たちは下位の爬虫類脳と中枢神経系の生存モードの中で凍結するのです。

ここで、私たちの心臓には一群の神経細胞―私たちの身体・脳・マインドのすべての機能を監視し影響を与える心臓内の細胞―があり、それらが私たちの脳内の神経細胞と交信しています。実質上、心臓には自分の脳があるのです。神経細胞は心臓と脳の感情構造・認知構造の間の交流を統率します。私たちのトラウマを癒やすと、生理機能が調整され、心臓は脳の前頭前皮質とより効率的に交信することができるようになります。この関係性が、直感、創造力、つながりの感覚、ワンネス、超越性といった平和を担う付加的才能を活性化します。

癒やしのための最先端療法

私は仕事を通して、ハート・脳・身体のつながりを最も効率的に修復する2つの療法を見出しました。

実証に基づいた感情解放テクニック（EFT）

「タッピング」または「心理的鍼治療」とも呼ばれるこのテクニックは心理療法と指圧療法を組み合わせることで暴露、認知療法、身体刺激の要素をまとめたものです。EFTでは、何か取り組みたい1つの問題にシンプルにフォーカスし、顔や身体のあらゆる指圧点を2本の指でタッピングしながらその問題にまつわる受容の言葉を言います。治療セッションではセラピストがタッピングするポイントを誘導し、クライアントはその動きを繰り返します。このテクニックは、セッション以外の時間にクライアントが自己管理のもと行うこともできます。

実証に基づくEFTには、新たに現れつつある第4波セラピー独自の3つの特徴があります。歴史的には、心理療法はこれまでに3つの主な波があったとされています。精神力学的アプローチ（ジークムント・フロイト、カール・ユング）、行動主義者（B・F・スキナー、イワン・パブロフ）、認知行動学者（アーロン・ベック）です。現在はEMDR（眼球運動による脱感作および再処理法）やEFTといった身体ベースの療法がより効果的で急速な緩和を与えるとして、認知度が高まっています。

機能不全を起こしている感情的学習を迅速かつ永続的に転換させるのは、ハート・脳・身体への真のアプローチです。ハーバード大学医学大学院の研究では、トラウマの最も効果的な療法はEFT、タッピングなどの脳ベースの身体的解放テクニックであることが立証されています。[1] 身体上の一定の指圧点へ刺激すると扁桃体（脳内のストレス中枢）が落ち着き、闘争・逃避・凍結反応を止めることが（fMRIやPETスキャンによって）実証されています。EFTを行うと記憶は保持されますが、体内の生理的反応を誘発することがなくなるので本来のトラウマの完全治癒が起きます。研究ではEFTはストレスホルモン、細胞修復、免疫反応、腫瘍の抑止、神経の可塑性、神経系の信号など多様な遺伝子の発現をポジティブに変えることが示されています。[2]

グレース・プロセス

グレース・プロセスは私が初めて臨死体験を経た後に受けた、心理的・霊的・魔法的療法です

〔グレース（grace）は慈悲・恩寵の意〕。この療法によって私たちは、ネガティブなエゴを超え、下位の爬虫類脳の中に閉じ込められたまま生きるのではなく、最高のハート・脳・身体状態を保ちながら生きられるようになります。この手法は私たちを批判から解放し、赦しを受け入れ、感謝・愛・喜び・神秘をもって人間の最高のギフトにアクセスすることを可能としてくれます。ＥＦＴ／タッピングを組み合わせれば、心の平和と変容の化学変化がもっと容易に進みます。両方を使うことで、トラウマ治療に強い効果と結果がもたらされ、世代間トラウマにも強力な癒やしが現れます。

ピースビルダーの大群を作る

これらの方法は、２００７年にルワンダで大量殺戮後に生存孤児になった子どもたちに取り組む際の私のトラウマ治療ワークの基盤となりました。２０１１年、私は「プロジェクト・ライト」という新たな形の人道主義的支援プロジェクトを立ち上げました。ライト（ＬＩＧＨＴ）の5文字は「ハートを中心としたリーダーシップ（Leadership）が鼓舞する（Inspire）世界的な（Global）癒やし（Healing）と変容（Transformation）」の頭文字をとったものです。プロジェクト・ライト・ルワンダは、心に傷のある若者のためのトラウマ治療、経済の持続可能性、ハートからのリーダーシップ・トレーニングをベースとした、世界初の国際的な若者のためのトラウマ治療プログラムとなりました。治療の結果は私たちの期待を上まわりました（彼らの変化は受賞ドキュメンタリー映画『幸せになると言った若き日の私 *When I Was Young, I Said I Would Be Happy*』に時系列で記録されています）。

ここ12年以上の間、このワークがもたらす数々の奇跡によって私は導かれ、戦争・学校襲撃事件・先住民に対する暴力の経験者や、政治的・宗教的迫害を受けて苛酷な環境に耐えなければいけなかった避難民への奉仕活動の中心で活動を続けました。ルワンダからオーストラリアまでに至るあらゆる地域、コネティカット州サンディ・フックからフロリダ州パークランドまで、私たちは何百人もの若者と彼らの養育者の苦しみを緩和し、トラウマを癒やし、回復力を立て直し、心の平和と世界の平和に向かって彼らのハートを開くために助力してきました。このようなトラウマ生存者が自分のハートの中に平和を見出して地元共同体や国の平和のために働きかけてゆけるなら、そうしない私たちはいったい何様なのでしょう?

私のビジョンは、ピースビルダー(平和の構築者)の大群を育むことです。親、教育者、精神医療従事者、若者たちが、心から外に向かって平和に献身するのです。これらのピースビルダーたちが世界中にライトセンターを築き、若者たちのトラウマ治療や成功的な就職やハートからのリーダーとなるチャンスを提供するのです。平和の支援者としてこれらのセンターは世界市民のつながりを広げ、私たちが直面している世界規模の問題に対する革新的解決策を共同創造してゆくことができます。

私たちのハートに本当に答えがある

一見したところ、与える人と受け取る人がいるように見えますが、無限の循環の真ん中にある最高の結果を与える領域で出会うと、私たちのハートは神聖な1つのハート(ディバイン・ワン・ハート)につながることがわかります。その時、私たちは真の「奉仕のハート」から動いています。そこには愛しかなく、私たちは皆、変容します。これを私は「ハート・プレゼンシング（ハートが在ること）」と呼んでいますが、これは私たちのトラウマが癒やされていなければ不可能です。このハート・プレゼンシングがあるからこそ、私たちは悲劇から起き得る奇跡、実際に悲劇から起きる奇跡を経験することができるのです。

ハートのパワーを意識的に進化させ、世界平和を育んでゆくためにトラウマを癒やすことは可能であり、すでに進行中です。私たちにはハート・脳・身体テクノロジーがあり、癒やしを拡大するグレース・プロセスやＥＦＴタッピングのような実証に基づいた療法は世界中に存在します。トラウマを癒やすと遺伝子、脳内の化学物質が変わるのです。すると、私たちのハートはつながり重なり合って、自分自身と子どもたちと世界を癒やすための新しい可能性を共同創造してゆく能力をもつように変容します。私たちの「ハートの配線」を神性につなぐＤＮＡを起動させるコンピューターシステムを想像してください。ハードウェアは私たちのハートで、ソフトウェアは感謝・愛・喜び・神秘です。いったん起動すると、このシステムは最高速度でディバイン・ワン・ハートが存在する普遍なるインターネットにつながります。

ディバイン・ワン・ハートにおいて、75億のハートが慈悲に抱かれながら、すべてにとっての安心と豊さと平和の共有ビジョンの中で鼓動を打っているところを想像してください。このようなところでは、どんなことが可能でしょうか？

心の中から外に向かうピースビルダーへの道

心の中から外に向かう癒やしに献身する「ピースビルダー」の大群を築くことで、私たちは、心が癒やされた若者たちが働き、平和な未来へと導いてくれる次世代を育むことができます。私たちのハートの配線は、神性につながっている（ハート・ワイヤード）と私は信じています。感謝・愛・喜び・神秘を感じている時、私たちの心臓はマスターホルモン（ＡＮＦ）を分泌し、それによって私たちの心臓は前頭前皮質とつながります。前頭前皮質は、私たちの最高のギフトである創造力、直感、超越性、つながりを起動する脳の部分です。

「平和とは内なる作業である」という表現を拡大すると、私たちの心に平和を見出すというのは継続的実践です。私たちは、ハート・マインド・身体のバランスが整っている時に心の平和を感じます。心の平和と天恵とは、ありふれた普通のことが素晴らしく特別であり、特別なことが普通のように感じる時に味わうつながりとワンネスの感覚です。ワンネスのただ中にいるとき、エゴは抜け落ち、すべてのつながりの中で私たちのハートは神性につながるのです。あなたもいかがですか？

第17章 スポットライト

私たち自身と地球を癒やし、ハートのレベルに戻る変容的プロセスを使って、ロリ・ライデンは人々を「コヒーレンス」というハートと脳と身体が生理的に整った状態に導きます。この状態になると、人間に備わる平和を築くための最高の才能、赦し・内的叡智・創造的問題解決・霊的つながり・協力にアクセスすることができます。彼女のビジョンは、ＥＦＴやグレース・プログラムのような革新的治療方法を活用してハート・脳・身体につながり、トラウマを癒やし、大勢の親や教育者や精神医療従事者や若者を育て、心から外に向かって平和を構築するために献身する人々を育てることです。

行動への呼びかけ

あなたの過去の不愉快な事件から、批判を手放し、赦しをもたらそうと思える出来事を１つ選んでください。心から外に向かうピースビルダーになってください。感謝、愛、喜び、神秘をライフスタイルとして生きてください。

第18章

高潔な未来——すべてを発揮できる人間になること

ゴードン・ドゥベイリン（教育学博士）
ジョーン・ボリセンコ（博士）

根本的な矛盾を乗り越える

私たちはいま、環境と技術と教育と倫理が複雑に絡み合った、まるで寓話のゴルディオスの結び目〔フリギアのゴルディオス王が結んだ複雑な縄の結び目。難題、難問の比喩〕のような時代を生きています。予言では、この結び目を解くことができた者はアジア全体の最高位統治者となる運命であると伝えられています。紀元前333年、アレキサンダー大王はその剣を一振りして古代の難問を解き、「複雑にもつれた」パズルをついに解決しました。残念ながら、いま私たちが直面している問題はもっとヘーゲル哲学的な解決策、つまり、一見相反する両極性のように見えているものを包含し、かつ超越する統合を要しています。

例えば私たちの子どもたちの教育として、STEM——科学（Science）、テクノロジー（Technology）、工学（Engineering）、数学（Mathematics）を選び、毎日何時間も画面に釘づけにさせるべきでしょうか。それとも、人類としての深みをもっと育むような学習環境で、新しいツールを賢明に、思いやりをもって活用するための子どもたちの内的能力を肥やすような教育を選ぶべきでしょうか。

この危険性をはらみながらも前途有望ともいえる時代の中心的な矛盾とは、私たちはテクノロジーによって非常に大きな力を得ていると同時に、その結果生じる実存的帰結との解離で力を失っている点です。コンピューター科学者、ビル・ジョイが策定した発展率に関する次のような式を考えてみてください。この方程式では、人間の文化的進化は人間の生物的進化の1000倍の割合で進んでおり、テクノロジーは人間の文化の1000倍の割合で進化しているといいます。

少し立ち止まって考えてみましょう。

カナダの文化・テクノロジー哲学者、故マーシャル・マクルーハンは、この解離状態を「テクノロジー・ナルシシズム」と呼びました[1]。彼は、すべてのテクノロジーをユーザーの延長と捉えていました。金槌は腕の延長、塔は目の延長です。ですが、この延長があまり行き過ぎると、私たち自身とのつながりを維持するためのストレスや、それらを通して私たちの最も高潔な人間的価値、動機、感受性を表現するためのストレスもそれだけ増大します。映画『2001年宇宙の旅』に登場した、自ら行動を起こし始めるコンピューターHALのように、テクノロジーはひとりでに命を持ち始めるのです。

映画は私たちの集合的無意識に潜む内容を意識化する、大衆の夢です。映画史上のいたるところにそういった夢に頻出する陰鬱なイメージが描かれ、私たち皆が共有している解離感が映し出されています。私たちは未来を選ぶことができるという感覚から解離し、未来は宿命のように「私たちに降りかかるもの」と感じているのです。

どうすれば私たちはこの解離を癒やし、人間レベルでつながり直すことができるでしょうか？

もう一度、視点をシフトする

待ってください。地球は太陽の周りを公転しているだって？　私たちはこの宇宙の中心ではないのか？　目に映る以上のものが、この世界にあるのか？　17世紀に起きた、この太陽を中心と見なす視点へのシフトはコペルニクス革命と呼ばれ、分離型の科学的観察という新時代の夜明けが歴史に刻まれました。

このような科学には影の部分があります。同時並行的に起こる客体化という現象です。環境学者で聖職者でもあった故トーマス・ベリーは、人生から得た視点を「存在の交流というよりも、むしろ物体の寄せ集め」と嘆きました。[2] 悲しいことに、この解離的視点は、人々を操作し、搾取し、支配してもよい、そして、環境は私たちの外側にあるのだから壊してもよいという許可を与えるものです。

科学は崇高な未来をもたらすために自然の秘密を力ずくでこじ開けるという形で助力しますが、17世紀の科学的方法論の父、フランシス・ベーコンが指摘したように、「慈善なき知識」――さらにハートなき知性、愛なきパワーも加わる――は「非道な」結果を生み出します。ベーコンの時代に登場したファウスト伝説は、この闇の可能性を予示しています。[3] J・ロバート・オッペンハイマーは、伝記の題名から「アメリカのプロメテウス」と呼ばれましたが、[4] 彼は原爆という戦慄的な自暴自棄によって、3世紀後にファウストの伝説を成就したわけです。

ホワイトハウス国家安全保障会議のメンバー、ジェイミー・メツルは著書『ダーウィンをハッキングする　遺伝子工学と人間の未来 *Hacking Darwin: Genetic Engineering and the Future of Humanity*』で、人間の生態をハッキング可能な情報テクノロジーにたとえて説明しています。「一式のルールによって40億年近く進化を遂げてきた人間はいま、他のルールで進化を始めようとしている」。ですが、彼はこう問いかけます。「ひいては人間の遺伝子プール全体に影響するような、個人的・集合的選択を行う権利をもつ人間などいるのだろうか？[5]」。

では、私たちは何者なのだろう？

私たちは実際のところ、自分を何者と思い描き、謙虚であれ傲慢であれ、どんな価値観に導かれて世界を形作ってゆくのでしょう？　最も重要な問いは、「私たちは人間とはどういう存在だと想像しているのでしょう。また、21世紀そしてさらにその先、どのような存在になってゆこうと思い描いているか」です。

歴史家ユヴァル・ハラリは、『アトランティック』誌の記事「なぜテクノロジーは専政を好むのか」で、人工知能がもたらす危険性について懸念を示しています。[6] 高まる情報集中と共有コントロールの枠外にあるパワーに恐れを感じた彼は、諦めとともに問いかけています。「それで、これから私たちはどうすればよいのだろう？」。

彼の答えはこうです。「AI開発に費やしたのと同量の金額と時間を、人間の意識の発達に費やす必要がある」。特に「私たちの叡智と慈悲」の育成のためにです。

そうしなければ、グーグルのようなプラットフォームの、キーを1つ打つだけで機能するアルゴリズムに、私たちは内的権威を明け渡す一方となり、ポスト＝ヒューマンの未来へ自動無人運転で進んでゆこうとしているも同然となります。

私たちはつながるのか、守るのか？

つながる能力は、人間の本質的な資質の1つです。つながるという神経生物学的機能は、子宮内から始まります。母親は何を食べ、飲み、考え、感じているか？　母親は安全だろうか、危険の中にいるだろうか？　愛されているか、無視されているだろうか？　誕生後、赤ちゃんの第一養育者は赤ちゃんのニーズに応えているか？　絆は結ばれているか、良い愛着でつながっているだろうか？

パンデミックでソーシャル・ディスタンスを求められて特にはっきりとわかったことは、つながりはどんな年齢の人にもきわめて重要であり、生涯続くニーズであるということです。強い愛着があれば、脳は通常の発達を遂げることができます。ところが虐待、ネグレクト、暴力、中毒、その他のトラウマは、脳の執行領域である前頭前皮質（ＰＦＣ）の成長を阻む可能性があります。ＰＦＣは脳の進化の最前線で、この部位の働きによって、私たちは思考、内省、目標設定、戦略計画、感情調整ができます。私たちの内的世界と外的環境の間の対話を仲介するのです。知性とは、困難な状況を通して共同進化し繁栄するための生体能力であり、応答性をもった相関的なものです。対人神経生物学が示したように、調和したバランスの良い世界を作りたいという私たちの願いのためには、人間の発達の最大活用、つまり恐れから互いに保身するのではなく、共感力でつながってゆく能力が求められています。

それとは対照的に、脳の最も原始的な部分である辺縁系は、トラウマを受けると過剰な発達を遂げます。その結果、世の中や他者を脅威と捉える生物学的な指令が下され、共感や賢明で慈悲深い行動よりも、警戒、怒り、保身の重要性が優先されるのです。

心理学と神経科学分野の力強い活動により、トラウマを理解し緩和する必要性は認知されるようになりました。もちろん、目標はトラウマの頻度を最小限にとどめ、子どもたちが健全で幸せな脳発達を遂げられるように寛容な精神をもって教育・育成してゆくことです。

新・コペルニクス革命を復活させる

叡智と慈悲を拡大させながら人間意識を発達させること、これは１つの可能性というだけではなく、実際にその変容の動きは進んでいます。１９６９年、スタンフォード研究所の教育方針研究センター責任者を務めていた未来学者、故ウィリス・ハーマンは、名高い論文[7]の中で、私たちをより大いなる全体性につなぐ、内的な意識の生に立ち返る歴史的回帰を「新コペルニクス革命」と表現しました。彼はこう書いています。「今日、人間の主観的経験の科学は幼児期にある。だが、推進力を得ることができれば、コペルニクス主義、ダーウィン主義、フロイト革命のもたらしたものをはるかに凌ぐ結果に至るであろう」。ハーマンは「ハイヤーセルフ」や創造性・慈悲・統一意識などの人間に備わる能力の超越体験といった「私たちという巨大で未知の宇宙」に興味を惹かれ、1960年代に登場した人間の潜在的能力についてのカウンターカルチャー革命に深く没頭していました。

教育者だったハーマンは、私たちが崇高な未来に向かう道を思い描くためには、それを導くビジョンが必要であるとわかっていました。彼は、そのビジョンとは「もっと高貴な人間像と、人間がより滋養豊かに成長できる社会像の中で見出されるべき」だと信じていました。

高潔な人間を育成する

2019年、アスペン研究所の「社会的・情緒的・学術的発達に関する全国委員会」が「危機に瀕した国家から希望ある国家へ」という提言書を発行した時、私たちはハーマンのビジョンの実現に向けて大きく一歩進みました[8]。この書類は人道的教育のための大憲章(マグナ・カルタ)であり、その言葉の起源通り、「内からの展開」としての教育を伝えています。

この提言書は、1983年の「危機に瀕した国家」と題された報告書とは対照的です（この報告書に対する応答でもあります）。こちらの報告は、冷戦時の我々の敵、ソビエトに対して学術的に優位に立つための安全保障アピールであり、学生たちの数学と科学のスキルを「発達させる」という内容でした。スキルの発達は、非常に単純思考ではありますが、何よりも大切な教育目標だったのです。

提言書「希望ある国家へ」ではこう認識されています。もし、この複雑で急速に変化し続ける環境で、とても見通しのつかない難題にただ反応するのではなく、創造的に対応してゆこうとするのであれば、もっと全体的に統合された人間機能がいま必要である、と。「希望ある国家」は、自身の役割を、「共感力、尊敬、自己修練、創造性、協働、市民的義務を醸成し、これらの価値を強化するための学問的卓越性を促す場として学校を変えていく」ための、より広範な文化的運動の一部と捉えています。

「希望ある国家」のアプローチは、とてつもなく強い科学的見解に基づいています。それは「人間は関係性を通して発達する……子どもたちは人間として扱われる時に最高の学習を遂げる」というもので、非人格的な「役割と役割」ではなく、人格的な「魂と魂」として関わることを示唆しています。この視点の転換は、教育者パーカー・パーマーが長らく提唱してきたことです。

温かで、関わり合いに富む学習環境には、最も好ましい包括性があり、子どもたちは安全を感じながら、自分は個性を持つ1人前の人として認められている、それぞれの文化的アイデンティティが尊重されている、という実感をもつことができます。アメリカの子どもたちの半数には、トラウマの履歴があります[9]。そのような子どもにとって、温かく育んでくれる教室は情緒的な集合体験を提供できる場なのかもしれません。例えば、もし怒っている子どもが学校でそれを行動に表したら、共感力のある教師は、彼らがどうしたのか、何が起きて怒っているのかを尋ねます。このようなマインドフルなアプローチは、罰を与えるのとは著しく対照的です。学校での行動に対してトラウマに関する知識に通じたアプローチを行うことが、アスペン研究所の報告書の主要な勧告内容となっています。当然ながら、トラウマは私たちを過去につなぎとめ、〈いまここ〉に存在して未来に向かって道を作るための学習能力を弱めてしまいます。

この能力、すなわち、完全なるいまの自分として存在し、根深くお互いとつながり合い、共に想像力を働かせながらこの先の道を学んでゆける力こそが、ハートの中心から本当の私たちを実現できる崇高な未来へのパスポートなのです。

第18章 スポットライト

私たちは思っている以上に大きな存在です。このことから、ゴードン・ドゥベイリンとジョン・ボリセンコは、調和を生み、全システムを癒やすために内的アプローチをとることで高潔な未来イメージを描いています。それは私たちを大きな全体性につなぐ意識という内側の生に立ち返り、すべての人が人間としての本領を生きる未来像です。進化のために私たち自身の意識の成長を促すのは、内なる叡智と慈悲に同調し活用するということ――これが私たちの時代の変容運動です。この意識進化プロセスにおいては、学校を共感力、尊敬、自己修練、創造性、協働、市民的義務、卓越性を醸成する場に変え、育ててゆく必要があります。これが私たちの崇高な未来へのパスポートです。

行動への呼びかけ

あなた自身の高潔な未来を生きてゆくと決め、それに全力を傾けてください。あなたのすべての人間関係の中で、もっと慈悲、尊重、創造性を示してください。

第19章

私たちの霊的性質を高める——人類の癒やしへの道

シルビア・サムター師

私たちの今日の世界のニーズについて、たくさんの人々が「どうすれば私たちはこの地球と人類の全体を癒やせるだろう?」と問いかけています。ですが、まずは1人ひとりから始めなければいけません。救済と進化は私たちの手中、私たちのハートの中にあります。いまこそ、私たちが選択する時なのです! 実にありがたいことです。

アルベルト・アインシュタインは、このように言いました。「私たちが生み出した問題は、それと同じ意識レベルでは解決できない」[1]。ですから、覚えておきましょう。もしも癒やしや新しい枠組みや新たな地球(ニューアース)を生み出したければ、私たちは人間意識と人間の性質を超えて、新しい観点から自分たちを見つめなければなりません。

古い枠組みでは、私たちは身体、マインド、霊(スピリット)の3つの性質があると捉え、特に身体とマインドを重視してきました。実は私たちの第1の性質は霊性であり、その力関係はスピリット、マインド、身体の順に表され、霊の部分が最も大きいのです。ピエール・テイヤール・ド・シャルダンは言っています。「私たちは霊的体験をしている人間ではない。人間を体験している霊的存在である」[2]。

私たちは霊的存在であり、霊性の法則が司る霊的宇宙で生きているという概念に目覚めなければなりません。これから迎える進化の次の飛躍を遂げるためには、自分自身が単なる人間ではなく霊的存在であることを心地よく快く受け入れる必要があります。私たちはスピリットの創造的本質を顕現することができるし、実際に顕現してゆく新たな秩序をもった存在に変わりつつあります。霊的存在として私たちの聖なるマントを身につけ、神性イメージを背負うのです！　ここに、私たちの最も偉大なパワーが備わっています。なぜなら、私たちの内にあり、また、私たちそのものでもあるスピリットにはすべてを統合する癒やしのパワーがあり、その力を使って私たちは、自分や世界を変えてゆくパワーがあるのですから。

大規模な霊への目覚めの時が来ています！　私たちの選択の時です。

私たちは、マインドや身体よりもスピリットを選ばなければいけません。生命の創造の力は、スピリットの中にあるからです。スピリットはマインドと生命にインスピレーションをもたらし、身体に全体性をもたらします。創世記2章7節には、「私たちは、鼻腔に生命の息吹を受け取ったその時に、生きる存在となった」と記されています。あるいは、生きている魂――神の霊が自らに生気を与え、生きる魂となった、ともいえるでしょう。それが創造のエネルギーであり、生きとし生けるすべてを満たしている神性です。

私たちの霊的存在は、私たちという存在と資質の最高次の側面であり、私たちにはマインドと身体、ひいてはこの世界にスピリットの資質とエッセンスをもたらす能力があるのです。愛という神聖な資質は、あらゆるものを1つにまとめ、調和させ、癒やします。実体〔神（父）、子（キリスト）、聖霊の3つの位格が共有する神性）は、すべてのニーズを満たします。叡智と知性は、私たちに気づきをもたらし、意識を高めます。これらはすべて、スピリットの側面です。これらの資質を内で駆使し、私たちが個々の霊的性質と意識を高め拡大させてゆけば、私たち皆で人類を奮い立たせてゆくことができます。関わるすべてにとっての最高最善に訴えかけ、そのために役に立つ選択をしてゆくのです。

スピリットはすべての人の中に住まっている

ここで、良いお知らせがあります。スピリットは普遍です。国籍、性別、文化、そのほか私たちと他の人々との違いを計るために使っている一切の物差しを超越します。霊的意識から何かを伝えようと意識的に選択している人は、平和、調和、無条件の愛、慈悲、寛容、包含性、受容、つながり、オープンさ、ワンネスの表現を志向します。

人類を癒やすためには、霊的意識が道を先導せねばなりません。というのは、人間の性質とマインドだけに依存すると、種としての分離感、優越感、強欲、支配欲といった人間意識の低次元な資質にフォーカスしてしまい、もっと高次の精緻な霊的意識の資質に目が向かないからです。

ですが、もう1つ、頼もしい真実があります。目覚める人が増えれば増えるほど、さらにより多くの人が目覚めてゆくのです！　成長は、指数関数的に伸びます。私たちは、生命のマトリックスとつながりを介して、お互いに影響を与え合っているのです。高次の思考、波動、可能性を集合意識の中に提示し続けることが私たちの責任であり、そうすることで他の人々は目覚めの呼びかけを聞き取り、感じることができます。

ハートを開くテクニック

幸いなことに、霊的意識の表現や霊的目覚めのために、瞑想、ヨガ、マインドフルネスといったよくある霊的実践を、必ずしも行わなければならないということはありません（とはいえ、これらの実践は優れた入り口(ポータル)であり、特に霊的探究に関心のある方には強くお勧めします）。霊的意識と目覚めは、ハートを開くことによってとてもシンプルに発展します。

ハートを開くというのは普遍的なことであり、人間の条件と人間意識をもっている人なら、誰もが興味を引かれます。実際に、ハートは霊的意識の不変の場所、マインドを霊化する経路と考えられています。

よく「オープン・マインドでいよう」と口にはしますが、そういう時こそ往々にして私たちはマインドを閉じていて、自分の視点、信念、イデオロギーに閉じ込められているものです。スピリットのエネルギーを運ぶためには、もっと他のものが必要です。ハートがオープンで開花している人は、より受容的で、赦しの心があり、寛容で、理解や慈悲があり、すべての人を迎え入れるために輪をどこまでも広げます。開いたハートは神性の貯蔵庫であり、その中心からパワフルにエネルギーを放ち、すべてのものを引き込みます。これが、人間意識を超えた神聖な愛の磁力的パワーです。

内から触れるとき、私たちは愛と変容の霊的エネルギーを放つ輝きの中心となり、このエネルギーは私たちの人生で出会うすべての人やそれ以外の人々の心にも触れるのです。

ハートの呼吸を実践する

ハートを開くための簡単で自然な方法の1つとして、意識的にハートから息を吸い、ハートを通して呼吸する練習があります。ハートのところでマインドと身体のつながりにフォーカスすると、あなたの霊的意識が刺激を受けます。マインドが穏やかで身体がくつろいでいると、スピリットのガイダンスと叡智が、あなたの気づきに楽に入ってきます。できるだけ頻繁に、意識的にハート呼吸を行ってください。そうすれば、あなたの思考は変わり、より高次の波動を携えるようになります。ハートが開いたら、マインドはハートについてゆくでしょう！

明確な質問を投げかける

ハートを開くには、明確な質問を投げかけるのもよいでしょう。「この行動、行い、思考は、私のハートを開いたままに維持し、他の人々とのつながりを保てるだろうか？　それとも分離や孤立や分断の感覚が生まれるだろうか？」。意識的に、一貫して前者の状態を選んでください。ハートに注意を向け、あなたを高次意識に向かわせる質問を自分に問いかける習慣を身につけてください。あなたの頭には注意を向けないことです！　ハートには、単なる知性よりもはるかに偉大な叡智が備わっています。

視覚化（ビジュアライゼーション）の実践

あなたのハートが光に包まれ、光で満たされている様子を視覚的に想像してください。光は創造の主要構成要素です。光がないところには、生命も成長も輝きも啓発もありません。光は常に同じように放たれます。そして、生命を肯定するすべての条件は、あなたのハートに（さらにマインドと身体にも）光と愛が浸透している時に生まれます。すると、インスピレーションが受け取られ、癒やしが起き、進化が繰り広げられます。こうして私たちはすべての人のために機能する世界を創造するのです。私たちには、この世界に光をもたらす準備が整っており、その力もあります。それを行動に移すことが求められているのです！

こう考えてみてください。闇の中へ強く突き進めば進むほど、光に向かって動きたくなる衝動も強くなるのです。世界の状態を見れば、警告のラッパが鳴り響きます。しかし、人々は目覚め、壮大な美しい協働活動で団結し、地球を、人々を、生き物たちを尊ぶためにつながりつつあります。私たちはもっと大いなる、すべてにとっての善を求めて神聖な意図を保持するために、集合意識のパワーを発見しているところです。「私たちは皆、人類という1つの存在である」ということに気づいた人々が、地球のいたる場所で神聖な連携を形にしています。人々は「人類のために立ち上がれ（Stand Up For Humanity）」と背中を押されています。このスローガンは一般的な意味としてはもちろん、ユニティ教会ワシントンＤＣ支部の影響で始まった世界的運動の名前でもあります。人々がそれぞれの才能、能力、ポジティブな表現、人類の共通性に応じて人類を引き上げ、すべての人々のために立ち上がり、すべての人を尊ぶことで集合意識を高める。そのための献身を奨励することが彼らの使命です。あなたは、すべてにとっての善のために何ができますか？　そして実際にどんな行動をとりますか？

このスタンド・アップ・フォー・ヒューマニティ運動の目的は、私たちが共につながり、公共の普遍的利益のために行動を起こす際に、人類と霊性にとって最高最善の形で役立つ資質を受け入れてゆくことです。誰か1人でも小さな善行を行えば、世界は変わり、人類の癒やし、変容、上昇に貢献します。

愛しい皆さん、今が私たちの選択の時です。さあやりましょう！

第19章　スポットライト

シルビア・サムター師は、人類を癒やす道を進めば、私たちは霊性を向上させることができると伝えています。私たちはマインド・身体・スピリット（霊）で全体を成すのが本来の在り方です。しかし、このうちスピリットの要素は正当に評価されていません。自分たちは霊的存在であるという見識に目覚め、それに従って生活し、霊的法則が司る霊的宇宙の中で生きるとき、私たちは進化の次の量子飛躍を遂げることでしょう。そのプロセスで、私たちのハートを神聖な資質に開き続けることです。例えば、愛は統合し、調和させ、すべてを癒やします。その道のりを進めば、私たちは公共の利益に役立つ資質を受け入れることによって、人類のために立ち上がることができるでしよう。

『行動への呼びかけ』

ハートを開いて人類のために立ち上がってください。あなたの共同体の中で最も愛されていない人々――お年寄り、貧しい人、病人――を見つけ、あなたの輝く愛のエネルギーを最も必要としている人々にもたらすために行動してください。

第20章

意識的進化——私たちの繁栄のための理論

ブルース・H・リプトン（博士）

人間の持続不可能な行動が地球を6回目の絶滅に陥れようとしているいま、人間文明は進化の岐路に立っています。[1] 地球の歴史において、生命が繁栄していながら何らかの事象が起きて次々と絶滅が進み、全植物・動物種の70～90％が絶滅に陥ったことがこれまでに5回あります。最も近いものは６６００万年前に起きた大量絶滅で、恐竜が消滅したことで知られています。この時はメキシコに小惑星が墜落し、その甚大な影響によって地球上の生命の網は均衡を覆されました。

今日の深刻な環境的不均衡の大部分は、ダーウィン進化論の文化的結果に起因すると思われます。１９００年代以来、「生存闘争における適者生存」を重要視し、種の生存は遺伝子メカニズムによって定まるという論点を強調してきた新ダーウィン論は、文明を「先進化」させるために権力、強欲、暴力の活用に科学的正当性を与え、文明の行動特性を形成してきました。ですが、エピジェネティクス〔後生学。遺伝子が生体の姿・形などにおよぼす影響を研究する学問〕系科学による新しい洞察と人間ゲノムプロジェクトの結果、ダーウィン的進化論の基本的教義は完全に切り崩されています。

進化を導く推進力としての協同

従来の科学は遺伝子を含む原子核が細胞の「脳」にあたると考えてきました。しかし、新たな研究が示すのは、情報プロセッサーとして細胞の運命をコントロールしているのは、実は細胞膜であるということです[2]。細胞膜に備わる分子スイッチが環境情報を細胞の行動に変換し、意識の構成要素である知覚の基本物理単位となるのです。エピジェネティクスは、環境や、さらに重要なことには環境に対する私たちの知覚が、遺伝的活性と遺伝的挙動をコントロールすることを認めています。つまり、進化論の焦点は、神経系と意識の役割にシフトしているということです。

フラクタル幾何学による細胞膜の進化をモデル化することで、意識の起源と影響、種の内部あるいは異種間の協同が果たす役割について深遠な洞察が生まれます。なぜなら、意識的進化論は、競争や闘いではなく協力が進化の推進力であり、協力によって人間文明の生存が保たれることを解明しているからです。「適者生存」は、科学的により正確で肯定的な進化論に取って代わられつつあります。それは、すべての生命形態同士の協力、交流、相互依存の役割を重視する進化論です。リン・マーギュリス〔アメリカの生物学者、1938〜2011〕の言葉で言うなら「生命は闘いによって地球を占領したのではない。ネットワーキングで占領したのだ」ということになります[3]。

現在の世界危機は大規模な進化的変動を引き起こしており、人間文明の運命は根本から変わることでしょう。世界危機で生じるカオスや、これまでの生活の持続不可能性のあらゆる兆候は、文明とその組織構造を揺るがしています。現行システムの崩壊が進む一方で、人間ができる試みを尽くしてきたあらゆる分野の文化的・創造的な人々（現在の問題に対する代替的な解決策を追求している人々）は新しい洞察、理解、ビジョンを提案し、どの人も私たちが繁栄の未来に向かうために人間文明を再編成する方法を示してくれています。意識的進化論は１８０９年にジャン＝バティスト・ラマルクが初めて提唱したもので、より啓発された未来の青写真を提示しました。[4] 細胞進化についての新たな理解も、まさにその一環です。

細胞膜の発達を原初的な神経系とする分析によって明らかになったのは、これまで気づかなかった2段階の進化の反復パターンがあるということです。第1段階は新たな有機体の起源に始まり、その有機体の最も意識的に進んだバージョンを生み出します。この段階は、有機体の物理的限界によって神経系のさらなる拡張が妨げられる時に終わります。第2段階では、個々の有機体を組み立てて協力的な情報共有共同体を作り、意識を強化することで進化を進めます。この段階は、最も意識的に進んだ共同組織が新たな1つの有機体に変容した時に終わります。この新たに発生した有機体は第1段階の反復を始め、今回はもっと高い進化レベルを発現します。[5]

興味深いことに、この進歩はコンピュータを作る際に見られる進化パターンと同じなのです。

第1段階：最も精度の高いチップを作る。

第2段階：個々のチップを組み立てて1つの協力的・情報共有共同体（つまりコンピュータ）を作る。

さらに興味深いのは、細胞は「プログラミング可能なチップ」であり、細胞を組み立て協力的な情報共有共同体を作ると、太陽系において最もパワフルな「コンピュータ」、すなわち人間の脳ができるところです。[6]

蝶のように

私たちはより高いレベルに進化できますが、そのためには略奪的なやり方を変える、これが唯一の方法です。私たちの種のポジティブな未来の可能性は、たとえるなら蝶の変態のようなものです。毛虫の体は幾十億もの細胞からできています。成長中の毛虫の体内は経済的に大好況で、細胞共同体が活発に雇用されています。この生物の食欲は旺盛で、住みついている植物の葉を貪り食います。毛虫の成長が緩やかになり、入手可能なリソースが消費されると、ついには成長が止まります。さなぎの中では、細胞は作業を停止し、その高度に構造化された共同体が分解し始めます。その後に続くカオスの中で、特殊成虫細胞が編成情報と指示を与え、また別のもっと持続可能な未来を生みます。変態は、持続不可能な毛虫文明が生態系に敏感な蝶文明に変容を遂げると完了します。

類似性は明らかです。毛虫のように振る舞ってきた人間文明の食欲は、成長と消費のために貪欲で、それが環境を蝕んできました。私たちが今日直面している世界危機は警鐘であり、文明自体が変態を経なければならない、と人間に知らせています。現在のような環境破壊的な「毛虫」の生き方は、新しい持続可能な有機体、すなわち新たな人類に変容せねばならないのです。私たちもわかっているように、文明に迫りくる衰退は必然です。私たちはもう、今のような持続不可能な世界を続けるような基盤上では、自身のために繁栄する未来を築くことができなくなっています。

人間文明は、この変態を生き延びるでしょうか？　私たちはいま、ナイフの刃の上に乗って絶滅と意識的進化の間でバランスをとっています。不確かな未来は、私たちが今日、どんな行動に関わってゆくかによって決まります。

第20章　スポットライト

ホールシステム・アプローチ〔特定のメンバーだけでなく、関係者全員が集まり、特定のテーマについて話し合う手法〕に取り組むブルース・リプトンは、集合体としての私たちの進化は、個別の有機体から協力的な情報共有共同体へ意識を拡大するプロセスであり、これがやがて全人類に広がっていくと見ています。彼は、私たちが生来の潜在力を発揮し、より高度な進化レベルに達するためには変態が必要と捉えます。私たちが今日、どのような行動をとるかによって、現在の環境にとっては破壊的で分離的な「毛虫」バージョンの文明は、新たな自立した持続可能な有機体、つまり全体性を備えた人類に変容するかもしれません。

行動への呼びかけ

あなたが毎日交流する人々と協力、共同、相互依存を行える方法を見つけてください。「私」の比重を下げ、もっと「私たち」という視点で捉えてください。こうすれば、現在の人類の変容に積極的に関わることができます。

第21章 全体性（ホールネス）は〝選択肢〟か？

ディーパック・チョプラ™（医学博士、米国内科医師会会員）

ポジティブな意味合いを持つ全体性（ホールネス）（wholeness）という言葉は、ホリスティック医療、全体食（ホールフード）、人間性回復運動（ヒューマン・ポテンシャル・ムーブメント）（人間を分断・断片化するのではなく、人間の全体性の創造を目指す運動）など、人々の生活のあらゆる分野で流行しています。これらのさまざまな形態の共通点は、ホールネスが選択であると捉えていることですが、まさにそこに問題があります。

例えば、全体食にするか、加工食品にするか、という話では、ホールネスは選択肢の1つといえます。ホリスティック医療と薬品・手術に依存する主流医療のどちらを選ぶか、という場合も同じです。ですが、全人格となると少し違います。全人格をもつということは、人間とはどのような存在なのかという最も根本的な問いが関わってきます。人間の意識というものは、自分の存在に対してどのような視点をもつこともできるのです。

現実への関わり方は、私たち1人ひとりが決めています。現代の社会は科学的・合理的・論理的な方法で現実との関わり方を教育しています。人間を含む自然は、数値化され、計測され、かき集めてデータ化され、合理的説明によって整理されています。つまり、人間のマインドは脳の産物で、脳活動は計測可能であるという基本的論理に基づいています。このようにして、神経科学は人間のマインドの仕組みを説明するための主要かつ唯一の方法だとされてきました。

ですが、この主張は、すべての人は「いまここで」起きる感覚、視覚イメージ、音、思考、記憶の想起などを認識しているという、明らかに存在する主観的世界に反しています。この人間存在の全領域を、データや質量に変換することはできません。洞察や直感や創造的アイデアや霊的経験を数値化することなどできないのです。その結果、科学と宗教の対立という手垢のついた話題よりももっと根深い、世界観の衝突が起きています。外的な客観的世界と内的な主観的領域のどちらかを優勢に選ぶということは、全体性の実現という希望を失うことになります。

私たちは皆、マインドを頼りに生きています。ですから、最も必要なのは客観的世界が実在するという思い込みをやめることです。古代の霊的伝統が外的世界を雑念、幻想、罠と捉えてきたのには理由があります。過去でも現在でも、宗教的信仰はこの世のものを道徳的に大いに嫌悪してはいますが、それが理由ではありません。問題は、もっと根本的なことです。あなたが数えられるもの、量れるもの、計算できるもの、計測できるものは、すべてを包み込む大きな幻想の一部なのです。この事実を把握することで、あなたは「リアルな」現実、つまりホールネスの入り口に立つことができます。

幻想に囚われているとき

はっきりさせておきますが、私はこの幻想という言葉を最も一般的な意味、例えば「夢は幻想である」というのと同じ意味で用いています。ある夜、あなたが夢を見ているとしましょう。夢の中で、あなたは数字を使ったり、いろいろなものを計ったり、科学を追究したりすることができます。そこであなたはいろんなことができるので、この夢をまるで現実のように感じます。ですが、いったん目覚めると、夢の中で行っていたすべての数値化、計測、科学は意味を失い、すべては寝ている間に見た夢だったと気づきます。

この例は、あなたが眠っていない、目覚めている状態の時には当てはまらないと思いますか？いいえ、当てはまるのです。数字や数字が生み出す幻想の儚い泡を弾くために、自然の基本的性質である「光」に関する事実をご紹介しましょう。

・光の素粒子である光子は、目に見えず、明るさもありません。

・光には2つの相容れない状態があります。「粒子」と「波」です。両者とも計測できますが、どのように1つの状態からもう一方の状態に転換するかはまったくの謎です。私たちは、それを観察することしかできません。

・知覚としての色を説明することはできません。赤がなぜ赤であるかという理由は、その周波数や波長とは関係がありません。砂糖の甘さが砂糖分子の炭素原子を数えることによって説明されるのと同じです。

・あなたのマインドの目で見る視覚イメージは、脳を検査しても説明できません。脳の視覚野には画像はなく、完全な闇で、光は一切ありません。

これらの事実を知ってショックとまでは言いませんが、少なくとも驚かれたのではないでしょうか。すべてを繋いでいるのはただ1つ、意識です。あなたの意識が光に明るさや色を与え、あなたのマインドの目にイメージを描き、この世界を時間と空間の中で起きる出来事の劇場として経験しているのです。データや事実収集や数式では意識を説明できないことを認めましょう。だからどうだというのでしょう？　誰もが科学技術の世界に依存しています。何千年も前にロープに等間隔に結び目を作り、初めて建築物の計測が行われて以来、文明は数学に依拠しながら発展してきました。世の中のすべては幻想から始まっていると理論化したところで、誰の日常生活も変わることはないでしょう。

「だから何なの？」を乗り越えるのは簡単なことではありませんが、幻想の中には現実的に大きな意味があります。自然の仕組みをもっと奥深く掘り下げてゆくと、最も基本的な量子場のレベルに

「無から有を生み出す」場所があり、物理学者はこれを創造のプロセスと呼んでいます。量子場の中の虚空状態から生じる波紋が、宇宙の基礎となっているのです。これは、幻想から抜け出すための大きな手がかりでしょう。

これらの波紋は意識の産物であるという説得力のある主張があります。つまり、宇宙は自らを存在させようという意思がある、ということです。数十年前にイギリスの高名な物理学者ジェームズ・ジーンズ卿は、「宇宙は大いなる機械というよりも、大いなる思考のようなすがたを見せつつある」と語りました。「素粒子の活動の中にマインドの振る舞いが見られる」と高名な物理学者フリーマン・ダイソンは言及しています。さらに、もし宇宙が宇宙意識の産物ではないとするなら、つまり、もし存在と意識が同じでないとしたら、意識がどのように生まれたかを科学的に説明することはできません。マインドを物理的に説明するのは、無意味な比較の極みなのです。

分離を癒やす

意識が無から有を生み出した時、2つの道が現れ、主観的領域と客観的領域に分かれました。人間は、この2つのバランスをとるのが極めて上手です。物理学者はヒッグス粒子を測定することもできれば、恋することもできます。ですが、このバランスをとろうとする行為こそが、全体性の実現を妨げているのです。両方の世界が分離している限り、現実を歪めていることになります。私たちの内的経験は、外的世界がなくては唯我論になってしまうのです。

「リアル」な現実は、分離の幻想が全体性に入れ替わった時に現れ始めます。現実は全体性です。ただ、私たちは、自分自身が完全（ホール）になるまでそれを経験することはできません。あなたは分離を介してしか、現実に関わることができないと考えているかもしれません。もしそうだとしたら、全体性を目指すのは無駄だということです。全体性は、いかなる分裂や断片化も超えたところにあるのです。

では、どうすれば実際にそこに到達できるでしょう？　近代科学の歴史に尋ねたなら、それは不可能だ、と答えるでしょう。物理学は1世紀以上の時をかけて2つの相容れない領域、ミクロな現象を扱う量子世界といわゆるマクロな現象を扱う昔ながらの世界の融合を試み続けてきました。この分裂は、日常生活に直接関係しています。なぜなら、自然の基本的構成要素である量子と私たちの身の回りにあるすべてのもの――岩、木、山、雲は、絶え間なくつながっているに違いないからです。

アインシュタインは宇宙の最小単位のものから最大単位のものまでを融合させるために人生の最後の30年間を捧げました。しかし、その融合を成し遂げることはできませんでした。彼の死から60年が経ちましたが、分裂はまだ残っており、物理学には亀裂が入ったままで、誰もその橋渡しをすることができません。人類も同じです。「外にある」世界は因果の法則に従って稼働しており、私たちの主観的反応に直結しています。時には、大きな溝がないこともあります。もしピンで突つけば、誰でも「痛い」と反応するでしょう。ですが70億人の人々が自分の信念、記憶、願望、恐れ、好みに基づいて人生ストーリーを紡いでいるのですから、反応を予期できるとしてもそれぞれに異なる反応が起きることでしょう。

権威主義体制がどれほど強要しても、人間をロボット化することはできません。そこには常に、予期せぬ新しい思考の未知の可能性があります。これが私たち人間が授かった最大の贈り物である創造性の源です。ですが、これが私たちの苦しみの源でもあります。予測不可能なマインドは制御不可能なマインドと密接に結びついていて、私たちを罪悪感、恥、猜疑心、敵意、不安、鬱などで悩ませます。こういった苦悩は、客観と主観の分裂を「それがどうした？」と肩をすくめて立ち向かうことのできない私たちの状況を十分に証明しています。

脱却の道

宗教的・霊的な教えでは、もう何世紀もの間、苦しみの原因は自己の分離にあると明言されてきました。孤立し、1人きりで自分自身のストーリーを積み重ねてきた私たちには、全体性とのつながりがありません。私たちは小さな経験の粒を集積してできた珊瑚礁のようなものです。私たちを分離状態にした、この主観と客観の分裂を、新しい現実との関係に置き換えなければ、このまま変わることはありません。

あなたがここまでの議論の条件を受け入れたとしましょう。あるいは、もし同意しないとしても、全体性を実現させる価値はあると考える理由が他にあるとしましょう。どうやってそこにたどり着くのでしょうか？　それはどんな感覚ですか？　根拠のない空想を追求するよりも、長所も短所も含めて、いまの生き方の方が楽なのではないですか？　これらの質問はすべて、同じ答えに行きつきます。これらはすべて間違った質問なのです。どれも全体性は選択肢だという前提の質問ですが、実際にはそうではありません。

全体性は、すべてです。あの一なるもの、すべて、インドのヴェーダでいうブラフマンです。全体的であることに、受け入れるも拒否するもありません。また、失うこともありません。全体性を選ぶとは、「私は、昨日は存在しないと選択したが、今日は存在することに決めた」と言っているようなものです。すべての人が驚くような、もう１つの非直感的な意味合いは、全体性に関係することはできないということです。２つの分離したものの間には関係性しかありません。全体性には分離も分断もなく、「これとあれ」もなく、「イエスかノーか」といった関係性もないのです。

つまり、全体性は選択の余地のない意識の可能性のみを提供します。選択の余地のない意識では、自分自身を全体として経験します。それは純粋なる存在、純粋な意識です。この世界で普通に生活はします。仕事に行き、締め切りを守り、休みになると家族旅行に出かけたりはします。ですが、根本的にはあなたの経験は絶え間なくすべてが一体です。選択肢のない意識は、不可能ではないとしても、有り得ないことのように聞こえるでしょう。私たちは、すべてはＡかＢのどちらかだという風に、主観と客観の分裂を通して現実に関わることに慣れきっています。そして、私たちの人生は無数の選択肢で満ち溢れています。

ですが、もっと大局的に見ると、これらの選択肢があっても、人間はより幸せにも賢明にもなっておらず、私たちが何者であり、宇宙の中で自分たちの居場所がどこなのか明確になったわけでもありません。究極の疑問にはまったく答えは見つかっていないわけです。これが分離の産物です。私たちはお菓子売り場のウィンドウに鼻を押しつける子どもたちのように、現実を覗き込んでいます。ここでは、実際に全体性に向かう道のりについて詳しく伝えるつもりはありません（これについては私の著書『メタヒューマン』を参照してください。私たちが生きている幻想からの脱出をテーマに書いた本です）。全体性への道は、いま何が問題となっているかを知ることから始まります。つまり、現実への関わり方を完全に変えるのです。

J・クリシュナムルティは、これを「最初で最後の自由」と呼びました。全体性のビジョンを得ると、あなたの旅はもう始まります。まさにそのビジョンがあなたの道中を常に支え、あなたが全体であると理解した後も、あなたの元にとどまるでしょう。もしその旅が一直線の道だったり、旅に始まりや終わりなどの区切りがあったりすると、最初で最後の自由はありません。あなたは全体性です。全体性は自らから離れたり、自らを失ったり、自らに戻ってくるものではないのです。ただあるのは、現実に目覚めるプロセス、それのみです。そこから、より高次の存在の可能性が開きます。ここ以外からスタートするなら、主観と客観の分裂から生まれる幻想はその後も続くのではないでしょうか。

第21章 スポットライト

ディーパック・チョプラ™は、全体性（ホールネス）とはそもそも選択するものなのかを考えることを私たちに問いかけています。もし古代の霊的伝統が言うように、外的世界は私たちの気を逸らす幻想であると捉えることができれば、私たちはもうすでにすべてが内に存在する完全な全体性である唯一の現実にフォーカスすることができます。意識は光に輝きと色を与え、私たちのマインドの目にイメージを描き、すべてに意味を与え、宇宙のすべてを結びつけます。すべての苦しみの元であるこの偽りの分離を癒やすためには、現実への関わり方を完全に変える必要があります。私たちが全体性の視点からすべてを見るという実践をしてゆけば、いずれ私たちは全体性とはすべてであり、分離も隔てもない唯一のものであるという理解の中で生きるようになるでしょう。これは選択の余地のない意識そのものであり、あるのはそれのみです。この世界でいつもの日常生活を続けながらも、私たちが見るもの、行うことはすべて継ぎ目のない一なるものであることがわかるのです。

行動への呼びかけ

全体性を選ぶとは、どういうことでしょう？　判断をしない、受容の目を通して見ると、この世界はどのように映るか、10分間瞑想しましょう。

サークル

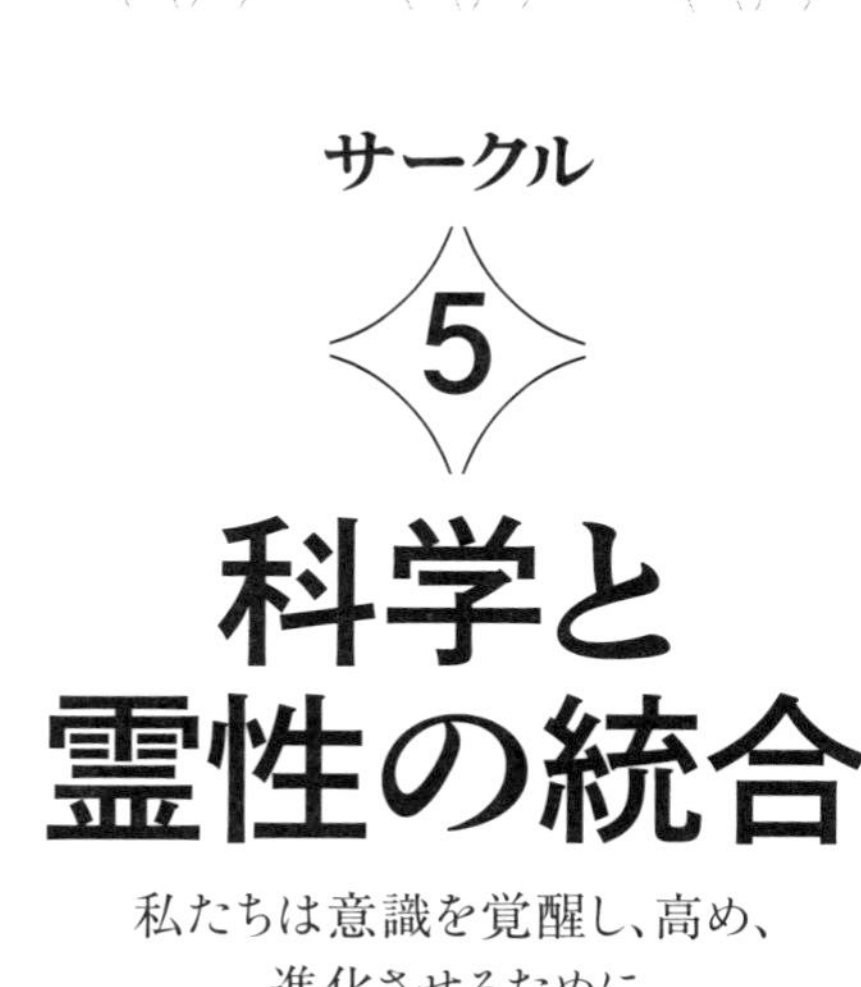

5
科学と霊性の統合

私たちは意識を覚醒し、高め、
進化させるために
研究と教育を活用します

第22章

パワー・オブ・エイト――8人の意識の力

リン・マクタガート

2004年頃、私は「思考には実際に物質を変える力がある」という概念に非常に好奇心をかき立てられていました。もっとも、願うことに焦点を合わせ、念ずれば実現するという概念を説く引き寄せの法則や意図のパワーの本が何冊も出版されてベストセラーになっていましたが、私は調査報道記者という経歴のため、いくつもの答えづらい疑問に圧倒されて不信感がずっとありました。

それは本当のパワーなのだろうか？　このパワーはどれくらい「万能」なのだろう？　いろいろな疑問がありました。ガンが治ったり、量子レベルの粒子を変えたりするのだろうか？　私のマインドが何よりも知りたかったのは、大勢の人が同時に1つのことを考えると何が起きるのだろう？効果は増幅するのだろうか？　という疑問でした。

私は、この能力が個人や世界を治すほど強力なものなのか調べたくなりました。21世紀版の使徒トマス〔イエスの復活の証拠を求めた十二使徒の1人。疑い深い人物の代名詞〕さながら、私は魔法を分析する方法を懸命に探究しました。

そして、物質を克服するマインドのパワーに関して行われた信頼できるすべての科学的調査を、自著『意思のサイエンス』〔早野依子訳、PHP研究所〕にまとめました。この本を書いたのは、人々に参加を呼びかけるためでもありました。グループに関する研究はほとんどされていなかったので、読者に「意図を念じる人のグループ」に参加してもらい、継続的な科学的実験を進めてゆく計画を立てたのです。

私は物理学者、生物学者、心理学者、統計学者、神経科学者など、意識の研究で多数の経験をもつ人々を集めてコンソーシアムを作りました。そして定期的に講演やワークショップを開催し、オンラインや現場の参加者に、特定の決められた思考をラボのターゲットに向けて送ってもらいました。このラボは協働する科学者が立ち上げたもので、この科学者が、私たちの思考が変化を起こしたかどうかを算出しました。

やがてこのプロジェクトは効果的に広まり、100カ国以上から数十万人の読者が参加する世界最大規模のラボに発展しました。集団の意図が物理界に影響を与えるパワーについて行われた、初の制御実験の1つです。

そして判明したのは、実験はうまくゆくということでした。実際に、本当に成功したのです。現在まで私が行った30の実験のうち、29の実験が計測可能な大きな変化が起きたことを証明し、肯定的な結果を示さなかった4つの実験のうち3つは単なる技術的問題によるものでした。これらの結果を観点に入れると、製薬会社が生産するどの薬品でさえ、これほどのポジティブな効果を出すとはいえないでしょう。これだけでも素晴らしいことですが、さらに興味深いことがわかりました。

2008年のこと、私の初期のワークショップで参加者を8人の小さなグループに分け、うち1

つのグループに向かって「癒されるように」と意図を向けてもらいました。このように集合的に癒やしの意図を持った時にどうなるかを試すためにです。

グループによる効果はおそらく、運動やマッサージやフェイシャル施術のような心地よいものになるのだろうと私は考えていました。しかし翌日、奇跡ともいえる癒やしが即時に起きるのが1時間以上にわたって観察され、衝撃を受けました。その翌年、私たちが行ったすべてのワークショップで、8人のグループに分けてグループのメンバーに意図を送るようにと指示をすると、肉体的・心理的変容が次から次へと起きました。それを目撃した私たちは驚きました。

・マレク・ジェは多発性硬化症を患っていたため、補助器具がなくては歩けませんでした。ところが「パワー・オブ・エイト（8人の意識の力）」グループの意図を受け取った翌日の朝には、松葉杖を使わずにワークショップにやってきました。

・マルシアの片目は白内障のように混濁し、視界が遮られる症状を抱えていました。グループから癒やしの意図を受け取った翌日、彼女の視界はほぼ全快したそうです。

・マイアミのダイアンは脊柱側湾症による強い腰痛を抱え、運動ができなくなっていました。癒やしの意図を受けている間、彼女の背中には強烈な熱さと矢継ぎ早にひきつるような反応が起きました。翌日、彼女は「新しい腰に生まれ変わったようだ」と言いました。

このような例が何百、何千件もあり、その一つひとつに私は立ち会い、こうした変化が起きるのを目の当たりにしたのです。

サンディのストーリー

デンバーで講演をした時、私はサンディに会いました。当時63歳だった彼女は、生涯を運動選手として過ごし、片膝はぼろぼろになっていました。「歩いていると膝が外れそうになってゆき、やがて本当に外れて転倒してしまいます。とても痛いです」。このままでは骨折してしまうだろうとの恐れから、1カ月後に膝の置換手術を控えていました。

講演中に、私はデンバーの聴衆メンバーをいくつかのパワー・オブ・エイトのグループに分けて意図を送ってもらいました。サンディは膝の両側に圧力を感じ、涙を流しながらこのように描写しました。「まるで、大きな手袋をつけた人が私の脚を握っているようでした。温かくて、でも熱くはありません。こんな感覚は初めてです。その感覚は、脚のずっと下の足首まで伝わりました。足首のことは彼らに伝えていないのに、です。目を開けて自分たちの手を見ると、全員の手が震えていました。たくさん涙が溢れました」。

私が聴衆に向かって何か起きたか尋ねると、サンディが真っ先に手を挙げました。「見てください」彼女は言いました。「膝を曲げることができるんです」彼女は前に屈み、しゃがみました。「前はできなかったんです」。3日後も、癒やし効果は続きました。「歩いていても、あの膝が外れる感覚がなくなっているんです。2階に上がっても痛くなりません」。8人のパワーを受け取って以来、彼女は固定具なしで歩けるようになり、手術は受けずに済みました。

ビバリーのストーリー

マッサージ治療士のビバリーは交通事故後の療養中で、デンバーの私の講演に来るつもりはありませんでした。「肋骨が砕けて不快でしたし、肩にはキーンと激しい痛みがあり、位置がずれてしまうので固定しなければいけませんでした」とのことでした。ですが、ある教会のグループメンバーが彼女をうまく説得し、ビバリーは肩を固定して会場にやってきました。

パワー・オブ・エイトのサークルの体験を、彼女はこう描写しました。「交通事故によるすべての緊張が、私の左側から出てゆくのがわかりました。私のグループの仲間に支えられて、ふつふつとクンダリーニのようなエネルギーが浮上し、私の腕を通って床に溢れ落ちてゆきました。私の肩は正しい位置に滑って戻り、胸郭は解放され、事故から6週間が経ったいま、やっと初めて深い呼吸ができました」。2カ月近く経った頃にビバリーからその後のレポートが送られてきました。彼女の肩はそのままの位置に収まったままで、「痛みはほぼなくなっている」とのことでした。

このようなケースは他にもたくさんあり、意図を送る側からも報告がありました。脳卒中を起こして目の焦点が合わなくなっていた女性が、普通に見えるようになったこと。滑液包炎（かつえきほうえん）〔骨と骨がこすれる部分で衝撃を吸収する滑液包の炎症〕を患っている男性の腕が、ふたたび真っ直ぐ上まで伸ばせるようになったこと。また、ある別の女性は、会場に来た時は偏頭痛がありましたが、その苦痛は完全に消えました。意図を送る側には杖をついた人がいましたが、家に帰る頃にはもう杖を使わずに歩けるようになっていました。背中に痛みを抱えていた人も、瞬く間にその痛みが消えてゆきました。「私はこういうことには疑い深いのですが、それでも効きました」。

私は何年もの間、これはプラシーボ効果〔薬理作用ではなく心理作用により治癒効果が現れること〕だろうと思っていたのですが、送る人も癒されることに気づいて以来、そうは考えなくなりました。

ウェスのストーリー

例えば、ウェス・チャップマンは大学で科学の学位取得に励んでいた時に徴兵され、戦争の最後の年にベトナムに送られました。その経験から深いトラウマを受けた彼は、学位の取得ができず、鬱状態になりました。彼の不運はその後も続きました。2度目の結婚で人生の絶頂期を迎えたと思ったら、妻がガンで亡くなり、あっという間に幸せが消え去ってしまったのです。

65歳になった彼は「何をしても意味がない」段階に入り、自分の朝食の支度さえ困難になりました。8月のある日、彼はとあるパワー・オブ・エイトグループにボランティアとして入り、2人のグループメンバーに癒やしの意図を送りました。

その後、彼は自分の中に素晴らしいシフトが起きたと言いました。強烈な喜びの感覚が生じたのです。何年もうまくできなかった行動が、今は易々とできるようになりました。

グループで意図を送って2日目の夜、ウェスは鮮やかな夢を見ました。夢の中で彼は大学のキャンパスに戻っていて、当時19歳だった自分自身に会いました。19歳の彼は「まだ時間はあるよ」とウェスに言いました。そこから突然、ウェスは著述活動を再開し、重量挙げや90分間の競歩といった集中的な運動も始めました。彼は「65歳どころか、25歳に戻ったようだ」と言っています。

アンディのストーリー

もしパワー・オブ・エイトのグループが定期的に会ったら、何が起きるだろう？　と私は考えました。参加者の人生のすべてが癒されてゆくのだろうか？　そこで、私は意図のマスタークラスとしてグループのミーティングを1年間続け、その進捗状況を監視することにしました。

アンディ・スピロスは、自分の「良い人生を生きる」能力を遮る古いパターンから脱するためにあらゆる手を尽くしてきました。パワー・オブ・エイトのグループに参加した時は、「十分な収入を得られる、夢の仕事を見つけるのが意図です」と周りに伝えました。

ですが、そのグループで行った意図は何1つ、彼女には効きませんでした。そこで私は「自分自身にフォーカスすることから離れる」ことを強く勧め、彼女は自殺未遂の若い少年に意図を向けることにしました。すると、彼女からこのような報告が来ました。「あの2日後に、人間の成長に関わるオンライン組織で製品開発・戦略をしないかと予期せぬ申し出がやってきました。私の大好きなことをして、喜びをもってお金をもらえるお仕事ができるんです！」。

科学的背景

大小問わず、グループで利他的な活動を行うと、迷走神経が活性化します。この迷走神経は養育に関わるすべての伝達システムにつながっており、心拍数を遅くし、闘争・逃避の自律神経系活動の効果を鎮静し、オキシトシンを放出させます。オキシトシンは愛、信頼、親密性、優しさ、思いやりなどにおいて役割を果たす神経ペプチド（神経の末端や受容細胞から分泌され、神経伝達物質として働く物質）です。オキシトシン値が上昇すると、身体にも癒やしの効果が現れました。炎症を緩和し、免疫系を強化し、消化を助け、血圧は下がり、傷はより早く癒え、心臓発作後の損傷すら回復したのです。オキシトシンが「愛のホルモン」だとしたら、迷走神経は「愛の神経」なのです[1]。

その他にも、神経科学者によって行われたパワー・オブ・エイトについての研究によると、グループのメンバーの脳波が大きく変化し、読経(どきょう)中の仏教僧が感じる恍惚感、すなわち至福の一体感に近い状態になることが証明されました。グループで意図を向けることが奇跡への早道です。

私の癒やしの意図のグループワークで起きるパワフルな変容メカニズムは、グループで祈るときに起きる独自のパワーに、驚異的なミラー効果と利他心のパワーが組み合わさることにあるようです。

誰かの癒やしにフォーカスすると、ヒーラー自身が治るというのはよくあることなのですから。

＊本章は、リン・マクタガート『パワー・オブ・エイト――最新科学でわかった「意識」が起こす奇跡』（島津公美訳、ダイヤモンド社）を元に構成。この書籍では、グループで意図を送る方法や「パワー・オブ・エイト」グループを作る方法も詳細に解説されている。

リン・マクタガートは研究、教育、また本人が主催する科学と霊性を統合し意識を高めるワークショップから得た十分な個人的体験を活用しながら、意図のパワーについてさらなる研究を進めてきました。意図のパワーとは、最も強い願いに焦点を定め、念じることによってその願いを実現させるパワーです。彼女は科学者を集めてコンソーシアムを結成し、現在ある中で世界最大のラボを作りました。高度に制御された科学的実験に数十万人が参加し、現在までに水と種を使った単純な実験から、病人を癒やす、戦争で荒廃した地域や暴力的な地域の暴力発生率を下げるといったものまで、43回の意図の実験を行ってきました。そのうち29の実験から肯定的で非常に重要で計測可能な効果が現れ、参加者自身にも裏づけのある癒やしが多数起きました。また、彼女は何千ものパワー・オブ・エイトグループと協働し、集団で意図を向けると一貫して奇跡的結果が生じることを実証しました。これらの驚異的結果は神経科学研究に支持されており、利他主義が関わる者すべてに与える集合体の効果を示しています。

行動への呼びかけ

8人前後のグループを作ってください。直接会っても、オンラインで集まってもかまいません。それぞれ、自分の最も深い願望と合致する意図を選びます。できるだけ具体的に意図してください。

各自、どれほどの変化を求めているのか、いつ実現してほしいかを必ず数字で定めてください。各グループメンバーのためにその意図を紙に書いて渡し、１つずつ、グループ全員で意図していきます。あなた方の意図のうちいくつが実現したか、記録してください。特に、他の人に意図を向けた時にいくつ実現したかを書き留めてください。

第23章

現在の目覚めの科学

ロッホ・ケリー〔神学修士、臨床ソーシャルワーカー〕

「私は、生きているうちにニルヴァナを見つけた。私がニルヴァナを見つけてまだ生きているということは、いま生きている人は誰でもニルヴァナを見つけることができるのだ」

ジル・ボルト・テイラー博士〔『奇跡の脳』〔竹内薫訳、新潮社〕著者〕

私は14歳の時、死にました。あるいは死んだらしいのです。本稿では、死からの帰還、つまり臨死体験（ＮＤＥ）についてお伝えしようと思います。ある日、学校にいた私はひどい胃痛に襲われました。その日の授業が終わるまで待って、学校の医務室に行きました。すると急性虫垂炎で病院に急遽、運ばれました。

緊急手術を受けることになり、麻酔をかけられた時に私の心臓が止まりました。しかし、その時の私は上から手術台を見下ろしていて、周囲の人々が私を生き返らせようと動き回る様子をはっきりと見ていたのを覚えています。１人の看護師が部屋から出てゆき、会ったことのない医師を連れて戻ってきました。後でそれが何なのかがわかりました。

そして一瞬のうちに私は自分の手術台からナース・ステーションに移動し、ある女性が泣きながら姉に電話しているのが見えました。彼女の夫の容体が悪く、医師から死ぬかもしれないと告げられた、と話していました。私はどうやってそこに移動したのかわからないまま、慈悲と共感のあまりこの女性の側に引き寄せられたのです。そして、またすぐに自分の手術台に戻っていました。

すると、ヒューッという音とともに私は光のトンネルを上ってゆきました。それは普通の光ではなく、具体的な感触があり、まるで純粋な「愛」ともいうような光でした。この愛に満ちた光から出ると、そこには白い衣を着た存在がいて、一冊の本を見せられました。この存在も、本も、言葉も、すべてこの愛の光でできているようでした。いろいろなことがあらゆるレベルで私に示され、そして一瞬の後、そこに残るか戻るかの選択肢が与えられました。私は、この現実に戻るであろうとわかりました。そして躊躇（ちゅうちょ）なく、人間の領域に戻ることを選びました。すると、この体験をすべて思い出すことはできないだろうけれど、この感覚の一部は私に残るだろうと伝えられました。

その後の記憶はなく、私は病室で目覚めました。横には看護師と母親が立っていました。母に「気分はどう？」と聞かれた時、私は「Cってどういう意味？」と尋ねました。

「Cって何のこと？」母は言いました。

「$E=MC^2$。このCは何を意味しているの？」

自分でも、こんなことを尋ねていることがとても奇妙でした。子どもの頃の私は科学に興味はなく、物理学に関するものを読んだこともなかったからです。その日の午後、母は百科事典を持ってきてくれました。それを読み、Cとは光の速度であることがわかりました。Cは、アインシュタインの相対性理論の重要な要素でもありました。すべては固定され、変わらないもののように見えても、相対的であるということでした。

私の体験を人に話したところ、ほとんどの場合、どういうことかわからないと言われました。それは麻酔のせいではないか、あるいは夢ではないかと言う人もいました。私は手術台の上空にいた時に部屋にやってきた2人目の医師や、ナース・ステーションで泣いていた女性のことを看護師に尋ねました。彼女は、確かに私が見ていた通りのことが起きていたことを後で確かめてくれました。彼女は親切で労り深い人のようでしたが、あまり関心はない様子でした。担当医はにやにやと笑みを浮かべて私を見て、まったく相手にしませんでした。

あの時、私は他の次元を見に行っていたのです。夢や麻薬トリップなどではありませんでした。この世界と何ら変わりなく、リアルでした。まるで私はここに本当に存在するために霧の中から現れたような、自由でつながりをもって生きているような感じでした。この経験によって、私の中にあることすら知らなかった分離、恐れ、孤立の感覚は消えました。こうして視点が変わったことで、相対的現実よりも何か大いなるものが働いていることに気づいたのです。

それ以降、現実のもっと深いレベルについてのアインシュタインの洞察に刺激を受けてきました。今日まで私は科学的手法に自分なりの霊性を根づかせようと努めてきました。いつもこのように問いかけるのです。「これは再現するだろうか？　これについて他者が証明することはできるだろうか？　結果を生じるのだろうか？」。

「努力のいらないマインドフルネス」の技巧と科学

長年の間、宗教や霊性や一定文化で伝えられている瞑想的実践は想定と信念に基づいて行われており、それが体系化され、厳格に定められているものや原理主義的になっているものもあります。ですが、いつも誰かがその実践から習得したものをもっと現代に合うように変え、新しい形、新しい文化に取り入れて順応してきました。

このような瞑想的伝統が西洋に伝わり、西洋科学や西洋心理学と出会います。これは素晴らしいことで、何が本物でリアルか、何が機能するかを科学によって発見することができるようになりました。

こういった瞑想や熟考の実践伝統を見ることで、私たちは見ているものを違う観点から測る方法を取り入れてゆくことができます。最近は、「努力のいらないマインドフルネス（Effortless Mindfulness）」の実践に関する研究がなされています。このメソッドの基本は、気づきによる理解で、これは「目覚めた気づき」あるいは「マインドの性質」と呼ばれています。これは、心理学者ミハイ・チクセントミハイが言うところの、最適に機能している「フロー状態」と似ています。フロー状態にある時、私たちは楽にマインドフルな状態にいることができます。ここでは潜在的記憶（すでにわかっているということ）が使われるので、常に自己言及しなくてもよくなるのです。この楽なマインドフル状態でも、手を動かしたり、ツールとして思考を使ったりできますし、その後は気づきによる平和なマインドに戻ることもできます。

素晴らしいことに、機能的磁気共鳴画像法（ｆＭＲＩ）を使うことで瞑想中の脳の働きを見ることができます。私はこれまで調査プロジェクトの研究にいくつか参加したことがあります。大きな磁気の機械の中に入れられるのですが、さまざまな瞑想の上級実践者として、あらゆる違いが計測可能な形で表されるので素晴らしいと思いました。私に起きているポジティブな本人体験を第三者が科学的に実証できるのですから、胸が躍りました。

「努力のいらないマインドフルネス」という解決法

伝統的には、意図的なマインドフルネスには主に2つの実践法があります。1つはシャマータ、「不変の静止」と訳されており、もう1つがヴィパッサナーで「洞察瞑想」と訳されています。近年、この両方の意図的なマインドフルネスについて広範に研究が進められていて、研究者たちはシャマータを「注意のフォーカス」、ヴィパッサナーを「開かれた観察」と呼んでいます。

最近になって、すべてのもの、全体性を表す「非二元の気づき」と呼ばれる3つ目のマインドフルネスが自然なマインドフルネスの研究に加わりました。最近の研究によると、非二元のマインドフルネスのみが努力せずとも気が逸らされることもなく、内でも外でも起きていることに気づきつつ、継続的な絶え間ない流れの状態で内と外のネットワークのバランスがとれていることがわかりました。

私の師の1人、ツォクニ・リンポチェがネパールから初めてアメリカに来た時、アメリカでは大勢の人が「愚かな瞑想」をしていることに気づきました。彼は、呼吸を観察するシャマータのみを実践することを愚かな瞑想と呼んでいたのです。この種の瞑想は思考のお喋りを抑えますが、感覚の冴えも抑えられて十分に機能を発揮できません。注意をフォーカスさせるタイプのマインドフルネスは集中的でリラックスはできますが、この種のリラックスは覚醒した気づきの冴えた知性からつながるリラックスとは異なります。

研究者ゾラン・ヨシポビッチはこう結論しました。「私たちの研究により、非二元の気づきの瞑想は、フォーカスする瞑想とも観察する瞑想とも異なるという主張がさらに裏づけられた。フォーカスの瞑想も観察する瞑想も、伝統的には特定の注意力を用いた戦略により『構成された』状態と見なされているが、非二元的気づきの瞑想は意図的に努力するのではなく『構成されていない』(Mipam and Hopkins, 2006)。反射的気づきを認めることと考えられている……非二元瞑想は付帯的経験と本質的経験が競合せずに相乗効果を示すような非典型的なマインド状態を実現する点で、フォーカス瞑想とも観察瞑想とも異なっている[(1)]」。

「努力のいらないマインドフルネス」は脳活動のバランスを整えるので、私たちは内と外で起きていることのどちらにも同等に気づくことになります。自らの能力や気づきの主導権を完全に握りながら、知覚は非常に鋭くなります。時間はゆっくりと過ぎ、急ぐという感覚はありません。これはとても大切なことです。なぜならマインドフルネス瞑想の次の段階は、人間の次の成長段階となるからです。

換言すれば、私たちは日常のマインドを毎日鎮めながら、同時に、あるとは知らなかった、あるいはアクセスできるとは思いもしなかった新しいマインドレベルにアップグレードしていることになります。すべてを委ね、エゴのアイデンティティを手放すことで、私たちはより大いなるリソースやアイデンティティの新しい基盤につながることができます。つまり、手放すことで、困難な目標をもっと簡単に達成することができるのです。瞑想や祈りを実践している間は、エゴ中心的な感覚が減り、無限の一体感を味わうことが報告されています。そして一体性、冴えた感覚、明晰性、無限性、自由、喜び、愛、つながりといったポジティブなクオリティを味わうといいます。

このような霊的実践を用いると、私たちの物理的に制限されたプログラミングに基づくアイデンティティは真の性質である「無限性」を帯び、一体性の経験が起き始めます。こうした変化を司る脳領域の活動を鎮静する瞑想や気づきの実践を身につけることで、この身体が私たちであるという通常の限界的な感覚から離れてゆけるのです。自分を開き、大きく広がった気づきから観察すると、さらなる安心感とくつろぎが得られ、鋭い感受性と受容性と反応力が増します。それはまるで、太極拳のマスターのようです。このようにすれば、目の後ろにある頭の中身が自分であるという感覚からシフトし、もっとゆったりと広がりながらも、自らの存在がより具体的になり、すべてがつながり合っている感覚が得られます。これこそハートが開いた意識であり、「いま」に余すところなく存在しているという無時間の感覚をも与えてくれます。

大切なのは、脳や身体の生理面を変容させる瞑想や気づきの訓練は、ヨギや仙人になって24時間専心しなくとも、日常生活の中で実践してゆけるということです。私たちは何をする時にでも、マインドフルネスを実践すれば、何でも頑張らずに楽にできるようになり、目覚めた生き方ができるように整ってゆきます。その結果、安らぎ、創造性に溢れ、すべてとつながり合いながら、生来の慈悲を生きることができるのです。

第23章 スポットライト

ロッホ・ケリーは真の実体験的教育ともいえる自らの臨死体験をきっかけとして、相対的現実がすべてではないという、人生を一変させる目覚めを得た経緯を伝えています。臨死体験の時、彼は別の次元を垣間見ました。それはこの世界と同じくらいリアルで、彼はそれまで以上に生きている実感を得、自由になり、つながりの感覚をもって生き返りました。現在では、再現性と検証可能性という科学的手法に自身の霊性を位置づけようと献身しています。彼はその後の人生で「努力のいらないマインドフルネス」の実践に献身しており、このメソッドが人間の成長における次の段階を築くことになること、また、すべての人がマインドフルネスにアクセスできることを伝えています。マインドフルネスによって、私たちの日常的なマインドは鎮まったフロー状態になり、すべてがつながる一体性がもたらされ、困難なゴールにもっと楽に到達することができるようになり、ひいては安らぎの中ですべてとつながり合った状態で創造的に生きることが可能になることがわかっています。

〓行動への呼びかけ〓

内から目覚めてゆく自分を想像してください。あなたの最も偉大な才能は何ですか？　あなたは何にいちばん情熱を感じますか？　その情熱と喜びを他人にも広げ、彼らの目覚めの発見と実現を励ましてください。

第24章 私たちの無限のマインドに目覚める

J・J・ハータック（博士）
ディズリー・ハータック（博士、社会科学修士）

意識のフィールドにアクセスする

苦しみを終わらせるためには、私たちの無限のマインドを発見せねばなりません。私たちのマインドは、広大な宇宙全体系の一部です。この大いなる現実を体験するには、ただ手を伸ばすだけでよいのです。私たちの周囲の環境、私たちを取り囲む微細なエネルギーの流れと領域に向かうのです。リン・マクタガートが「意識場」[1]と呼んでいる、このさらに大きな意識ネットワークを通して、私たちは世界中の情報や、現実の異なる領域の情報にさえアクセスすることができます。

高次レベルの情報を得ると、人間は高度に進化した動物の状態を超え、広大な、まるで無限とも思える多次元的な未知領域に入ります。私たちがエリザベス・ローシャー博士と行った研究によると、私たちのマインドには情報の収集、保存、取得といったコンピュータ・システムをはるかに超越した機能があります。[2] 多くの人がそれに気づくのは、知識の展開が絶頂に達する悟りの瞬間で、その時、通常の感覚を超越しています。また、通常の五感では意識的にアクセスできないソースから情報を集める「遠隔視」では「マインド投影」テクニックを使いますが、この遠隔視を学ぶ中で超越した機能を発達させる人もいます。

高次意識にチューニングを合わせる

私たちが直接得る知識を超える情報は、どこからやってくるのでしょう? 私たちが慣れ親しんでいる3次元領域を超えた多次元レベルの情報、高次意識に同調することで得られると私たちは考えています。例えばローシャー博士は、8次元(8の空間)は時空を超越し、過去・現在・未来は同時存在していると述べています。私たちの脳は、私たちが物理的に生きているこの局地的な時空による3次元の世界をはるかに超えた他の次元、「無限の時間」から情報を得るために、そのスペースにアクセスすることができるのです。

人間は生きるエネルギー変換器である

数世紀にわたる物理学と数学の発達により、私たちは無限の現実の一部であり、ただそれを知らないだけだということがわかってきました。古代の叡智の伝統や聖典でも、同じことが伝えられています。私たちが研究を通して得られた重要な理解、それは、私たちは物理的世界で生きながら、高次元の情報ソースにアクセスできるということです。私たちは「生きるエネルギー変換器」であり、情報を受け取り、処理し、送り出すことができます。もちろん、私たちにはどの情報にアクセスしたいかを選ぶ自由意志もあります。

イメージ構築の実践

人類に関する大いなる発見が進むなかで、私たちのマインドはお互いにつながり合っていることがわかり始めています。もしこれが本当なら、私たちは制限的な意識の枠から解放され、より大きな全体性の一部として生きるようになるでしょう。私たちが意識の領域に到達し、共鳴し合う思考を集めて「イメージ構築」を行い、自らが「選んだ」肯定的あるいは否定的な人生の出来事を築き始めると、それが現実となります。超意識的なイメージを構築することも可能です。同じく、時空を超えた領域に存在する超意識も知覚し、具体化することができます。

私たちの周波数を見つける

現在、私たちの身体は常に目に見えないものの影響を受け続けていることがわかっています。例えば、赤外線、電子レンジ、ラジオ、あるいは携帯電話やWi-Fiやコンピュータといったものが発する不可視の周波数、そして宇宙波の低周波帯などです。電子医療では、例えばＦＤＡ（米国食品医薬品局）の認可を受けたノボキュア社の「腫瘍治療電場」機器のように、適切な周波数を選ぶことで身体を癒やすことができます。[3] 分子は常に振動エネルギー交換を続けています。それと同じように、私たちの思考や現実経験は、より大きな多次元の全方向性現実と相関しています。

私たちの絡まり合った宇宙を探究する

私たちの研究は、すべての生命領域は1つの絡まり合った宇宙に遍在するという概念を支持しています。すでに、量子力学もそう説明し始めています。具体的に言うと、私たちの脳から放たれる情報は、光速に限られてもいなければ「光より速い」粒子と協働しているのでもなく、相互結合している〔非局在性〕、つまりすべての場所に同時存在できるのです。ひと組の光子の生産と分離を行うさまざまな実験で、光子が空間的に分離していても、各光子は片割れの光子の行動を瞬時に感知できることがわかっています。一見、これらの光子は互いに直接的なコミュニケーションはとっていないように見えますが、光速以上の速さで互いに反応をしていたのです。これを「エンタングルメント〔絡み合い〕」といい、この結果はアインシュタインの一般相対性理論の法則に反することはありません。むしろ、宇宙は蜘蛛の巣かマトリクス〔数学で、複数の数を並べた長方形型の表のこと〕のようなもので、どの部分も他のすべての部分を感じることができ、どれほど距離が離れていても関係ないのです。

もっと大きな意識ネットワークを知覚する

私たちのマインドは、意識的に大いなる意識ネットワークと連携すると、通常の現実の範囲を超えた情報を知覚認識できるようになります。遠隔視を行うリモート・ビューワーを見れば、人間の脳にはそこまで精巧なネットワーキングのレベルを知覚する能力があることがわかります。集合的な意識領域（人間のマインド・身体・スピリットを含む）は、成長する木のようにダイナミックでフラクタル的プロセスなのです。これが理解できるようになると、私たちはマインドフルネス状態に到達します。そうなると、意識の集合体からの情報にアクセスする際の私たちの選択によって、人生にポジティブな出来事やネガティブな出来事が生まれるのです。私たちは無限の可能性からもっと偉大でポジティブで生産的な選択をする方法を身につけながら、脳内に知識を蓄え、地図やエネルギーの経路を理解することができます。

もし意識が私たちを取り囲むすべてのエネルギーフィールドとつながっているとするなら、私たちには宇宙全体に存在する無限の思考の可能性が備わっているということになります。もし意識が隠れた変数であり、複数の次元が存在するなら、私たちもまた多次元的存在であり、宇宙に存在する物体だけではなく無数の次元に存在する思考を結ぶ架け橋を築く能力があると考えられます。つまり、私たちは皆、神聖な普遍的マインドから生まれた高次意識状態で、多次元的に情報を発信しているということです。

仏教徒は、これを「自己実現」と呼んでいます。個人としての「私」と集合体としての「私たち」の分離の終焉です。また、テイヤール・ド・シャルダンはこれを「叡智圏（ヌースフィア）」と呼んでいます。これは人間の意識と思考が生命の進化に影響を与える領域（圏（スフィア））のことです。[4]

神聖意識としての愛

あらゆる理論や用語がありますが、生命の機能とはフロー（流れ）であり、その最高レベルは愛と呼ばれるものであるというのが私たちの主張です。現在、私たちが学んでいるのは、私たちは1つの大いなる集合意識の一部であり、その集合意識は愛を通じた意識フィールドへのインプットを歓迎しているということです。愛は高次の共鳴であり、愛によって私たちの生命エネルギーとその周波数は意識領域に最高の形で統合できるといえます。

愛の経験、あるいは愛の必要性を認識するという経験は、すべての人の人生の向上を目指してネットワークを築いてゆく中で理解することができます。したがって、生命の創造・再創造について、宇宙の真に持続可能な物理学の基盤である調和的交流とエネルギーバランスの背後には、「積極的な愛」のポジティブで持続的な力があると推定できます。

超越意識が人間体験として起きると、生きているマインドが現れ、「愛のパワーの放射[5]」から生まれる高次の光の思考形態を表現するようになります。愛を共有するとき、私たちは自らの内なるスピリットを通して現れる、内なる真の強さに気づきます。私たちはいま、どこまでも進化し、繁栄し、持続してゆく神聖な意識の力として、無条件の愛のパワーを世界と分かち合うことを学んでいるところなのです。

この物理的存在領域では、私たちの人生経験は短いものです。人類は、エネルギーの肉体化、拡張、放射の経験を続けています。人類の進化は、変化と愛を動力とした発動や、より高次な共鳴の放射が維持しています。その結果、私たちは意識の記憶と普遍的な気づき・経験を「知る」という生来のパワーを得続けるのです。

本来の私たちの完全性を味わい、生命の真の潜在力を実現するために、私たちは愛の意識とより大いなる潜在力とのダイナミックな一体化を目指しています。お互いにつながり合っていることを理解することで、私たちは限界から解放され、もっと大きな集合的完全体の一部となります。

世界の各地域では新たなエネルギー需要と食の選択肢が求められており、現実的な戦略に取り組んでゆくために新しい社会的・霊的叡智が必要となるでしょう。もっと高次の霊的ビジョンを生み出し、維持する必要もあります。私たちは単なる物理的宇宙に生きているのではなく、ありとあらゆる変数と可能性を含む多くの意識的な宇宙の層の中で生きていると認識し、体験してゆく中で、その叡智は生まれるでしょう。

事実上、私たちはすでにある通過点に達しており、叡智圏は自ずと現れ、私たちがたどるべき高次の道を示しています。私たちに生来備わっているパワー、直感的知覚、自己再生と癒やし、創造性を活用し、古代の人々が聖なる存在と呼んだ神聖意識の直接認識を使い、普遍的な愛に参加してゆきましょう。

第24章 スポットライト

意識を進化させるために統合と全体性の視点から、J・J・ハータックとディズリー・ハータックは私たちが広大な宇宙の一部である無限のマインドに目覚める方法を説明しています。私たちの周りで振動しているエネルギーの微妙な流れやフィールドにつながってゆけば、私たちのマインドは広大な創造に到達するだけではなく、時空を超えた情報にアクセスし、それを入手することができます。つまり私たちは無限の現実の一部であり、もっと精巧なネットワークとの相互接続へと進化してゆくことができるのです。その結果、私たちは制限から解放されて、より大きな集合的全体性の一部となります。すると私たち自身の高次意識状態を通して、人類の進化を維持している聖なる愛と呼ばれるものに最高レベルでつながることができます。

『行動への呼びかけ』

ポジティブな未来を迎えるために、準備しましょう。あなたの無限のマインドを、神のすべての表現に奉仕する愛と慈悲の聖なるスペースにしましょう。

第25章

意識の覚醒、向上、進化をもたらす真の教育

ニーナ・マイヤーホフ（教育学博士）

21世紀を迎え、私たちは差別のない、平和で豊かなグローバル・コミュニティを築く最大の可能性を手にしています。電気通信技術や霊性の成長によって人はつながり合い、教育や医療を受ける機会はますます増え、人類は進化的な存在となるチャンスを手にしています。それと同時に、今ほど地政学的な社会不安やテロリズム、貧困、気候変動、教育や医療の不足といった世界規模の将来的問題を抱えた時代もありません。次世代がどのような世界を生きるかは、現在の私たちの集合的ビジョンと意図にかかっています。世界の文化が恐怖、欲、欠乏に根差している限り、私たちは戦争や破壊行為のために人的・経済的資源を浪費し続けることでしょう。いま、愛に向かって方向転換し、教育システムに深い慈悲を融合させ、公益のために資源を活用することが求められています。このようなアプローチをとれば、私たちはすべての人々を引き上げ、希望と安全の人生を皆が生きられるようになるでしょう。

現在、科学と霊性は同じ結論にたどり着きつつあります。それは、すべての人は本質的に似ているということです。ヒトゲノム解析計画によって、私たちは遺伝的には99・9％同じであり、違い

はほんの0・1％であることが実証されています。「私はあなたであり、あなたは私である」ことに気づけば、適切な行動と思考は自然の普遍的法則のサポートを受けることでしょう。私たちのどこが違うかではなく、いかに同じであるかに焦点を合わせれば、私たちを待ち受ける問題に対処してゆけるのです。その類似点とは、私たちは皆、心の奥底で1人の人間として平和と幸せを願い、目標としていることです。外面を覆っている既存の違いは、あなたが生まれてきた時代・宗教・文化の結果と両親からの影響に過ぎません。それらの層の奥では、私たちは1人ひとり違いのある人類という1つの家族であり、多様性をもった統合体なのです。

若いリーダーや革新者を育てる

このような意識を育んで、目に見える現実とし、集合体としての人類モデルにマインドの照準を合わせてゆくためには、未来の世代、そしてシステム思考への変化における彼らの役割について考えなければいけません。若者にリソースを提供し、彼らに教育経験やリーダーとなるチャンスを与え、支援してゆくことが不可欠なのです。尊重し合うコミュニティ、共通倫理、持続可能な実践、平和、経済的チャンスが実現する風潮を築きながら、人間としての真の学びを促進するような機会を若者に持ってもらうのです。子どもたちや若者は、新しいシステムを築く先駆的リーダーになる準備ができています。ですが、私たちにはこのような焦点に貢献するような教育システムが必要です。情報構築の時代は、終わりました。産業時代のやり方は、もはや通用しないのです。この時代の変化に合わせて、教育システムそのものが進化すべき時なのです。私たちに必要なのは、人間の進化をもっと深く理解してゆくための概念を支持するオープンな環境です。若者の創造力ともっと高次の思考を育むためにできることは、まだまだたくさんあります。もう、私たちは過去の生き物ではないのです。

全体性（ホールネス）――教育の新しい概念的枠組み

いま、人類は「1つ」であることを集合的に理解するために、急激な跳躍を遂げる態勢を整えているところです。私たちは一なる意識にアクセスし、意識的に理解する時代へと移行しつつあります。この一なる意識は新しい考え方を与え、お互いがつながり合いながらもそれぞれが独立した種であることを示してくれます。この意識からお互いを大切に思い、お互いに分かち合って、お互いへの深い思いやりを学んでゆくのです。全生命のホリスティックな理解を得るためには、この新たなワンネスの文化とそれに同調するシステムを基本とする、個人の内的性格にフォーカスした教育が必要です。こういった時代の到来を知らせる声は1人ひとりの本当の自分の中に存在しており、同時に大きな全体性とのつながりも感じるのです。全体性（ホールネス）とは何であるかを理解することを、教育の概念的枠組みとすべきなのです。

教育（Education）という言葉はedureという語から派生したもので、「引き出す」あるいは「前に出る」という意味です。本当の教育とは「私らしさ」の真の目的を引き出し、自らを取り囲むすべての生命との関わりの中で生命の実際の意味を思い出すことです。本当の自分の内からの呼びかけに気づくと、真正性が生じます。すると自然の法則を考慮するようになり、壮大な生命ネットワークに積極的に参加したいという願いが生まれるのです。

文化的進化の次の段階に進もうとしているいま、意識的なマインドフルネスという個人レベルの霊的自覚を深く探究しようと動いている若者たちは、現在私たちが直面しているあらゆる問題に対処するための原動力です。いずれ各世代は全体性ともっと意識的につながるようになり、自分たちは歴史上において人類という自然のどの進化過程にいるかを把握してゆくことでしょう。

次世代の若者たちは私たちの周囲にある高次意識につながっており、より大きな内的意識をもっています。彼らは、これからの社会・文化・世界の発達を担う、未来の設計者なのです。若者たちには、すでにあるものの模造をやめ、私たちを全体性として統合し、より良い未来を築く足場となるシステム・統治構造の新モデルを想像する潜在力があります。

子どもたちや若者たちは、新時代に前進してゆく準備が整っています。彼らは世論の高まりとともに立ち上がり、新しい人類――お互いを大切に思い合い、自律的であり、地球のすべてが独立しながらも互いにつながり合っている人々――のための推進力を培ってゆかねばならない、と緊迫感をもって伝えています。私たちは真の教育を実践してゆくようになり、1人ひとりの個人意識の探究を支援し、自らの内の叡智をこの世界や公益のために行動に移してゆけるような、本領を発揮できる若者の数を増やしてゆかねばなりません。

真の教育の3つの段階

この創発的時代の目的を学び、成就させるために役立つのが、真の教育の3つの段階です。それは意識の目覚め、向上、進化です。この3つはつながり合っていて、これという順序はありません。これらの要素によって、学習者はマインドフルな形で自己に答えを求め、その内的気づきを日常レベルの問題に応用し、そうして将来の計画を考案してゆくのです。これによって、自己の内や全人類へのインターフェースにおける意識が進化してゆきます。1つひとつの行動ステップが推進力となり、全体と関わりのある自己を意識しながら生きるようになります。内と外は相互に作用しています。上なる如く、下もまた然りなのです。

ステップ1　若者を、内の叡智に目覚めさせる！

この地球でどのように空間を分かち合うべきか、新しい理解を生み出す力となってくれるのは若者たちです。記憶を取り戻すために目覚めが必要な場合もあるでしょう。なぜなら、思い出すことで変化は生まれるからです。もう、すでにわかっている人もいます。

一瞬ごとに、新たな「いま」が生まれています。私たちはすでに自分という存在を全うしていますが、常に進化を続けている存在でもあります。もう無意識でいる必要はありません。意識的に人生を生きると選択しても、よいのです。私たちの行く先は、自ずと現れます。子どもたちは過去の世代よりもはるかに意識的で、地球全体のパラダイム大転換に向けての準備ができています。私たちをつないでいる深い真理は明らかになってきており、その事実も明確になっています。つまり、私たちは個人として、また集合体としてバランスのとれた一体感を得るという大いなるストーリーを生きているのです。真の自分からの呼びかけに目覚め、相互関係とワンネスの中で生きるという愛を育むのです。

ステップ2 若者を、自分たちの未来を設計しなければいけない立場に引き上げる

職業に就いている若者のうち、物質的成功のために出世を図る人はもう少なくなっています。いずれは社会変革者、実業家になることを計画している若者がどんどん増えています。これが最後の段階ではありません。このことが、複雑なホログラム構造の中で、あらゆる他者とつながりながら個人として立つための飛び石であることを若者たちが理解するためには、手助けが必要です。人間同士やすべての生命が適切な関係性を持つことによってこそ、マザーアースは最善の形で繁栄するのですから。

ステップ3 意味ある人生を生きる方法についての内的探究をさらに進められるように意識を進化させる

より良い現実を築くためにはまず、外面的自己の方向性を定める力が必要です。その第一歩として、現在、マインドフルネスを取り入れる学校が増えています。表面的な自己の奥には、意義深い

人生を生きたいと願う真の自己がおり、将来的にはそれを認識するために世界意識に触れてゆくことでしょう。意識の中で団結する時にこそ、私たちはテイヤール・ド・シャルダンが言うところの叡智圏（ヌースフィア）（「理知の地球」という惑星）を創造し、現代の叡智としてのワンネスを受け入れることになるでしょう。

真の教育は、個人の内的目的を引き出す手段を教育するという理解のもとで行われます。教育者である教師は、執行者ではなく、ガイドです。情報やスキルの学習は引き続き行われますが、それは個人が人生を征服するためではなく、人生領域を建設的かつ統合的に舵取りするための学習です。文化的価値観、宗教、性格的多様性、その他の要素は未来社会を構築するツールとして活用されます。私たちの意識が、私たちを人類として1つにまとめます。全体性との関わりを通して自己を経験できるように教育するのです。

私たちの宇宙の仕組みをもっとよく理解するために、ひいては人類という一家族として行動する方法を学んでゆくために、私たちはハートの導きに従って進み、マインドを活用せねばなりません。結合のシナジーを生きるためには、真の教育が必要です。

第25章 スポットライト

すべてがつながり合っていることや全体性の概念を理解するためには、意識を目覚めさせ、高め、進化させる真の教育が鍵となるとニーナ・マイヤーホフは言っています。科学も霊性も、すべての人間は本質的に似ているという同じ結論に達しつつあります。それに合わせて、私たちの愛の領域をもっと大きな人間家族となるように転換・拡大し、公益のためにリソースを活用し、教育システムに深い慈愛を取り入れてゆくことで、すべての人々を高め、より良い未来を築くことができます。

『行動への呼びかけ』

他の人々、特に子どもや若者たちの意識を目覚めさせ、高め、進化させるために、あなたの内から何を引き出せますか？　あなたはお兄さん・お姉さん役としてメンターやボランティアになることもできますし、子どもだった頃にあなたに親切にしてくれた人々を思い出して、周りの子どもたちにとって同じような存在になってもよいでしょう。

第26章

意識の進化を導く全体的世界観

ジュード・カリバン（博士）

私たちの世界観を癒やす

世界観とは考え方であり、信念や価値観、人生や現実の捉え方です。特に文化、宗教、社会、経験などの要素に基づいて知覚、思考、感覚、行動の基盤となったり、これらに影響をおよぼしたりします。これを基にこの世界をどのように経験し、どんな選択を行い、どのように行動するかが決まります。私たちの行動は、最終的には世界観によって決まるのです。自分たちを、他人を、この大きな世界をどのように考えているか、それが真実であれ偽りであれ、この世界観が行動を決めています。

近年の私たちの世界観は分裂した二元的で物質的な宇宙にフォーカスし過ぎており、人々は分離に基づいた行動でトラウマに対応しています。これは本質的に「病んだ」世界観の症状であり、この世界観のために現在、私たちは治癒の危機、人類の存続の脅威を迎え、私たちの故郷である地球を壊滅的に破壊しています。ですがどんな医師でもおわかりのように、病気の根本原因に対処せずに症状に対処しようとしてもその病は治りませんし、治癒は起きようもありません。

しかし、その信念が根本的に誤っているとしたらどうでしょう。本当の私たちは本質的に1つであるという真の性質、現実を「思い出す」ことができるとしたらどうなるでしょうか。もし思い出せるとしたら、それは私たちにとってどんな意味があり、自分自身やお互いや地球にどのように接することを意味するのでしょうか。

全体的世界観を統一する骨組み

主流科学は、宇宙は一見分離した物質であり、これが真の唯一の現実であるという主張を長らく続けてきました。この視点では、意識はランダムな発生と突然変異によって偶然に脳から生じるものであり、その結果、生き物の生命の進化と出現やそれに従う「適者生存」が起きているといいます。

近年では存在のあらゆる領域と数々の研究分野にわたる最先端科学により、私たちの宇宙は統一体として存在し、進化していることが明らかになってきています。分離しているように見えているのは、幻想です。現在生まれつつあるポスト物質主義的科学が行う画期的な実験と発見により、マインドと意識は私たちが「持っている」ものではなく、全時代の伝統が霊的洞察として伝えているように、私たちと全世界そのものであることが証明されています(1)。

この急進的な世界観では、非物質の因果の領域からまさに宇宙のホログラムとして根本的に「形成された」宇宙が物質化し、出現しているといい、この宇宙は自己相似的な意味のある「形成された」情報パターン、関係性、プロセスを通して自らを表しているといいます。

主要な実験による情報の本質的な物理性と検証に基づく論理的予測では、情報は、文字通り、現実の新しく生まれるエネルギー・物質や時間・空間を知らせているという前提を立証しています。[2] 宇宙論、物理学、化学、生物学、その他どんな複雑なシステムであれ、フラクタルと呼ばれるこれらのパターンは存在の果てしなく異なるスケールで起きています。1つひとつの原子から広大な銀河星団に至るまで、フラクタルは私たちの宇宙の情報的外観のすべてに浸透しています。

「宇宙ホログラム」のフラクタルの特徴は、2017年初めに、宇宙マイクロ波背景放射（宇宙空間を埋め尽くしている最も初期の放射の残存）でも観察されました。きわめて重要なことですが、このような関係は「自然」界のみではなく私たち人間の集合的行動にも反映されます。例えばインターネットのトラフィック、ウェブサイトのリンク、データルートといった「情報の交流」も、すべて生物生態系と同じフラクタル・パターンを示すのです。

この新たに生まれた統括的モデルは、普遍の非局在性を示す枠組みとその証拠に基づいています。時空の中では、どんな信号も光より速く移動することはできません。この前提は、全宇宙は非局在的な統一体であることを示しています。2018年、マサチューセッツ工科大学はその実験室で、光フォトンを非局在的に600光年離れた星の光に結びつけ、さらにはるか遠くにある2つのきわめて強力な準星（それぞれの距離は78億光年と122億光年）から受け取った古代の星の光と非局在的なもつれを生じさせるという方法で、そのことを宇宙学的スケールで実証しました。

こうした全体的世界観(ホール・ワールド・ビュー)は、実験や超常現象にまつわる意図を検証する、自然で包括的な枠組みを提供します。この世界観は、さまざまな意識レベルで機能する私たちの共通精神――私たちの共同行動が現実として実体化する場――を指し示しています。また、物理の法則と呼ばれるアルゴリズムと、この宇宙による精緻な微調整が単純性から複雑性へ向かう進化の衝動を体現していることも明らかにしています。私たちは分離の幻想ではなく、世界全体の統一性を思い出すとともに、分離に基づく行動を永続させるのではなく、愛による引力の思考パターンを意識的に創造し、意識的進化の流れを助けることができるのです。

全体的世界観のメッセージはこう呼びかけます。一体感を理解し、経験し、体現することをサポートし、「私」「私たち」「すべて」のレベルの意思伝達と関わりにおいて私たちの焦点をダイナミックに移動させる意識のスパイラルを発動し、宇宙規模で考え、世界レベルで感じながら、ローカルで行動を起こそう、と。

「ストーリーを紡ぎ直す」、そして私たちの世界観を再構築する

これら3つの鍵は、私たちの世界観や人間であることの意味についての「ストーリーを紡ぎ直す」、つまり再構築する方法です。自分たち、他の人々、ガイアとそのすべての子どもたち、宇宙全体との関係を癒やし、立て直すためのものです。

宇宙的に考える

私たちは相互に依存し、情報を得ている1つの宇宙に生きていることを、史上かつてないほど実証しています。この宇宙は一体的なものとしてただ存在し、進化しているのではなく、進化するために存在しているのです。

私たちは、マインドと物質は統一体であり、この宇宙は1つの大きな物体ではなく、大きな思考であることに気づき始めています。最先端科学は、分離は錯覚であることを発見しています。マインドと意識は、私たちの普遍的現実と存在状態の共創をホログラフィックに伝えています。存在のあらゆるミクロな側面には、マクロな宇宙の情報コードが含まれています。

私たちはいま、重要な進化の時を生きています。138億年の進化を続けてきたこの宇宙は自我をもつ種を生みました。集合的に多次元的かつ一体的な宇宙を思い出せば、私たちは一体意識をもつ生命体となり、宇宙や宇宙の進化し続ける衝動とともに、意識的な共同創造者となってゆくのです。

世界規模で感じる

私たちは皆、地球の先住民です。私たちは皆、ガイアの子どもです。すべてを含む全体性に備わる健全で復元力の強い生態系のごとく、私たちの世界的体験は「私」と「私たち」という根元的な多様性を通して現れます。ですが、分離の幻想ストーリーは崩れつつあります。いま、私たちは世界規模で意識的に共に進化するか、あるいは種として絶滅に向かうかの岐路に立っています。この崩壊と躍進の重要な時を生きている私たちは、お互いやガイアとの本質的なつながりを思い出し、感じ、すべてのために繁栄する未来を共に創造してゆけるのです。

ローカルに行動する

統一性を思い出すプロセスは個人によってさまざまですが、皆、内と外の進化という同じ道のりを進んでいます。今後の1人ひとりの選択が人間という種や地球上のすべての生命の運命を左右することでしょう。全体性を経験し、体現するために、私たちは一体意識の存在としてローカルで行動し、グローバル感覚を生きるという選択ができます。実際に、私たちは皆で、一緒にいるのです。これまでもずっと、そうでした。

変化を推進する人々や共創型ムーブメントは、ありとあらゆる分野において一体性を基盤としたコミュニケーションと構造をデザインし、開発し、実現させつつあり、その分野は経済、科学、技術、教育、ホリスティック医療、政治、統治、司法、平和、メディア、芸術文化、建築、社会企業などに及んでいます。

各地であらゆる人々や共同体が「神聖な正常性(セイクリッド・ノーマリティ)」の探究と実践に乗り出しています。神聖な正常性とは人々やガイアと新たにつながり直し、私たちの中に流れる普遍的な進化のパルスにつながることです。最近では、この動きの表れとして、環境保護や癒やしのための仲間づくりのために人々が協力し合っています。世界を席巻中のコロナウイルス時代においては、さまざまな思いやりある行動、意図の集中、瞑想によるケアを通して人々が集結しています。

私たちはいま、意味・目的・責任のある人生を共同創造するとはどういうことかを思い出しています。各地域の共同体は、地球規模の問題に対する解決策を自分たちで見出す能力があることを再発見しています。危機はチャンスと革新をもたらします。私たちは目を覚まし、成長し、不要なものを除去し、真の姿を現し、皆で創造するための協力とシナジー強化の波を着実につなぎ合い、高めているところなのです。

全体的世界観の冒険

全体的世界観は、私たちの断片化した認識力や、分離という集合的な病気を癒やす薬となり、統一された現実を回復させてくれます。この統一的な世界観は、普遍的霊性や先住民の叡智の教えを融合し、私たちがお互いやガイアや世界全体との関係性を立て直す方向性へと導いてくれます。この変容の時代に、私たちの周囲で繰り広げられている進化の衝動を行動に移すために、希望へと歩む力をもたらし、個人と集団の意識的進化の可能性を顕在化するように呼びかけてくれるのがこうした世界の見方なのです。

私たちの全体性世界観の運動は、新しいストーリーを理解することから、身をもってそのストーリーを体験する世界への冒険へと誘います（ホームページ：wholeworld-view.org をご覧ください）。私たちは皆、それぞれの数だけの多様性をもった世界探究に乗り出し、多様性に満ちた一体性を個人的、集合的に体験して世界を変える手助けをするように促されています。

私たちは1人ひとり、自分の物語を選ぶことができます。統一意識に基づいたストーリーを意識的に選んで生きることができるのです。ポジティブな意図をもって各地域や世界中の変革者とつながることで、私たち自身のビジョンと目的に活力を与え、具現化することができます。お互いと、ガイアと、宇宙と共創してゆくために前進し、進化的な目的を生き、分かち合い、私たちにしかない共創のためのツールを発見し、世界にポジティブな変化を生み出すために1人ひとりを力づけてゆきましょう。

第26章 スポットライト

私たちは、精神に基づいた科学を応用することで、周りの環境すべてと全体性を保って生きながら、同時に意識の進化を進めることができます。ジュード・カリバンは、その方法として、全体的世界観の運動から発展した統一的な枠組みを用いてその方法を提案しています。全体的世界観とは、私たちの世界はホログラフィックな宇宙であり、その宇宙には隅々まで全レベルにおいて類似した意味のあるパターンと関係が存在するという視点です。世界をこのように見ると、生態系は1つの完全性をもった、すべてを包含する集合的生命体であることが見えてきます。この世界観は、私たちが必要としている全体の統一性を思い出す視点を与えてくれ、私たち自身の捉え方を立て直し、自分たち自身が新しい経験を再構築するために必要な視点を与えてくれるのです。

行動への呼びかけ

あなたが嫌だと思う状況を考え、新しい全体的世界観から見直してみてください。視点を転換できますか？　新しい観点から見えますか？

第27章
私たちのストーリーを変える——私たちの世界を変える

グレッグ・ブレイデン

およそ300年前にアイザック・ニュートンが物理の法則を形式化し、現代科学が誕生しました。それ以降、私たちの人生のストーリーは危険な考え方に向かって進んできました。それは、私たちは宇宙の塵でしかなく全体的な生命の仕組みの中で生きる補足的存在に過ぎないという考え方です。私たちは地球とも他の生命体とも分離しており、何より自分自身からも分離していると信じるようになりました。自分たちは分離した無意味な存在であると信じるようになった結果、私たちに自分の身体を癒やす力はない、この世界で連携と平和のために働きかけることについても自分は無力だと感じてきました。

この私たちの分離のストーリーには、チャールズ・ダーウィンの「人生は苦闘である、人生で良いものを得るためには闘わねばならない」という信念も含まれています。私たちは子どもの頃、この世は喰うか喰われるかの情け容赦のない世界であると刷り込まれました。つまり「世界は限られた大きなパイのようなもので、自分がその一切れを奪うためには闘わなければならない、そうしなければ自分の分け前を永遠に取り損ねる」というわけです。これがいま、皆が抱えている欠乏と不足の世界観の元凶であり、この世は乱暴な競争の世界であると考えているのです。このように考えるようになったのと同時期に、世界が歴史上最大の危機を迎え、戦争や苦しみや病気に苦しむようになったのも偶然ではないかもしれません。

数々の発見

目下、生物学、物理学、考古学、遺伝子工学の分野で新たな発見が起きており、人間についての新しいストーリーが明らかになろうとしています。これらの発見により、科学者たちは人間とは何か、人間はどのように世界に属しているのかということについての考え方を変えねばならなくなっています。例えば生物学においては、自然はダーウィンが示した競争や「適者生存」ではなく、協力モデルに基づいていることが400以上もの研究結果で発表され、進化論的科学の考え方は根底から覆されました。こういった発見を観点に入れると、過去に重要だった仮定はいまや科学的に誤った仮定と認識されるようになり、もう事実として教えることはできなくなっています。例えば、以下のような例があります。

誤った仮定1 自然は最適者生存に基づいている。(1)

事実1 自然が生存において依存しているのは協力であり、競争ではない。(2)

誤った仮定2 人間の複雑さ、能力、起源は、時代を通じて起きてきた遺伝子の偶然的な突然変異の結果である。(3)

事実2 ヒト染色体2のような人間の遺伝子の突然変異のタイミング、性質、結果の原因は、偶然変異や進化だけではなく、もっとそれらを超越した事象によって起きている。(4)

誤った仮定3 この宇宙のあらゆる物体や私たちの間には空虚な空間があり、お互い分離している。(5)

事実3 この宇宙、私たちの世界、私たちの身体は共通のエネルギー場から出現している。このことが示すのは、これまで認識されてこなかった相互的なつながりと、すべては1つの統一体であることである。(6)

自分や家族を大切にすること、問題を解決すること、選択することなど、私たちの日常生活を考えれば、私たちが常識だと思っていることの多くは、誤った仮定に基づいていることがわかります。科学のイメージでは、私たちは生物として奇跡的に運良く一連の段階を経て生まれた、取るに足らない存在であり、世界から分離した無力な犠牲者として500年の文明を生き抜いてきたとされています。しかし、新しい科学はこれとはまったく異なる観方を提言しています。私たちはこの世界から分離しているどころか、この世界の一部であり、この世界でどんな生き方をし、どんな関係性を持つかを選択できるパワーをもっていることを明らかにしているのです。

ある虚偽についての真実

この新しい発見を歓迎し、新たな世界観を取り入れる人々がいる一方、この新発見が長らく続いてきた伝統の基盤を揺るがすように感じる人々もいるでしょう。これまで事実と思ってきたことを覆すような情報を受け入れるよりも、時代遅れな科学の誤った仮定に甘んじる方が楽な場合もあります。ですが、間違った仮定にしがみつくと、虚偽の幻想の中で生きることになります。自分の本性に嘘をつくことになるのです。私たちを待ち受ける可能性について嘘をつき、「この世界について最新の真実を教えてくれる」と私たちを信じてくれている人々に嘘をつくことになります。

SF作家タッド・ウィリアムスは、この嘘のパワーを現実に即してこう伝えました。「私たちは恐れている時に嘘をつく……自分が知らないことを恐れ、他人にどう思われるかを恐れ、自分のことが知られてしまうことを恐れている。だが、嘘をつくたびに恐れていることは強固になってゆく」[7]。新発見が示すのは、過去の教えはもはや真実ではないということです。いま、私たちは選択せねばなりません。間違った原理を教え続けて、その間違った過程による結果を被り(こうむ)ますか？　もしそうするなら、もっと深い疑問に答えねばなりません。私たちは何を恐れているのでしょう？　私たちは何者なのか、どんな起源をもち、お互いや地球とどんな関係性をもっているのかについての最も深い真実を知ることは、なぜ、私たちの生き方をそれほど脅かすのでしょう?

恐怖から事実へ――私たちの選択のとき

『サイエンティフィック・アメリカン』誌の特集「地球という惑星の岐路」で報告された新たな研究はこう伝えます。「いま人類は史上初の時代を迎えている。人類にとって可能な限り最高な未来を迎えられるかどうかは、今後50年間で決まるだろう[8]」。しかし、専門家たちはほぼ共通して次の朗報に同意しています。「もし意思決定者が基本構造を正しく理解することができれば、人類の未来は幾千の日常レベルの決断によって安泰となるであろう[9]」。日々の暮らしの細部においてこそ「最も深いレベルの進歩が起きる[10]」のです。

この声明の重要点は、決定権は私たちがもっているということです。私たちが選択する瞬間とは、過去の憎悪と苦しみをもたらした恐怖を、協力と癒やしをもたらす発見へと置き換えてゆく瞬間です。これを毎日の決断を通して行うのです。今日も憎しみは残っています。憎悪犯罪が日常生活の一部として受け入れられているということは、憎しみが起きるような思考をまだ私たちは癒やせていないということです。

若者たちは将来に希望をもてず、内向的になり、絶望感を紛らわすための薬物摂取が蔓延しています。また、日々、人種、性別、宗教に基づく外側に向かう憎しみがニュースで頻繁に報道されています。いずれにせよ、憎悪を受け入れるのは、考え方に原因があります。私たちの人生に憎悪を繁殖させる恐怖の火を消すためには、核となる信念そのものに取り組まなければいけません。それは、私たちは競争と欠乏の世界に生きており、生き残る代償として人の生命を卑小化するのは正当である、という考え方です。それ以外の策では、私たちの家族や社会を破壊している傷にただ絆創膏をあてがうようなものです。

新しい人間のストーリーでは、生命の特別さや自然界における協働の役割への敬意を忘れないようにすることで、いまのように安易かつ頻繁に互いを批判したり傷つけたり殺し合うことなど、意味を成さなくなるでしょう。そしてこの特別な人間らしい価値観に基づいて子どもたちを教育することで、種として最大限の潜在力を実現するという最も偉大な運命につながる基礎的な変化、つまり完全な大変革を起こすことができるのです。

私たちのストーリーを変えれば、世界が変わる

アメリカの政治家、ウィリアム・ジェニングス・ブライアンはこう言いました。「運命は偶然の問題ではない。選択の問題である。それは待つべきものではなく、達成すべきものだ」[11]。ブライアンの言葉には多くの真実があると私は思います。過去からの恐れに満ちた思考をはるかに超えたところに、集合的な私たちの運命と世界が待ち受けているという点は特にそうです。ここ300年で初めて、競争と対立の世界から協力と分かち合いの世界に転換できる可能性が、私たちの手の届くところにあるのです。

いまの時代の問題に対応するためには、これまで以上に、今とは違う考え方を求めてゆかねばなりません。私たちは身の回りの環境の無力な犠牲者というストーリーから、自分の経験の責任あるマスターであるというストーリーに変えてゆく意欲が必要です。そうするためには、科学的研究による発見と別の分野での発見を分け隔ててきた伝統的な境界を取り払う必要があります。そうすれば、素晴らしいことが起き始めます。私たちは、自らの驚くべき可能性を明らかにする神秘的な歴史を発見するのです。

ヒトDNAの化石を見ると、20万年前に地球に現れた人間は、現在と同じゲノムをもっていたことがわかります。その頃の人間も、現代の私たちと同じ驚異的な直感力、想像力、生物学的な自己調整力、治癒力をもっていたのです。新たな科学である神経心臓学（neuro-cardiology）は、人間たちはその起源以来、心に基づく非言語的な言語を体現していること、そして、その言語が私たちを互いに結びつけ、すべてのものとコミュニケーションをとっていることを明らかにしました。こうした発見により、新しい人間のストーリーや未来のための新たな選択肢が明らかになっています。私たちが選択する瞬間の素晴らしさとは、選択肢があること、そして、その選択肢を作るのは私たち自身だということです。過去の発見から学び、それらの選択肢が示す可能性を受け入れるか、これらの真実を否定して、無知がもたらす結果に屈するか、どちらかを選ばねばなりません。

これから間違いなく、私たち1人ひとりが未来について無数の決断を迫られることでしょう。ですが、いちばん深遠で、おそらくいちばんシンプルなのは、科学が私たちについて教えてくれていることを受け入れることではないでしょうか。私たちの存在の深い真実を否定するのではなく、受け入れることができれば、すべては変わります。その変化をもって私たちは新しいスタートを切ることができるのです。

第27章 スポットライト

科学と霊性の統合は、全体としての現実についての理解を拡大、深化し、意識の進化を導きます。グレッグ・ブレイデンは、そのプロセスにおける私たちの信念の変化を、本稿で明確に説明しています。新しい発見が起きて徐々に根づいてゆくとともに、古いストーリーは時代遅れとなり、危険にすらなり、ついには新しい発見が古いストーリーに取って代わるのです。この意識の進化は、私たちの歴史において何度も繰り返されてきました。現在、新たな発見がもたらした新しい信念は、誤った仮定に取って代わりつつあります。古い境界線を取り払い、つながりと統合を生きる新しいストーリーが私たちの世界を変え始めています。

行動への呼びかけ

あなたのストーリーの中で、あなたを妨げているものはありませんか？　あなたについての信念や世界観を変えてみましょう。ストーリーを書き換えて、新しいあなたを反映した行動をとってみましょう。もしこれまでリソースがなかったならば、何かを惜しみなく与えてください。もし誰にも愛されていると感じたことがなかったら、何かを愛する行動をとってください。あなたにはわかるはずです！

サークル

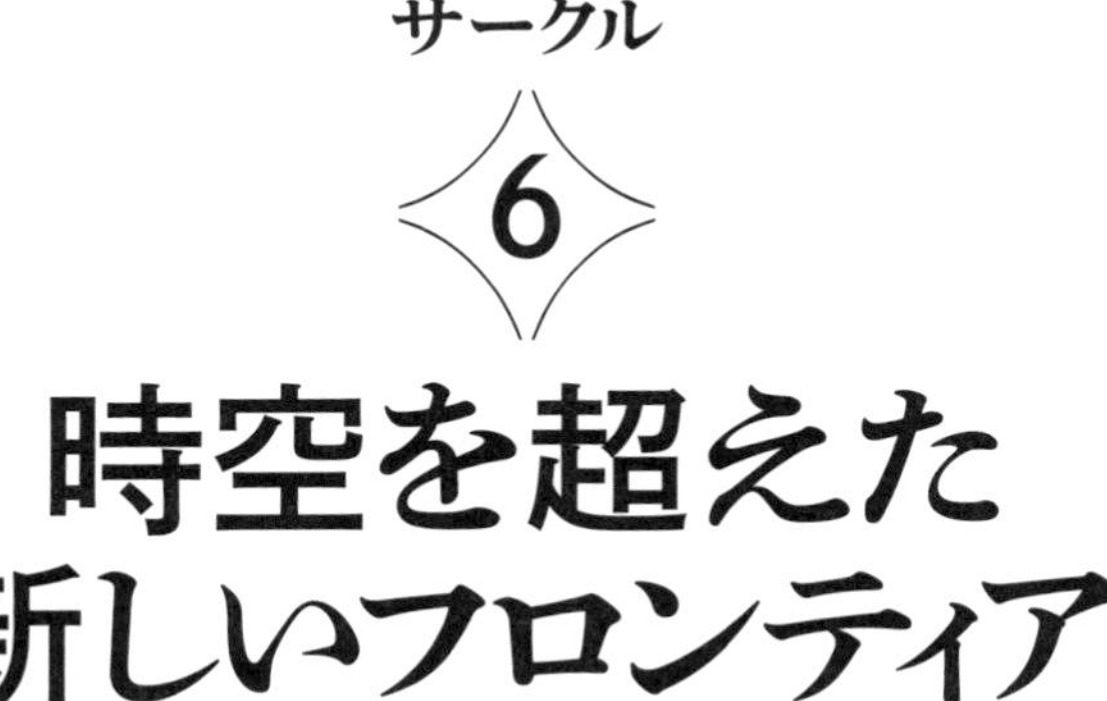

時空を超えた新しいフロンティア

外宇宙から内的空間まで、
宇宙は一つの完全な統合体です
これが私たちの視点です

第28章

人間の潜在力を解き放つ

エベン・アレグザンダー3世（医学博士）
カレン・ニューウェル

ここ数十年、意識の性質についての科学に大革命が起きています。唯物論や物理主義といった従来科学の世界観は、史上最高の科学者の1人、アイザック・ニュートンが創始した決定論の名残です。物理や物質や世界を研究する科学コミュニティの代表的科学者たちは、私たちの自己認識と存在の感覚である意識は脳という物質の中で起きる化学反応と電子束に過ぎず、自由意志は完全な幻想であると主張しています。

20世紀の名高い脳神経外科医ワイルダー・ペンフィールド博士は、覚醒状態の患者の脳内に電気刺激を与えた結果について研究し、１９７５年に著書『脳と心の神秘』（塚田裕三・山河宏訳、法政大学出版局）で、人間の脳メカニズムだけでは説明のつかない意識の可能性について論じました。オーストラリアの哲学者ディヴィッド・チャーマーズはさらにこれを発展させ、１９９６年に著書『意識する心』（林一訳、白揚社）を著し、意識を物理的な脳の仕組みに関する私たちの知識のみに基づいて意識を説明するのは不可能であると述べ、これが意識の「難問」であると伝えています。

物質的な世界しか存在しないという仮定は、私たちを誤った世界観に陥れます。人間の経験そのものや、特に超心理学の世界で取り上げられる他にあまり類を見ないケースを研究すると、物理主義は誤りであることを示す実証はたくさんあり、それを支持するデータをあえて無視し続ける否定論者や、正体を暴こうとする人々のシステムに軋轢（あつれき）を生じさせています。実際に、テレパシー（特に双子において顕著ですが他の場合でも証明可能）、遠隔視、体外離脱、サイコキネシス（念力のみを使って物理的活動を行うこと）、臨死体験（ＮＤＥ）などは、現実として科学的実証により支持されています。１つ注記すべきは、「死の共有」体験は、これらの現実と深い関わりがありながら、より困難であるということです。これは亡くなってゆく人の死後の旅に、死の兆しが特にない別の人が同伴する体験で、この世に戻ってくるまでに、故人の全人生のライフレビュー〔これまでの人生の回想、振り返り〕を目撃することさえあります。

死後に何が起きるか――この問いに対する完全な答えはＮＤＥだけでは出ませんが、臨死体験者はこの世に戻ってくることから、霊的あるいは非物理的な領域が存在することを実証的に伝えています。このことは、世界中で太古の昔から、信仰を問わず何千もの報告によっても裏づけられています。

死後にまつわる大きな疑問に答える

死後の世界の問題を解明する唯一の方法は、私たちの意識体験の根本的性質である脳とマインドの関係について、関連するすべての研究結果からあらゆる知識を集めることです。宇宙における意識の壮大なビジョンを裏づける最も強力な証拠は、バージニア大学のイアン・スティーブンソン医師とジム・タッカー医師が過去60年間を通して行ってきた研究で、２５００件以上の過去生の記憶をもつ子どもたち、つまり輪廻転生（りんねてんしょう）を示す子どもたちのデータです。

「知の一致（コンジリエンス）」とは、まったくかけ離れた分野の調査から得た証拠が同じような答えに収束することで、その理論的見解が強化されるという概念です。意識の科学においては、意識の神経科学、マインドの原理に関する意識の難問、超心理学で扱われている非局在意識にまつわるいくつもの興味深い証拠といったテーマが、この知の一致を示しています。

また、科学革命の歴史において最も成功した理論、量子物理学の分野では、極めて興味深い実験結果が蓄積されています。過去50年の間に実験の精度が進歩したことで、宇宙における意識の優位性は、現実の性質を理解する上で本質的なものであることが、非常に説得力のある形で示されるようになっています。

私たちの著書『マインドフルな宇宙で生きる *Living in a Mindful Universe*』では、より全体的な説明がつく新しい理論モデルとして、形而上学的観念論を提案しています。この世界には観察するマインドから独立して存在するものは何１つないことを、この理論は最も壮大な形で示しています。意識は宇宙の根本的性質であり、物理的世界は意識そのものの投影に過ぎないと考えられています。意識の優位性を完全に理解するには、物理的な脳は意識の一定の状態のみを表現するフィルターであり、意識の起源は出現するすべての現実の基盤にあると理解する必要があります。

この考察から、私たちは皆で1つのマインドを共有しているという重要な概念が浮かび上がります。この概念をとりわけ見事に説明したのが、アーウィン・シュレディンガーです。私たちの心的空間が「重なり合う」時――例えば、共感、テレパシー、夢や直感の共有、あるいは送信者の信号をより受け取りやすくするために受信者のマインドを白紙にするガンツフェルト・テクニックを試した時など――すべてがこのマインドの一体性を示唆します。もちろん、臨死体験をした人々の多くは、ライフレビューにまつわる議論を通して、こうした概念をよく理解しています。ライフレビューの時、彼らは自分の人生で起きた出来事を本人としてではなく目撃者として再体験し、自らがとった行動や思考が周囲の人々におよぼした感情的影響を「他者」の視点から体験します。このライフレビューを通して見ると、宇宙の基礎構造には「自分が相手に求めるように相手に接しなさい」という黄金律が書き込まれているように感じられるのです。

いわゆる現実を、1つのマインドの視点に取り替える

こうした新鮮な世界観に目覚める人が増えるにつれ、私たちが現実と捉えているものは、1つのマインドという夢のように見えてきます。私たち1人ひとりの視点は、1つのマインドという宝石の表面の、1つのカット面のようなものです。私たちは何歳になっても、人生という魂の学校で学んだり教えたりする共同の旅を皆で歩んでいるようです。物理主義の「分離と競争」という時代遅れの見解は、しばしば苦痛で破壊的な対立を生じ、マインドは1つであるという新たな視点に相反

しています。

形而上学的観念論の世界観では、外界は内界の反映であり、科学もこの事実を急速に立証しつつあります。自分の内界をもっと完全に理解し、意識的に扱えるように個々で対策を講じることが私たちの生得権であり、責務なのです。瞑想やセンタリングの祈り（自らの内側にフォーカスして行う祈り）といったメソッドを用いて自分の内に行く能力を育てることで、内なる観察者、つまり私たちの中のもっと大きな1つのマインドにつながっている部分を認識できるようになります。制限的な信念体系を精査して、散漫な思考をうまく制御し、反応的感情を解放することが極めて重要です。練習を重ねてゆけば明晰さが生まれ、不安や心配などが介入しないニュートラルな状態が私たちの中に浸透してゆきます。すると私たちは自分が演じる役割に合わせるだけでなく、真の自分という、より大きな本質と一致するようになります。

私たちは皆、純粋な無条件の愛の束ねの力でつながっているように思われます。霊的な変容体験を通じて、直接このことを体験した人々は、実際にそのように報告しています。体験者に安らぎを与えるこの無条件の愛は、根源意識の性質、つまり愛が私たちの存在の中核であるということを、実体験を通して実証しているのです。人類は何千年もの間、この深い学びを吸収しようとしてきました。預言者が説いた愛や慈悲や思いやりに関する大切なメッセージは、何千年の歴史の中で対立する宗教の教義によって迷走してきたものの、ワン・マインドの意識に関する現在の神経科学は、こういった並外れた人間の体験があるからこそ、世界はもっと良く変わる可能性があると伝えています。宗教的信仰は、科学的コンセンサスと宗教とは無関係の私たち皆に共通する霊性によって補完することが可能です。現実の性質に関する科学的に実証されているモデルが示す知識を支えるパワーを活用し、個人的な超越体験を認めてゆけば、ついには真の目覚めが起きるかもしれません。

預言者や神秘主義者たちは、5000年以上にわたって自分たちの経験を伝え、物質を超えた領域について人類の同意を求めてきました。ここ60年以上の間に爆発的に増加している臨死体験(1960年代後半に心拍停止した患者の医師による蘇生が可能になって以降)をはじめ、宇宙における意識の優位性を認めてゆく方向性に沿って、意識に関する科学的研究を進めてきたことで、愛と慈悲と思いやりをもって互いにつながること、それこそが自分たちの目的であるという本当の深い真実に私たちはようやく目覚めつつあり、将来的にはより調和のとれた平和な世界を実現できることでしょう。

愛と慈悲の感覚を積極的に育むこと、これが究極の黄金律を行動で示してゆくということです。心の電磁場はおのずとその愛のエネルギーを世界に放つので、私たちの内から愛を発することで他の人を助けることができます。私たちの内界を通してもっと拡大した意識から豊かな関係を築いてゆけば、私たち皆にとって、すべてはうまくいっていることがわかります。実際に、自分も他人も、愛と思いやりと優しさをもって尊重することがウィンウィンの状態であることに気づくのです。このように理解が成熟すれば、いまの世界の二極化や対立の大部分は改善されることでしょう。

エベン・アレグザンダーとカレン・ニューウェルが説明するように、外的空間と内的空間の両方において、宇宙は深くつながり合い、完全に統合されたシステムとなっていますが、そのことを示す新たな科学的発見によって、人間の潜在力は解放されつつあります。

意識は宇宙の根本的な性質です。私たちはワン・マインドを共有しており、純粋な無条件の愛の集約力によって私たちはつながり合い、それが私たちの進化を導いています。私たちはようやく、自分たちが愛と慈悲と思いやりでつながっており、それが私たちの目的であるという深い真理に目覚めつつあります。この目覚めによって、今よりもはるかに調和した平和な世界を実現できることでしょう。黄金律の協力エネルギーは世界中に放たれているのですから。

行動への呼びかけ

無条件の愛を実験してみましょう！　期待をしない、完全に受け入れる愛です。あなたの思いやりを行動に表してください。あなたの時間を他者に存分に与えてください。そうするとあなたはどんな気持ちになりますか？

第29章

波動の知性——宇宙の言語にアクセスする

イブ・コンスタンティン（公衆衛生学修士）

私たちの地球のシステムは人工的なもの、自然なものを問わず、高まる周波数とともにこれまで以上に激しい破壊が進んでいます。ですが、目覚めている人々はこれが大いなる突破口であるとわかっています。壮大な多元的宇宙の中で、私たちは無限のパワー、知性、善意、助けを利用することができるのです。

いま、一般人から、科学者、信心深い人、世俗的思想家まで、ますます多くの人が、私たちが生きているこの宇宙には知性があり、実際私たちも宇宙とは切っても切れない存在であることと理解し始めています。果てしなく広がる私たちの壮大な故郷とどうすれば最良の形でコミュニケーションをとり、相互作用してゆけるかを身につける必要があります。無限の知識、叡智、慈悲にアクセスし、最大限に活用するためには、このパワフルなサポートはいつでも利用可能であることを理解する必要があります。私たちはこの知性にアクセスし、容易に、美しく、喜びをもって共同創造することができるのです。

これは決して新しい概念ではありません。古代ギリシャの哲学者・数学者ピタゴラスよりもはるかに昔から、宇宙はすべてがつながり合っており、波動と周波数の無限の流れをもつ不可分な1つの完全体であると捉えられていました。

私たちの課題は、本来の私たちの壮大さをもって生きることです。私たちはソースと1つである、この大いなる宇宙と1つである、すべてなるものと1つであるという深遠な見解を真に熟考することです。もしそうなら、私たちはどのように生きたいでしょうか？　どうすればこれを理解できるでしょうか？　その理解のために私たちには何が求められているでしょうか？

知能の形態を育む

私たちはこれまでＩＱ（知能指数）というものを用いて知性を捉え、計測してきました。ですがこれは個人の学習能力のバロメーターとして多様な技能を良くも悪くも反映しており、それ自体に限界があります。

「成功」が金銭的条件によって測られるようになるにつれ、研究者たちは生まれつき備わっている高度な知性は必ずしも物質的利益に結びつかないことに気づきました。研究者たちは人の社会適性能力はその人の職業上の昇進を予測するのに適していることを発見し、その知性形態を感情的知性（心の知性）、ＥＱと名づけました。この20年ほどは、ＥＱに関する出版やトレーニングを提供する小規模な産業が発展しています。

私は、その次の段階の知性を振動知能、ＶＱ©と呼んでいます。ＶＱ©は宇宙の言語です。これが私たちの無限の共同創造能力を解く鍵であり、この知性がいま、かつてないほど切実に求められています。

私たちの目下の課題は、視点を大きく広げて「私たちはこの全宇宙を支えている創造のフォースと一体であり、同一の存在である」という事実に踏み込んで完全に体現することです。端的に言うと私たちは全能力の一部だけで生きており、真の私たちの本性と生まれてきた目的からからずれたところで生きている、ということです。私たちは、熟達した画家でありながら絵筆を失っているのです。

デルフォイの神殿〔神託で有名な古代ギリシアの都市国家に存在した神殿〕に刻まれている「汝自身を知れ」の不朽の一文は、精神の内的機能を知るというだけではなく、もっと深い意味が託されているのではないでしょうか？　私たちの真の正体に気づきなさいと究極の目覚めを命じているのではないでしょうか？　あらゆる東西の哲学が長らく伝えてきているように、私たちはマインドや身体よりも大きな存在だとしたらどうでしょう？　私たちの真の、最高の性質の壮大さを少しでも垣間見ることができたらどうなるでしょう？

聖書には、「That thou art＝それであるあなた」という表現があります。ヴェーダでは「Tat tvam asi＝あなたはそれである」あるいは「Soham asmi＝私はそれである」、イスラム教では「神を知るための鍵は、自分自身を知ることである」と言っています。スーフィーの詩人ルーミーは、レーザー光のような鋭い注意力と優雅なシンプルさをもってこう表現しました。「あなたは海の中の一滴ではない、あなたは一滴の中の海である」。

他の多くの宗教や先住伝統も、私たちの本質についてこの途方もなく広大な見識について語っています。「汝自身を知れ」という箴言(しんげん)は、私たちを導いているのでしょうか？　私たちがついにはみずからを「すべてなるものと1つである」「神性との一体性」として見るように方向づけているのでしょうか？

畏敬の念を起こさせるこのような概念について熟考するのは謙虚なことであり、人智を超えた宇宙の神秘に引き込まれます。量子力学ではすべては光の振動であり、常に波から粒子へと変動しているといいます。この継続する流れが共鳴場を作り、その場には2つ以上の存在同士の干渉(コヒーレンス)が起きる可能性があり、それは単なる観察という行為の影響を受けているのです。

では、このダイナミックな動態を探究し、遊び、マスターするために、どんなツールがあるのでしょう？　生命や地球にとって最善の利益を与えられるようなコヒーレンスの潜在力を、どうすれば生み出し拡大できるでしょうか？　ここで私たちに生まれつき備わっていながらほとんど知られていない、まだアクセスされていない知性レベルが登場します。私たちのVQ©は純粋な可能性、すべての可能性の場につながり、意識的に共同創造するための有効性を測定します。いずれこれがIQのように一般的に認識される日が来るだろうと私は予測しています。

私たち自身を創造し直し、新しい世界秩序をデザインする

いまの私たちは皆、まだ訓練を受けていない魔法使いに過ぎません。現在私たちは6度目の絶滅

の危機に直面していますが、その素晴らしいところは、いったん私たちが真実を理解し本来の壮大なる私たちとして務めるなら、人類が今後、集合体として地球上でどう生きるか次第で、影響力を発揮できる可能性は計り知れないということです。

人類集合体として、宇宙という大きな壁に差し迫られているいま、物理学者・天文学者で数学者のジェームズ・ジーンズ卿の言葉を思い出しましょう。「宇宙は巨大な機械というよりも、１つの大いなる思考であるようだ」(1)。そして存続の危機を脱するためだけではなく、全員のための美しさ、愛、公正、正義を備える、私たちの誰もがまだ知らない世界の実現に向けて、意図的に私たちを共同創造するための決断をしましょう。それは喜びの決断なのです。

私には、自分が何者であるかという真実を理解し、それに相応しい無限の力と壮大さを理解し、臆することなく足を踏み入れている、そのような世界中の人々のビジョンがあります。この多元的宇宙を誕生させた、善意の無限なる創造の力に同調している人生を全人類が送っている様子が、私には見えます。この視点に立てば、私たち人類はあらゆるすべての領域の衆生(しゅじょう)と共に、さまざまな課題に取り組み、解決することができます。これを達成することが、私たちがそもそも地球に来た唯一の理由かもしれません。

この可能性を実現するために、私たちは以下のような取り組みができるでしょう。

・知覚の限界を広げ、私たちはこの宇宙を創造した偉大な知的振動力と同じものであるという可能性を考えてみる。

・私たちが生きている、この基盤的波動領域に合わせ、共鳴してみる。

・音楽、瞑想、自然の中での散歩、編み物、深い集中、「ゾーン」に入る、走る、料理、絵を描く、踊るなど、あなたが最も惹かれるものなら何でもいいので、自分の波動を最も効率的に高める方法で、このフィールドを利用する練習を毎日実践する。

もし、これらのことが不可能に思えたり、魔法のようで非現実的に思えたりするなら、少なくとも、あなたの学習を妨げようとする妨害や皮肉の声を一時的に遮断してください。自分自身に、無限を体験し、無限に同調してゆくチャンスを与えてください。1カ月、あるいは2カ月間はこの実験を繰り返すと約束してください。可能性に身を委ねてください。

本書には健康、環境、動物福祉、意識的なビジネス、医療、教育、政治、統治、目覚めた霊性といったさまざまなテーマが取り上げられていますが、こうしたことにすでに興味をもっているすべての人々を組み合わせれば、世界的に見ると、私たちはすでに社会進化においてポジティブな転換点に到達しているのかもしれません。広く網を張れば、システム全体を覆すために必要なごく少数のパーセンテージにすでに到達しているか、あるいはもうそれを超えているかもしれません。

このような大きな進化の飛躍には、新しいレベルの思考、知覚、行動が求められます。私たちは自然そのものです。この美しく、生き生きとした、慈悲深い宇宙の一部として、私たちは自らの未開発の能力について多くのことを発見しなければなりません。

あなたは、すべての人のための平和と繁栄を実現する新しい世界秩序を設計するための力になりたいですか？　あなたのＶＱ©を開発し、参加してみませんか？　そのために必要なことは、精神的な勇気をもって自己の本質を深く探究すること、それだけです。私たちはいまこそ、自分自身を深く知らなければいけません。私たちは、ほとんどの人がまるで信じられなかったことをはるかに凌ぐ存在なのです。

恐怖や分離と善意や愛、どちらを広めたいか選択するとなれば私たちは善意や愛を広めたいと思います。意思さえあれば、私たちは何でもできると私は信じています。そしてそうしたいと思っている人はすでに大勢います。

どうぞ、自分自身を「一滴の中の海」と考えてください。すべての意思決定を意識的に行いましょう。そして、意識的な意思決定がもたらす効果に気づいてゆきましょう。あなたはすでに、自分の神聖な存在のすべての瞬間を積極的に共同創造しています。これからは、より大いなる意図と識別力をもってそうしてください。本来のあなたの壮大さを呼吸とともに吸い込み、あなた自身が本当に素晴らしい存在であることを自らの目で確認してください。あなたはそうなのです！　そして、私たちは皆で一緒に歓迎します。

イブ・コンスタンティンは、知的で慈悲深い宇宙の統一言語を利用するには、振動と周波数でつながっている広大な私たちの故郷とのコミュニケーションおよび相互作用を学ぶ必要があると伝えています。私たちの中に組み込まれている無限の共同創造の能力は、振動知能＝ＶＱ©を発達させることで解き放つことができます。ＶＱ©は、私たちが純粋な可能性の領域に到達し、自らを支える善意の力と一致して生きる世界を意識的に共同創造するために役立ちます。

行動への呼びかけ

意識的に自然界に入り、私たちの地球という故郷の広大さに深くつながり、宇宙の言葉に耳を傾けてください。あなたの足元で地球が生きているのを感じてください。あなたの頭上にある銀河を見てください。自分自身を、一滴の中の海全体として感じてください。

第30章

新しい日の夜明け

クリスチャン・ソレンセン師（神学博士）

「すべてが間違っています。私はここではなく、海の反対側で、学校に通っているべきなのです。ですがあなた方は、私たち若者に希望を見出そうと集まっています。よく、そんなことが言えますね。あなた方は、その空虚なことばで私の子ども時代の夢を奪いました。それでも、私は、とても幸運な1人です。人々は苦しんでいます。人々は死んでいます。生態系は崩壊しつつあります。私たちは、大量絶滅の始まりにいるのです。なのに、あなた方が話すことは、お金のことや、永遠に続く経済成長というおとぎ話ばかり。よく、そんなことが言えますね。

30年以上前から、科学が示す事実は極めて明確でした。なのに、あなた方は事実から目を背け続け、必要な政策や解決策が見えてすらいないのに、ここに来て『十分にやっている』と言えるのでしょうか」

――グレタ・トゥーンベリ（当時16歳）
2019年国連地球温暖化サミットにて

地球はいま、寄生虫のような消費文化から逃れようとしており、私たちはこの地球の痛みを感じています。私たちの外の世界は助けを求めていますが、幸い、人が認識している軌道が唯一の可能性ではありません。人類は、もっと洗練された在り方を求められています。

苦悩の時代は、より高い意識の発展につながり、やがては平和をもたらします。この恐怖と不安の時代に、意識的な進化を培うために、私たちは、今は見えていない大きな可能性を見る練習をし、支援してくれるコミュニティを求めるのです。人類の新しいポジティブなストーリーを再構築するためには、生命そのものを持続させるエネルギーに信頼を寄せることが何よりも重要です。

外の世界で起きていること

人々は「自分たちのもの」を愛し、電子機器やテクノロジーを愛していますが、それらを家に届け、継続的に更新し、廃棄するために何が費やされているかは考えていません。欲がエスカレートする一方の私たちは、この地球の歴史上で最も破壊的な種となってしまいました。私たちの消費により排出される廃棄物は、共有資源を破壊しています。私たちは地球の肺であるアマゾンの森林を焼き払い、皆伐（かいばつ）しています。アジアの大河を潤すヒマラヤ山脈の氷河は、驚くべき速さで溶けています。南極の氷床は崩壊しています。アフリカの砂漠は拡大しています。

今、地球を焼き焦がしているものはすべて、私たちの生活に影響を与えています。私たちが生きているこの時代は、私たちに目を開くように呼びかけているだけでなく、行動を起こすように私たちの魂を駆り立てています。いまこそもう一度外に出て、この地球は生きており、私たちは地球上の兄弟姉妹と彼女(=地球)を共有していることを思い出さなければいけません。私たちは、二酸化炭素排出量と自然界の二酸化炭素吸収能力のバランスを取り戻し、問題解決の一端を担わなければなりません。

西洋人は長年にわたってこれらの問題に直接は関わらずにきましたが、これからは話が変わってゆきます。例えば、自分の木が伐採される、学校に通う子どもが無事に帰宅できるか心配する、有害物質に毒された自分の身体を心配するなど、個人的な問題になるとすべてが現実のことと感じられます。それはもはや遠い国の話ではありません。恐怖のパンデミックは私たちの家に住み着いているのです。

私たちは今、選択を迫られています。私たちはこのまま絶滅への道を歩み続けるのでしょうか。それとも、意識的な進化に参加し、母なる地球とその創造物すべてを愛し、調和のとれた関係を築き、人類を1つの家族へとまとめるような行動をとるのでしょうか。

私たちには、この貴重な瞬間を認識している内なる高次の観察者として、社会的なストーリーを再評価することが求められています。

あなたの中の空間にある新しい日のビジョンを、外の世界に反映させましょう。恐怖や不安の束縛から自分を解放するためには、どうすればいいのでしょうか？　あなたは、あなた自身となるために生まれたのであり、社会が求めている型にはまるために生まれてきたのではありません。私たちはもう、「救世主」が来て救ってくれるのを待ってはいられないのです。私たち全員が、この内なる呼びかけに応えてゆかねばなりません。新しい日の希望は、あなたの中にあるのです。

内なる高次意識からの呼びかけ

もしもすべてがそれほど切実な状況ではないとしたらどうでしょう？　今起きていることが、より高い意識への呼びかけだとしたら？　新しい世界の誕生を語る、新たな進化のストーリーがいままさに出現しているのだとしたらどうでしょう？　魂を込めてハートを活性化させ、展開し始めているこの意識的な進化に参加しようではありませんか。

過去にも意識の飛躍が求められた時代がありましたが、今回は私たち1人ひとりが、この地球やお互いと調和して生きていくために何が可能なのかという、もっと高次な内なるビジョンに目覚めなければいけません。新しいグローバルなストーリーとは、私たち1人ひとりの中を通して湧き上がってくる1つの新しい思想の集合体のストーリーであり、お互いを支え合い、私たちを結びつけてくれます。

人類のグローバルなハートと魂はいま、私たちを無関心と無知から目覚めさせています。それは私たちが見るもの、考えるもの、行うものすべてにもっと心を配ることを、マインドフルネスになることを喚起しています。今こそ、この変革の瞬間に秘められた可能性を、皆で認識する時です。これは豊饒の時です。マインドフルネスは、もっと偉大なビジョンを理解してゆくために役に立つのです。

瞑想、思索、沈黙、祈り、自然散策など、マインドフルネスを実践する時を過ごしていれば、いずれ私たちの知覚はより高い周波数と一致してゆきます。私たちは、今起きている大規模な動きの中でより効果的な役割を果たせるように、この共鳴場の中で時間を過ごさなければなりません。聖なる活動、行動を通して情熱を示してゆく動きが始まっています。これは、子どもを守る母親のエネルギーであり、先を見越した抑制不可能な出産であり、すべての生き物の相互のつながりが現実化しているのです。

統合された全体性に到達する

どうすれば、時間切れになる前にすべての人のための世界を作ることができるのでしょうか？地球を救うことは、観戦スポーツではありません。地球環境の悪化を覆し、貧困を撲滅し、人口を安定させるためには母なる自然の呼びかけに注意を払い、迅速に行動しなければいけません。そうしなければ、もう取り返しのつかないことになってしまいます。母なる自然は、地球にバランスを取り戻すための別の選択肢、私たちにはまだ見えていない選択肢を持っています。私たちはこれまで彼女の呼びかけに応えてきませんでした。いま私たちが率先して動かなければ、彼女は自分の惑星を撤収してしまうでしょう。それはパンデミックや異常気象、あるいは小惑星の衝突といった形をとるかもしれませんが、いずれにしても、人類が迅速に対応し、調和のとれた共同生活を送るようになるための出来事が起きるのでしょう。私たちは、何か違うことをしなければなりません。

・人々の食糧、水、医療、住居を提供する基本的なシステムを守らず、軍事目的のために年間1兆ドル以上を費やしている世界は、地球の生命維持システムとのバランスを保ちながら生きるという優先事項からずれているかもしれません。人類を自滅から救うために、その4分の1でも再配分することが妥当な要求ではないでしょうか。

・自然と交わり、内なる空間へと旅をしてください。そこではフクロウがこの世を超越したところに見ているものを見ることができます。自分の魂に耳を傾けてください。風があなたの名前を呼んだり、あなたの肩を叩いたりする音がまだ聞こえるかもしれません。

・時空を超えた新境地の神秘を見ようとする神秘主義者のように、あなたなりのマインドフルの練習をしてください。そうすれば、あなたもすべての生命との一体感に意識的に気づくようになります。あなたのスピリットを鷲たちと一緒に高らかに飛翔させましょう。苦闘の争いからあなたを引き上げ、高尚な物語を容易に知ることがおのずとできるようになりましょう。

・生命というもっと大きなストーリーの中の自分の立場を思い出してください。犠牲者ではなく、自然の一部としてのあなたです。すべての生命との内なるつながりを感じ、自分が本来もっているリズムを思い出し、自然な場所に戻りましょう。

・崩壊の恐れに注目するのではなく、可能性のビジョンに目を向け続けてください。私たちは今、神秘的なルネッサンスの只中にいます。人間の精神には革新的な表現という独自の特徴があり、それによって私たちはこれまでも必ず危機の時代を切り抜けてきたのです。

人類は、テイヤール・ド・シャルダンが「叡智圏（ヌースフィア）」と呼ぶ地球の心臓部を介してつながりながら、さらに大きな融合と統合に向けて成長しています。静寂の中に座り、マインドフルに内なるフロンティアを探究すると、魂の胎動を感じることができます。自分自身よりも大きなものに奉仕している時、より大きな可能性のビジョンを共有することが喜びになります。

新しい夜明けが来ています。私たちは行動を促し、新しいビジョンを書き、進化するストーリーを共有することを求められています。ものごとの表面だけを見るのではなく、情熱と信念をもってそれを実現するために語りかける、マインドフルな予見者になってください。私たちは皆で一緒にやってゆくのですから、これが新しい集合的な会話になるように手を貸してください。より多くの人が一体となって話せば、それはもう抑止できない潮流となり、この潮流によって古いストーリーは新しいストーリーに入れ替わるでしょう。意識的な進化には参加が必要であり、いま、あなたの参加が求められています。

地上の天国を実現するために

私たちは皆、差し迫った災害から逃れ、地球上にエデンの園を築き直すという重要な役割を担っています。そのためには形ではなく、内なる洞察に基づいて行動しなければなりません。古いやり方を変えるには、新しい日の曙(あけぼの)の中で生き、動き、存在しなければなりません。

これは、すべての人の中に善が息吹(いぶ)いていることを信じ、子や孫、それに続く世代のために発言し、感情から解放された意識的進化の証人として現在の地球の問題について教育することを意味します。このように世界を恐れずに見て存在する人は、いま私たちの地球上で起きていることは私たちが一丸となって地球の幸福のために動き出す必要を迫る警報であると知っているということです。

私たちは、社会的蜂起の新たな脈動に関わってゆくことを意識的に選択しています。私たちの声を届けてください。街頭で情熱的に叫び、議員に手紙を送り、新聞記事に意見を書き、ソーシャルメディアに投稿し、役立つ情報を友人や家族と共有しましょう。統合し、実行し、人々の心を駆り立てましょう。この瞬間、地球を彩っているこの革命を祝福しましょう。私たちはいま、この地球の歴史の中でかつてないほど必要とされています。変化をもたらす人、変革者が求められているのです。今こそこの呼びかけに応え、天然資源、地球、そして人類を救うための変革の先駆けとなりましょう！

第30章 スポットライト

新しい日の幕開けとともに、クリスチャン・ソレンセンはこれまでの社会的な物語をより高い観察者の視点から再評価するよう私たちに呼びかけています。彼は、母なる地球とすべての創造物と調和した関係を保ちながら歩む「統合家族」となるために行動することによって、私たち全員が人類の意識的な進化に参加しているビジョンを描いています。

地球の幸福のために私たちを動かす、新たなグローバルな物語が生まれています。それは、私たち1人ひとりの中に生まれてくる新しい思想の集合体であり、私たちを互いに支え合い、自分自身よりも大きなものへの行動と奉仕を呼びかけるものです。

行動への呼びかけ

人類の新しいストーリーを書くために、地球と人類全体との調和を歩みましょう。一日一日に感謝の気持ちを表すことを心がけましょう。今日、他の人のために親切なことを1つしましょう。

第31章

赤いマントをまとい、スーパーパワーを起動させよう

ダイアン・マリー・ウィリアムズ

今、人類の進化の1つ上の次段階へギアアップする時が来ています。私たちは、人類がもち得る、最も高度なレベルで活動してゆくのです。気候変動、地球規模のパンデミック、人類のアイデンティティの危機が起き、私たちの生存も地球上のすべての生命の生存も危機に瀕しています。私たちはいま、選択の時を迎えています。私たちは、生命を育んでくれる全地球を破壊する大量絶滅を選ぶのでしょうか、それとも集合意識の人類史上最大の変化をもたらす「大規模進化」を選ぶのでしょうか。後者を選んでいる人は、もっと大きなことが可能であることを知っています。

意識の大躍進をもたらす

現在の私たちの想像を超える、壮大な共同創造の未来に向けて地球上の意識を大きく飛躍させるには、何が必要なのでしょうか？　その答えは、私たちが大好きなアクションヒーローのように赤いマントを身につけて「スーパーパワー」を発揮することです。ヒーローたちは、世界を救うため

に自分の力をどう使えばよいか、いつも確信をもっているようです。彼らにできたなら、私たちにもできるのではないでしょうか？

スーパーマン（通称クラーク・ケント）は、クリプトン星の出身です。彼が子どもの頃にその星が滅亡しそうになったため、両親は彼を宇宙船に乗せ、より住みやすい惑星である地球に送り込みました。彼は自分を育ててくれた地球への感謝の気持ちを、自分の力を発揮することで表現したのです。

この本を読んでいる誰もが、ミスター・ケントと多くの共通点をもっています。私たちの超能力はクリプトナイトではなく源（ソース）のエネルギーです。私たちはその力を使って、クリプトン星のように人が住めなくなる前に地球を救い、善のために力を発揮したいと思っています。ただし、スーパーマンは私たちの美しい惑星、地球に移住しました。私たちのバックアップ・プランは何でしょうか？

いまのところ、私たちには実行可能なＢプランはありません。地球は私たちの故郷であり、現在のところ、私たち全員を安全かつ長期的に居住可能な他の惑星に連れていけるような技術は存在しません。ですからＢプランが見つかるまでは、あるいは宇宙の優しい超生命体が助けてくれるまでは、私たちはいまここで行動することを受け入れなければいけません。クラーク・ケントがスーパーマンになるために分厚いメガネを外し、スーツとマントを身につけた時、彼は現実に対する認識を変え、無敵になることができました。私たちも、自分たちがどんなことを達成できるかについて、認識を変えなければいけません。なぜなら、現在の状況を覆すには、私たちが本来もっている桁外れの潜在能力を完全に認識し、完全に活性化させる必要があるからです。1970年以降、生息地破壊、狩猟、汚染、人口過剰、過剰消費、気候変動などによってすべての動物の50%以上が失われています。今すぐ行動を起こさなければ、現在海にいる魚は2048年までに消えてしまうかもしれないと研究者は言っています。[1] 1980年以降、地球上で危険な暑さや極端な暑さが起きた場所が50倍に増加しています。人間の細胞は、わずか106〜113°F〔41・1〜45℃〕で死に始めます。地球の気温が上昇するにつれ、人類の生存能力は限界に達します。[2] 私たちの生活様式を根本的に変えない限り、私たちの行く末は明らかです。

私たちは、自分が思っている以上に素晴らしい存在である

スーパーマンは、いつ眼鏡を外して自分の正体を示すべきか、そのタイミングを心得ていました。彼のように、私たちも自分がスーパーヒューマンであることを完全に理解し、赤いマントを着て超能力を発揮し、空間・時間・制限の次元を超えてすべてが可能な量子場へ昇華する時が来ています。今、まさにそうすることが求められています。山を動かすだけの時代は終わりました。1万1000人もの科学者が「今、行動しなければ、私たちの運命は決まってしまう」と悲痛な警告を発しているのです。それほどの膨大な気候変動の緊急事態に対処するために、私たちは行動を起こす必要があります。

ニコラ・テスラは「科学が非物理的現象の研究を始めた暁には、10年の間に、それまでの数世紀

を超える進歩を遂げるだろう」と述べています。[3]

ハートに基づくコヒーレンス法〔心拍の安定化によって心身の調和をもたらす技術〕、意図設定の力、量子的な非ローカル・コミュニケーション、超常現象、テレパシー、透視、予知、超感覚的知覚（ESP）、サイコキネシス、輪廻転生、遠隔ヒーリング、リモートビューイング、臨死体験、体外離脱体験、[4] 他の知的生命体とのコミュニケーションなど、非物理的な現象の研究をせずには、人類の大規模な進歩はないだろうと、テスラをはじめ多くの人が考えてきました。また、私たちすべてを繋いでいる生きた知性領域、つまり私たちが常にやりとりをしている、創造と進化を続けている領域とのコミュニケーションについても同様に研究する必要があります。

私たちが現実の本質を理解し、人類として次の進化段階に移行する可能性を開いてゆくためには、このような現象や知性を研究し、利用し、皆で創造してゆくことが不可欠です。率直に言って、スーパーマンのように宇宙船に乗り、まだ発見されていないB惑星移住計画というバックアップ・プランを回避するためにも重要です。

非物質的な協力者と連携し、より深い関係を築いてゆけば、私たちはフィールドを通じて、起動の準備ができたという明確なシグナルを送れますし、彼らはそれを受け取ります。私たちは宇宙の不可欠な一部であり、本質的に生来の自分自身を備えているのですから、宇宙の生来のスーパーパワーを受け入れ、それを体現することに「はい、参加します！」と言えば、私たちの人生は大きく様変わりすることでしょう。

癒やしと調和のためにパワーを使う

キリストはテレポーテーションで移動し、日常的に奇跡を起こし、水などの元素をコントロールしたと伝えられています。水の上を歩いたり、嵐を鎮めたり、水をワインに変えたりしたといいます。もしそれが可能ならば、21世紀の人間である私たちは、そのような力を使って気候変動を元に戻すことができるのではないでしょうか？　できるはずです。今こそ私たちは普遍的な存在としての最高の在り方、そして最愛のコミュニティの最高の在り方を心の中にビジョンとして抱き、それに確信をもつべきです。

スーパーヒーローや奇跡を起こす人たちのように自信をもって、私たちは形而上学的なエネルギー、才能、テクニックを使って私たちの方向性を逆転させ、私たちに有利な方向へと転換させるのです。新しい世界の共同創造者である私たちには、万物の現在・過去・未来がコードとしてプログラミングされています。スーパーヒーローや奇跡を起こす人たちにできることなら、私たちにもできるはずです。

さあ、奇跡を起こしてゆきましょう！　赤いマントをつけたスーパーヒーローなら誰でも知っているように、高い意識状態には多くのゲートウェイを使って到達することができます。高い周波数は人間に本来備わっている超能力を活性化します。ですが、まずはハートから始めましょう。私たちのハートは私たちの波動、神聖なエネルギー、資質、能力を高く引き上げるポータルです。ハートマス研究所[5]で提唱されているようなハートに基づくコヒーレンス法によって、私たちはハートの知性を活用し、私たちすべてをつなぐフィールドでお互いに直接つながるリンクを作ることができます。私たちの美しいハートは、同じ使命をもつ人たちを引き寄せ、現在の世界的な危機に、すべての創造の母体である「愛」という最大の力を用いて共に力を合わせて対処してゆくことになるでしょう。

沈黙、瞑想、自然の中で過ごす、相乗的活動に広く関与してゆく、ハートに基づいて意識的に意図を設定するといったことを行うことで、非局所的な世界への入り口が開かれ、物理的スペクトルの外側にある意識や、より拡大した現実の状態を垣間見ることができます。非局所的な世界に接続されると、私たちは高次元の現実やあらゆるレベルの知性とつながります。すると、人々が自らを癒やすのと同じように、私たちの大切な地球がおのずと癒されていく様子が見えてくることでしょう。

志を同じくする友人や仲間と深く交わったりシナジー体験をすると、普段の生活では見ることのできないものを見たり感じたりすることができます。数年前、ソース・オブ・シナジー財団は、「意識的進化の呼びかけ——私たちの選択の時」というイベントをUCLAで開催しました。そのプログラムの中で、シーダ・ギャレットが「マン・イン・ザ・ミラー」を歌うと、プログラムに参加していたエボリューション・リーダーズ・サークルのメンバー全員がステージに上がって彼女やバンドや観客たちと一緒に歌いました。[6]全員で「変化を起こそう！(Gonna make that change!)」と歌っている会場の一体感は尋常ではなく、私には客席全体の人や物が光の分子として見えたのです。

変化を起こそうとする私たちの集合的な意思が調和してその振動が物質を動かし、形が光になるような形態場を作り出していたのです。なんという量子的な瞬間でしょう！　私たちが体現した一体感は、スーパーマンが成層圏に飛び立ち、時空間や物質を超えた高い周波数に到達し、その振動をさまざまな存在の領域で遊ぶ準備が整っている完全に意識的な宇宙に放射している時の感覚と似ているに違いありません。

幸いなことに、ワールド・ワイド・ウェブによって私たちは世界のコミュニティに参加することができ、グローバル・コヒーレンス・イニシアティブ、パワー・オブ・エイト・インテント・グループ、アースデイ、グローバル・ワンネス・デイ、ユニティ・アース、国連国際平和デー、ヨガ・アンド・ハピネスなどのイニシアティブによって、より深遠な方法でお互いにつながり、非ローカルな世界とつながり、集結しています。このようなワンネスの集合的な経験が、私たちの存在の真実を明らかにする無限性へのゲートウェイです。私たちの中には、宇宙のスーパーパワーが存在しています。スーパーマンやスーパーウーマン、天使やヨギにならなくても、その力を発揮することができます。あなたはもうすでに素晴らしい、無敵の「スーパー・ユー（あなた）」であり、そのままでいいのです。さあ、私たちのクラーク・ケントの眼鏡を外し、赤いマントを着て変化を起こしましょう。

第31章　スポットライト

ダイアン・マリー・ウィリアムズが示しているように、気候変動、パンデミック、人間としてのアイデンティティの世界的危機といった差し迫った地球規模の課題に応じるためには新たなストーリーに貢献することです。つまり、人間が本来もっている超能力を活用し、人類の進化の次の段階へギアをシフトアップするのです。自分が何者であるか、どれほどのことを達成できるか、このような認識を変えると、私たちは自分が思っている以上の存在であることがわかります。地球規模のコミュニティとして、人類がもち得る最も高度なレベルで集合的に関与し、活動すれば、私たちは今の想像を超えた壮大な未来を共同創造してゆくことでしょう。

行動への呼びかけ

あなたは、自分が想像していたよりももっと凄いことができたという自分のスーパーパワーを経験したことがありますか？　自分の経験を振り返ってみてください。何がその経験を可能にしたのでしょうか？　信念や認識の変化、自然の中にいること、静寂、思いやり、より深いつながりを感じたいと思ったこと、心を開いたこと、他の人や私たちの世界に癒やしをもたらそうと思ったこと、などでしょうか？　この経験に感謝の気持ちを伝えてください。瞑想の最後に、「大いなる善のために、自分の超能力をもっと完全に使う準備ができています」と明確な信号をフィールドに送ってください。そして、魔法が繰り広げられるのを見てください。

第32章 人類のハートの変化

クラウディア・ウェルズ

アポロ14号の宇宙飛行士で、6番目に月面を歩いたエドガー・ミッチェル博士は、宇宙から地球を見た時、宇宙は知性と愛に満ちた一致的(コヒーレント)な完全体であるという認識を啓示として受けました。彼が直接体験した一体感はすべての生命を含んでいて、それにともなって自分自身や人類、そして人類の未来を決定する可能性についての感覚が大きく広がったのです。彼は、人類が存続するためには、人間としての能力の限界についての信念を変えなければいけないことがわかりました。それは、今でも同じです。

超人類新生時代の議論では、人間の行動が自然の力にたとえられ、地球の自然機能に大きな悪影響を与えているとされています。機械的な分離に基づく従来の世界観では、事態を好転させるための選択肢は限られていると考えられています。しかし、宇宙はホログラフィックでホロニック〔異質なものの集合体だが調和がとれている状態〕であり、すべてはつながっているとする世界観がありま す。この世界観は、全体が各部分に反映され、各部分がより大きな全体を構成していると捉えています。この視点では、人間は単に地球のシステムに依存する存在ではなく、自然の組成原理に組み込まれたパワーある意識的存在なのです。ちょうどいいタイミングでもあります。進化生物学では、危機は、漸進的な変化ではもはや生物が限界を超えることはできないことを知らせるために、そのシグナルを送るために起きるといいます。人類にはいま、このようなシグナルが殺到しています。私たちはどのように対応するのでしょうか？

宇宙学者のブライアン・スイムは、ＤＶＤ『宇宙の力 *The Powers of the Universe*』の中で、「生命は私たちに新たな要求をしている。意識的な自己認識による相乗効果を求めている」と忠告しています。[1]生物学者でシステム理論家のピーター・コーニングは、相乗効果を「自然の魔法」と呼んでいます。相乗の効果は徐々に増加してゆくのではなく、急激な進化の飛躍をもたらし、各部分の総和よりももっと大きな真新しいシステム全体を形成するからです。[2]すべてが連動しているというパラダイムなら、相乗効果の創造に人類も意識的に参加できるに違いありません。私自身の最大の発見は、生命の新たな要求を満たすためには、自分のハートの一貫性が重要であることを示す科学的証拠があったことです。私たちは皆、この創造的な作用力を持っているのです。

相乗効果によるハートの変化

全体がつながって調和している状態を「一致性（コヒーレンス）」といいます。コヒーレンスは、私たちの体内の原子や空の星など、あらゆる場所、あらゆる規模に表れています。生物学的なシステムでは、コヒーレンスは、生命プロセスの統制が効率的に最適に機能していることを意味します。ハートマス研究所（ＨＭＩ）では、この最適な機能と幸福が心臓によって推進されている状態を「ハート・コヒーレンス」と呼んでいます(3)。この状態では、心臓と脳の相互作用が促進され、脳半球の活動がよりバランスのとれたものになり、心臓血管系、内分泌系、呼吸器系、神経系などの身体の振動知能が互いに同調し合います。これは、心臓が身体のリズムメーカーのマスターだからです。心臓のリズムが整然とした波形を描くとき（この波形は心拍変動バイオフィードバックに表れます）、心臓は体内でより大きなまとまりを編成する信号を送っていることになります。ＨＭＩではこの波形を、人間のシステムの中核を成す「愛」の生理的サインと呼んでいます。というのは、この波形は愛や感謝、思いやりなど、私たちに幸福感をもたらす再生的な感情を味わった時に自然に現れるものだからです。この心理生理学的、つまり心身の一貫性は私たちが生まれながらにしてもっている権利ですが、日々の生活のストレスのために私たちはそれを取り戻す選択を行わなければなりません。

細胞生物学者のブルース・リプトンは「知性は、システムがシステム自体とつながるときに生まれる」と言っています。各部分の総和よりも大きな全体性が生まれる、これは相乗効果の定義そのものです。同様に、心臓のコヒーレンスは体内の情報の流れをスムーズにし、内部の相乗効果を高めるので認知力や創造力の向上、知覚や直感の拡大、ストレス要因に対する心理生理学的な回復力など、より複雑な機能を発揮することができます。一方、恐怖や不安など退行的な感情によるストレス状態が慢性的に続くと心臓のリズムは乱れた波形となり、人間のシステムにおける一貫性や調和が損なわれます。

ＨＭＩは、心臓に焦点を当てた呼吸法と、本物の再生感情を呼び込むことで、意図的に心臓の信号の一貫性を高めることができることを科学的に実証しています（この発見は非常に重要で、米国心臓病学会誌に掲載されました）から、自分で選択すれば、私たちは大きなコヒーレンスを得られることがわかっています。そしてその選択には、私たちの生物学的特性を超えた利点があることがわかっています。自分の中の調和・一貫性が強まると、他人や世界とつながってゆけるようになるのです。このように大きな全体とつながりが活性化すると私たちは新しい情報を取り入れるようになり、知覚は拡大してゆきます。

私たちは誰でも、世界をどのように捉えるかを自分で選び、どう対応するかを自分で選択することによって、いくらか自由になったという経験があるはずです（ほんの小さな自由だったとしても、です）。そのような時、私たちは「心（ハート）の変化」が起きた、と表現したりします。コヒーレンスはこの自由度を高めます。ダライ・ラマ法王は、「世界が悪く見えるときは、花を見なさい。そこには、また別の真理があります」と助言しています。[4] 物理的な花がなくても、心は同時に存在している真実に私たちを結びつけることができ、その大きな認識が私たちの生態と現実感を変えるのです。私たち自身・他人・世界の生態系は、「エボシステム」になります。エボシステムとは私がつけた呼び名で、私たち自身のコヒーレンスを意識的に認識することによって、生命からの新たな相乗効果への要求を満たし、進化（エボリューション）する生態系のことです。

私たちに生来備わっているこのコヒーレンスを取り戻すことで、これまで見えなかったものが見えるようになり、これまで認識できなかったものが認識できるようになります。私たちのハートが内面の一貫性を作り出すように、私たち自身の一貫性がひいては外界の一貫性を高めてゆきます。

つまり、集合体としての「心の変化」が世界を変えてゆくのです。

内なる相乗効果がシステムの相乗効果を生む

コヒーレンスは、私たちの知覚（ひいては、態度や行動も）を形成するだけでなく、最も基本的に私たちの「波動」を形成します。電磁的な地球環境に生きる電磁的な存在である私たちは、エネルギーの波動を放射しています。心臓の電磁場（ＥＭＦ）は身体の中で最も大きく、心臓の信号を24時間３６５日、周囲３６０度に発信しています。これは、電源が入ったままの、機内モードのないスマートフォンのようなものです。私たちが生成している心臓の信号を、私たちはすべて送信し続けているのです。

ＨＭＩの研究では、ある人のコヒーレント信号が他の人や動物の神経系内で観測されることが確認されました。高感度の磁力計で検出可能な、この目に見えないどこにでもあるフィールドは、ハートのエネルギーが個人を超えて社会、さらには惑星にまで影響を与える方法の1つとして、共鳴を利用していることを示唆しています。これは、ＨＭＩの「グローバル・コヒーレンス・イニシアティブ・プロジェクト」の科学的仮説です。私はこの可能性を知った時、空に見えるのは星だけではなく、星同士を繋いでいるものが突然見えるようになったような気分になりました。

この自分自身の内なる相乗効果を用いれば、私たちがこの世界で物理的に何をしていようとも、生命の新たな要求に応えることを選択できるかもしれません。地球の電磁波環境が人間の心理・生理に甚大な影響を与えているということは、人類の集合的な「波動」は地球にも影響を与えているかもしれません。そう考えると、この選択はより重要になります（身体の中で最も影響を受けるのは心臓ですから）。物理的に何もしていなくても、私たちの存在の質そのものが地球の健康を左右するのかもしれません。

相乗効果を求める生命の要求に応えるにあたり、他に関係するコヒーレンスの特性を挙げたものが、以下です。

1. コヒーレントなエネルギーには力があり、一緒に動き、持続します。レーザー光（空間的にコヒーレントで、鉄に穴を開けることができ、顕微鏡手術にも対応できる）と白熱灯（空間的にインコヒーレント）の違いを考えてみましょう。

2. コヒーレントなエネルギーは情報を保持し、消滅を最小限に抑えて動き、エントロピーの発生を最小限に抑えることができます（エントロピーとはシステム内の情報や秩序の喪失のことです）。相乗効果により、コヒーレンスはシステムの中で新しい情報の獲得を促進し、より複雑な秩序とポジティブな進化を育むこともあります。

3. コヒーレントなシステムはつながっていて、部分は全体の知性を利用できると同時に、最大限の自由を経験することができます。[5] 全体の利益の中で部分の利益を最大化するための条件を整えると、より大きな相乗効果によって自然の跳躍が可能になり、コヒーレンスは本来の可能性を発揮します。

より一貫した人間性

人類は自然の力であり、その構成はハートの変化によって変わりつつあると私は考えています。意識的に選択することで、首尾一貫した状態は人間が時折見せる一時的な状態ではなくなり、コヒーレンスは永続的な人間の特性へと変化してゆき、それとともに人間は自然の力である存在から、全体性を回復させる自然の力を体現する存在へと進化するかもしれません。

私たちの元には危機という進化のシグナルが送られてきましたが、私たちは人間のハートというコヒーレントのシグナルでそれに応える選択ができるのです。哲学者ケン・ウィルバーは、「普遍的人間（ホモ・ユニヴァーサリス）」が出現するとき、目に見えない一定形のパターンがともなうと考えており、人類がその変化を知る方法は、「愛の感情がはっきりと強まること」だと述べています。[6] 心臓のコヒーレントな波形は、愛の感情に対する反応であり、目に見えない形のパターンなのです。HMIは、これを意図的に育てることができることを実証しています。

ジェームズ・マーク・ボールドウィンやジャン・バティスト・ラマルクなどの進化論では、行動の持続的な変化が種の進化を形成するとされています。[7] つまり、人類は自らの進化を選択することができるのです。ノーベル賞受賞者のイリヤ・プリゴジンをはじめとする物理学者たちは、複雑なシステムが平衡状態からかけ離れている場合、つまり現在のような場合、小さなコヒーレンスの島々がシステム全体を高次秩序へ移行させることを実証しました。私たちは、この島々になることを選ぶことができます。トーマス・ヒューブルのような現代の神秘主義者は、生命の自己治癒メカニズムの一部として、コヒーレンスにはあらゆるシステムの断片を統合する力があると教えています。[8] 私たちは、生命の自己治癒メカニズムの一部となることを選べるのです。

アポロ14号のミッチェル船長は、宇宙から見た地球の姿がきっかけで、愛に満たされた統一意識を体験したといいます。ヒンズー教の聖典『ウパニシャッド』では、ハートが全宇宙の支点とされていることを考えると、ハートのコヒーレンスの恩恵は地球をも超えた、はるかに大きな全体性を創造しているのかもしれません。

第32章 スポットライト

現代のニーズを満たすために、人間のハートに秘められた能力を通して、内なる空間はどのように私たちと外なる空間を結びつけるのかを、ノエティック・サイエンス（知性の科学）研究所のクラウディア・ウェルズ氏は見事に説明しています。彼女は、人間の行動が自然の力として働き、地球のシステムの機能に影響を与えていることから、私たちは単に自然の組織原理に依存しているだけではなく、意識的にその一部を担っている存在であると説明しています。これは、意識的な自己認識による相乗効果を求める新たな要求であり、その要求を満たすためには、私たち自身のハートのコヒーレンスが中心となります。その要求を満たすために、私たちは1人ひとりの選択において発揮できる力をもっているのです。

『行動への呼びかけ』

あなたのハートの波動に注意を向け、大切にしましょう。ハートのコヒーレンスを高める方法を探求し、それがあなたの人生にどんな違いをもたらすか、気づいてください。他の人たちと一緒に、地球上に大量のコヒーレントなエネルギーを生み出し、生きとし生けるすべてのために役立てましょう。

サークル

7

全体構想

持続可能性、繁栄、そしてグローバルな
変革をサポートするために、
私たちは全体を構想します

第33章

カルチャーを進化させる――ブレークダウンからブレークスルーへ

ジャスティン・ファーマン

世界の生活水準は観測史上最高レベルに達しているにもかかわらず、環境破壊、精神疾患、慢性疾患、貧富の格差が同時にピークに達し、私たちがこれまで築いてきたすべてを崩壊させようとしています。

私たちは、社会の進化に向かって確実に前進しています。文明の新しい段階に入る兆しは私たちの周りのいたるところに見られますが、大部分はホリスティックな進歩でも啓蒙的な進歩でもありません。つまり、植物、動物、人間をはじめとするすべての生命にとって有益で、世界の繁栄と平和、そして長期的な持続可能性をあらゆるレベルで真に支えられるような進歩ではないのです。

皮肉なことに、私たちが直面している進化の課題に対処できる解決策は、私たちが猛烈に破壊している自然環境の中に隠されています。私たちの惑星、ひいては宇宙全体の優雅で自己組成的な生態系を動かしている第一原理は、私たちの社会の中にも大規模に適用することができます。手つかずの原生地域で見られるような、共生的で、強い回復力を備え、無限に豊かで、健康と生命を肯定するような相互関連性を、この社会に生み出すことができるのです。

私たちの種が現在陥っている窮状とは、前世紀の急激なグローバル化の結果として、地球上のすべての経済・社会・環境システムが極度に絡み合うようになり、従来のトップダウン的な中央集権国家を中心とした法律システムでは、あまりにも複雑化した私たちの状況に対応できなくなっていることです。この複雑さは、テクノロジーの急速な台頭によってさらに悪化の途をたどっています。加速度的に発展するテクノロジーは、現在の理解では、これまで挙げたすべての力がどのように相互作用し、時間の経過とともに展開してゆくのかを予測できず、思いがけない環境的・社会的外観のパンドラの箱を開いているのです。

このような状況ですから、私たちにとって、社会・経済・統治システムの次の段階をデザインし、集団・個人・全体資源（つまり、あらゆる形態のすべての生命）の最大の幸福のために有機的に選別する応用原則によって、予測できない将来の問題に先手を打って対処能力を得ることが進化上の必須条件となっています。26年間の深い探求・調査・研究を経てきた私は、自然の営みの核心であり、何十億年にもわたって改良され、地球規模で生命を肯定する結果を生み出すために試され洗練されてきた分散型の自己編成化システムのパターンを、個人レベル、文化レベル、ひいては集団レベルで反映させることが、このビジョンを達成する最善の方法であると信じています。

これは、個人レベルでは、日々の生活の中で第1原則に基づいたアプローチを採用することによって、人間的スケールで達成することが可能です。私たちはどのような文化的価値観をもっているか、そして集団的にはどのようなインセンティブを立法化し、今後作られる新しいシステムに取り入れてゆくかを重視して選択してゆくのです。

次の3つの基本原則を採用し、大規模に適用すれば、私たちは自分自身を救うばかりか、統治、経済、科学、技術、産業、コミュニティ、教育、職業、医療、対人関係をはじめ、自分たちの生活のありとあらゆる側面をより良いものに変え、真に啓発的な文明を生み出す鍵となると、私は信じています。

1. あらゆるレベルでの深い自己治癒力と共生を見出す

人間は意識的であれ無意識的であれ、明らかに信念に従って行動しています。したがって、種としての現在の窮状は、個人的にも集団的にも、私たちの支配的な信念構造の結果であり、それは主に、私たちはお互いや他の生物から分離しているという考え、そしておそらく最も重要なのは環境から分離しているという考えに基づいています。他の人も指摘しているように、これらの誤った信念はダーウィンの「適者生存」という伝統的格言によってさらに悪化し、特に西洋文化においては限られた資源や外部からの脅威を支配しようとするために、大規模な紛争や競争を引き起こす傾向があります。気候変動、慢性疾患の増加、武力紛争、汚染の拡大、パンデミックなど、私たちが直面しているすべての事実上の脅威は、現在の経済・社会システムの構造に組み込まれている基本的な誤解に起因しているといえるでしょう。その結果、私たちはシステム全体の共生から遠ざかり、紛争、欠乏、そして互いや自分自身や環境に対する破壊的な態度を延々と続ける心理的構造に閉じ込められています。

このような現在の破壊的な時間軸を回避するためには、時代遅れのダーウィン的神経症を深く癒やす必要があります。その結果として、私たちが自分自身やお互いをどう捉え、そして物事の大局的計画の中で自分たちの居場所をどう捉えるかという共生的な視点へと認識をシフトさせることが不可欠です。現在、私たちがもっている信念、行動、法律はすべての生命や環境との大規模な共生をどれだけ生み出しているかを測れば、何を癒やす必要があるか、どのように行動すべきか、どのような考えを支持すべきか、どのような技術を評価すべきか、そして最終的にどのようなインセンティブを私たちのシステムに設計し、法制化すべきかを決定する強力な基準が定まります。私たちが行う個々の選択は、原因と結果のサイクルによって時間をかけて拡大されたときに非常に大きな影響力をもちます。日々の生活の中で原理に沿った選択をすることで、比較的短期間のうちに膨大なポジティブな変化をもたらすことができるのです。

2. ロジックから直観的な思考と行動への転換

論理的思考は、直線的に物事を進めるのには適しています。しかし、私たちは今、指数関数的な世界に生きています。この世界は無限に複雑で、私たちの合理的な論理的思考では追いつけない速さで変化し続けています。私たちの意識がテクノロジーや社会の進化に対応するためには、意識そのものが超意識へと進化しなければなりません。私たちの直感を、主要なオペレーティングシステムとしてシフトアップさせるのです。

画期的な研究[1]により、直観は、これまで考えられてきたような単なる無意識の処理ではないことが明らかになってきました。直観は意識と無意識、ハートとマインド、感覚と思考が統合されたものであり、自己を超越した生理の量子的側面を取り入れた、飛躍的に大きな能力なのです。

自然界には明らかに平衡と共生へ向かう生得の才能があり、それはすべての植物と動物の形態に本質的に表現されており、統一された相互依存的で無限に豊かな全体を生み出す複雑な生態系の流れを形成しています。すべての種は明示的な法律や正式な教育を必要とせず、現実そのものに対する深い直観的方向性を通じて全体の維持のために不可欠な役割を果たしています。

人間が登場するずっと前から、合理化しようとする論理的思考を超えた明確な暗黙の秩序が宇宙規模の調和を推進しており、私たちやすべての生物を通して、直観的感覚の能力を介してそれを表現しています。直観は生物学的に統合された自然の量子オペレーティング・システムであり、複雑な細胞性生命体を通して平衡と共生に向かう本質的な才能を表現しています。

ですから、直観に基づいて行動すると、私たちは理性では理解できない高度なシステムレベルですべてのものにとって最高の利益になることを自然に行うことができます。直観に基づく思考と行動は、個人から集団まであらゆるスケールで繁栄、調和、流れをもたらすようにコード化されています。これは、私たちが生きている超複雑な現実をうまく切り抜け、ひいては私たちが直面している超複雑な課題を優雅に解決する理想的な意思決定ツールであり、この地球上で今後数十年を生き抜き、繁栄するために不可欠なものなのです。

直観に基づく意思決定を、時間をかけながら大規模に適用してゆくことで、社会、政府、経済、そして最終的にはテクノロジーを有機的に再編成し、すべての生命体にとって最高の結果を自然にもたらすシステム全体の共生のためのより最適な構成へと必然的に導くことになるでしょう。

3. 目的の育成と表現を規模に応じて促進する

目的はすべてのものに固有の性質であるため、直観的に生きることは、必然的に自分の目的の理解と実現につながります。人生の目的に関する50年以上の研究をまとめた最近のメタ分析[2]によると、人々が目的を見つけると、健康、長寿、幸福、人生の満足度の向上、人間関係の改善、社会的結束、仕事のパフォーマンスの向上など、多くの社会的影響の指標が大幅に改善することが示されています[3]。

言い換えれば、最も基本的なレベルで目的を達成するための適切な動機づけと育成がなされていないために、現在の経済・社会システムは、人生の目的や意味が欠如しており、非常に非効率的で、社会的にもマイナスの影響を受けています。調査によると、人生に明確な目的をもっていると答えた学生は高校生の5人に1人、大学生の3人に1人しかおらず、大人になるにつれてその数はさらに減少しています。これを世界規模で考えると、世界の約75%（またはそれ以上）の人々が人生の目的意識をもっていない可能性があります[4]。この規模になると、人生の目的意識や意味の欠如はうつ病やその他の精神衛生の問題を引き起こし、そして薬物乱用や絶望感などにもつながるため、集団は大きく弱体化します。このような社会的ストレスは、社会資本の喪失や生活の質の著しい低下を意味します。

自然界では、すべてのものが特定の複雑な目的をもっており、それは全体にとって不可欠であり、複雑に絡み合っています。自然の延長線上にある人間も、例外ではありません。私たち1人ひとりが惑星の生態系の重要な一部であり、私たちの種とすべての生命の進化に重要な役割を担っており、目的と深いレベルで統合している時に本領を発揮することができます。このように、自分の目的に沿って生きていくことには、副次的な利点があります。それは、1人ひとりが全体に不可欠な独自の天才性を引き出し、地域的にも世界的にも進化した文化を支える重要なピースとしての役割を果たし、私たちが現在直面している大きな進化の課題に対処するために必要な解決策を直接あるいは間接的に提供することなのです。

第33章 スポットライト

ジャスティン・ファーマンは、世界的文化を機能停止（ブレークダウン）から現状突破（ブレークスルー）に進化させるためにきわめて実践的なアプローチを提示し、個人的にも集団的にも適用可能な3つの基本原則を示しています。ここのアプローチによって、私たちはあらゆる生命形態に恩恵をもたらし、世界の繁栄、平和、持続可能性をあらゆるレベルで支える啓発文明の誕生を加速させることができます。

行動への呼びかけ

あなたは、自分自身の目的意識をもっていますか？　あなたは、あなたの家族にどのような影響を与えていますか？　あなたの友人には？　あなたのコミュニティには？　そして、あなたの世界には？　どうすれば、この目的のために毎日を生きられるでしょうか？　あなたは日々の生活の中で、どのくらい直観に従っていますか？

第34章

ソーシャル・アーティストの道

ジーン・ヒューストン（博士）

世界各地の社会でいま、市民、組織、制度の変革が求められています。私たちは新しいリーダーシップの在り方や、人間による人類のための奉仕を支援する新しい方法を必要としています。この急速過ぎる変化の混乱の中で、ある驚くべき光が生まれています。

人類の歴史上でかつて見たことのない要因が、私たちが想像をしのぐ存在になるための準備を進めています。いまこの時代になり、私たちは古代からの敵対関係に終止符を打ち、共通の人間性とさまざまな文化を活用する新たな方法の誕生を告げる惑星規模社会を築いてゆく可能性を垣間見ています。この時代を生き抜くためには、全人類の可能性と各文化の特殊な才能を結集する必要があります。私は60年近くかけて人間の潜在能力の本質を研究し、約50年かけて文化の潜在能力を研究し、教育、医療、社会福祉、個人の成長、仕事、芸術、創造性などに役立てるための成果を出してきました。そして、ある文化で生じた課題は、別の文化で開発された戦略を応用することで多くの場合は解決できることを発見したのです。

いま起きているのは非常に大規模な変化ですが、これが花開けば世界はもう峠を越えていることでしょう。これから始まろうとしている新しい世界では、テクノロジーとメディアに支配された世界の危機に直面し、世界の期待に応えるために、あらゆる個人のスキルと新鮮な解決策が必要となります。

人々やあらゆる概念は急速につながり合って、新しい環境、「新世界マインド」を形成しています。人類史上初めて、私たちは人類の才能を収穫することができるのです。

人間の可能性についてですが、私たちには可能性がコード化されていながら、そのほとんどを使いこなせていません。システム全体の移行期にある今、私たちはもはや光を発揮できていない、まるで薄明かりのような状態で生きている余裕はないのです。現代のこの複雑な状況下では、自分の能力をもっと賢明に活用し、与えられた楽器を豊かに演奏する必要があります。私たちが成長してこそ、世界は発展します。私たちは、本来の人間としての可能性を発揮できる人間になることを学んでこそ、この社会の可能性を実現させることができるのです。

いまは、世界マインドがすべての意識と共に歩み始める時代です。心と精神の新たな生態系として、私たちにはお互いの夢を見たりお互いの経歴を体験したりする能力が出現しています。これは現在の時間・精神・記憶の波が互いに重なり、浸透し合っているからです。私たちが自身の深遠さを呼び起こし、その深さに馴染んでゆけばゆくほど、惑星スケールに移行しているのです。それは、自分のコミュニティを大切にし、この地球上の生命を深く大切にする人々のコミュニケーション・ネットワークが密につながり合った世界です。そして、これまでかつて存在したことのない、より高いレベルの統治というものを生み出しています。個人やグループが社会進化のための新たな舞台について学び、共に創造を進めているいま、地球そのものが広大な学びの場かつ民主的生態の新秩序になりつつあります。

ソーシャル・アーティストの必要性

私たちは、一般の人々もリーダーたちも新しいマインド、新しい考え方を取り入れて個人や社会の変革に影響をもたらせるように、支援を始めなければなりません。そうすることで、私たちは現時代の難関に立ち向かい、滅びゆく時代と生まれつつある時代を隔てる未知の深淵を渡ることができるのではないでしょうか。

ソーシャル・アーティストとは、アーティストの焦点、視点、スキルトレーニング、たゆまぬ努力、新鮮なビジョンを社会の場に持ち込む人のことです。したがって、ソーシャル・アーティストの媒体は人間のコミュニティです。洞察力、スキル、想像力に富んだアイデア、そして現代の問題に対する深い理解を常に求めている生涯学習者として、問題となっている状況に対する革新的な解決策を求めます。そして何よりも、ソーシャル・アーティストは常に自分の能力を高めながら、同時に他の人々が社会の複雑性に照らし合わせて人間としての能力を高められるように支援します。

これには、1つの経済文化や団体による支配から循環型の投資、共有、パートナーシップへと移行できるように文化や組織を支援することが必要です。文化の魂を経済のサテライトとするのではなく、文化の魂にとってのサテライトという位置に経済を戻すことも必要です。それには長い間、経済的に不均衡な立場に置かれ、重圧を受け屈辱されてきた人々の傷を癒やすために深く耳を傾け、協力して行動し、人間の可能性を完全に実現する必要があります。そして、そのためには魂が大きく歩みを進め、私たちの人間の条件の規範そのものに挑む必要があります。それには、私たちがお互いに進化のパートナーとなることが求められるのです。

熟考する創造者としてのソーシャル・アーティスト

ソーシャル・アーティストは、新創造という芸術に携わります。「外的現実との関わり」と「内の受容」の間には接点があり、私たちはこの接点の謎を探ってゆくことが求められています。創造的なソーシャル・アートは、組織や制度、可能性の道を変えるために必要な内的現実と外的現実の間で不可欠な相乗効果を持つ、熟考型のアートです。また、先見性のある試みを支援しますが、その間にもその試みをなしている人々とその奉仕を受ける人々の人間の精神を解き放ちます。その活動は、落ち着きと緊張が驚異的なバランス関係にあります。精巧な静寂の空間であり、並外れた奉仕の空間なのです。このような状態において、人は驚くべき創造的なアイデアや世界を作るパターンにアクセスすることができます。意識の表面の地殻の下には創造的なアイデアや解決策が常に存在しており、いつでも意識の中で花開く準備は整っているのです。

ソーシャル・アーティストは常に新しいタイプのヒーラーである

癒やしには、変化や変容の神秘が関わっており、また、私たちの身体や心、さらには社会や文化に備わる、信じられないほど流動的な性質の神秘が関わっています。私たちの生きている世界では、癒やしに入るための機が熟しており、それがソーシャル・アーティストが行動を起こす動機となっています。ソーシャル・アーティストは、人間が癒やしのために作られていることを知っています。癒やしの性質とプロセス、人々や社会のさまざまな癒やしの経験は私たちの人間性の条件そのものを示しており、癒やしは私たちの社会的発展のための訓練の場であるように思われます。

ここで、傑出した偉大なソーシャル・アーティストと普通のソーシャル・アーティストの違いは、癒やしを贖い(あがない)と捉えているか創造と捉えているか、救済的なものと捉えているか進化的なものと捉えているか、です。私たちの従来の医療技術や癒やしの行為では、ほぼすべてが救済的であることに重点が置かれています。すべての原理主義は、その哲学と典礼において、概して救済的です。彼らはアダム全体を理解しようとせず、古いアダムを直そうとします。あるいは、修正ができなかったら、死後の別の次元で修正することを信者に保証します。この贖罪モードは、ジハードや防衛、あるいは先制攻撃にも持ち込まれます。彼らは堕落した状態を修正するために、あらゆる極端な手段をとるのです。

進化した状態は、これとはまったく異なる基盤で人生や癒やしのために機能します。行くべきところがあり、なるべきものがあります。病気であっても、それ自体には、その解体によってより高い再構築を引き起こすという概念を含んでいます。混沌は宇宙につながります。癒やしとは完全性を生むことであり、最も苦痛を感じるような制限された状態から、心、感情、身体的存在がより高い秩序をもった新たなレベルで創造するプロセスへと移行することです。何かが変わります。身体の傷や社会の傷は、より高い意識・より進化した形へ移行するための扉として起きるのです。

ソーシャル・アーティストは、共に働く人々の個性を尊重します。ヒーラーとして、ソーシャル・アーティストは人々の可能性に火をつける手助けをしますが、古い依存モデルを回避するために、火をつけたことを自分の手柄にはしません。優れたソーシャル・アーティスト・ヒーラーは人々を羊のように導いたりせず、内なる知恵や知識にアクセスする方法を人々に示す、喚起者です。このヒーリングの形は、「左対右」、「私たち対彼ら」という二極化を超え、協力、理解、そして相互扶助のネットワークを促進します。何よりもそれは思いやりのある傾聴であり、これがソーシャル・アーティストの主要なトレーニングです。

私たちはあらゆる文化的・教育的な仕事をする際、その文化の精神の根底にある主要な物語、神話、伝説、寓話を発見するように努めます。そして、それらを背景にして、人間成長の仕事を織り成していくのです。私たちは、学習が物語と結びついていれば、人々はより遠くへ、より早く、より深く進むことができると考えています。特にその物語がその文化の重要な神話であればなおさらです。私たちはこれまで、インドではラーマーヤナ（古代インドのサンスクリット語叙事詩）とガンジーの生涯、オーストラリアではアボリジニの創造神話、イギリスではパーシヴァルやガウェインなどの円卓の騎士たちの聖杯探しの物語、バングラデシュではタゴールやその他のベンガルの詩人の詩などを取り上げてきました。

新しい物語が必要なとき、古い物語が現在の現実にそぐわなくなった時、人は本能的にそれを感じます。しかし、古い物語はフラクタルの波のように何度も立ち上がり、文化に力と意味合いを与えているように思われます。そのような時に必要なのは、物語を再神話化し、現代の必要性に照らし合わせて織り直すことです。過去の物語をもう一度発見し直し、より深いレベルで捉え、未来の物語としての意味と関連性を汲みとること、いつでもこれが文化の役割でした。物語がなければ文化は乏しくなり、士気を失ってしまうからです。

私たちはいま、人類の真の仕事が始まる段階にいます。万物とパートナーを組み、私たち自身を再創造し、生物圏を回復させ、新しい種類の文化を想定してゆくのです。優しさの文化と呼ぶべきこの文化では、私たちの現実の源と再びつながり、その源に充電され、源を意識しながら日常生活を生きてゆくと、やがて私たちが本来もっている発明性は解き放たれ、私たちはこの世界と私たちの仕事に完全に従事するようになるでしょう。

第34章 スポットライト

ジーン・ヒューストンは、私たちの共通の人間性を活用する、新たな方法の誕生を告げる惑星社会構想の中で、私たちに備わっている可能性を発揮できるようになってゆくことでのみ、そのような社会が現実のものとなることを説明しています。つまり、社会の進化にはより多くのソーシャル・アーティストが必要であるという理解です。ソーシャル・アーティストとは社会の場に新鮮な未来像をもたらし、社会のあらゆるレベルを変革しようと尽力する人たちであり、熟考型のクリエーターで、沈黙と奉仕の両方で行動し、人々の可能性に火をつけるために手助けをするヒーラーたちです。これから、人類としての真の仕事が始まってゆくのです。

『行動への呼びかけ』

あなたは、可能性を秘めた人間です。今週は、ソーシャル・アーティストとしての自分を再創造し、あらゆる状況で善のための創造力となれるよう、試してみましょう。

第35章

進化と意識のホリスティック・ビジョン

ロバート・アトキンソン（博士）

「一定のものだけが進化する」という意識で生きている人もいれば、「すべてのものが進化している」と考える人もいます。このような進化に対する理解の違いにこそ、現在の人類の最大のチャンスが表れています。それは、私たちを分断し、階層構造を生み出し、私たちの生存を危険にさらしている持続不可能な二元性の意識を超越するチャンスです。このような意識の危機によって、私たちは歪んだ形でお互いや私たちを取り巻く自然環境に関わっています。

チャールズ・ダーウィン以前は、進化は無作為な偶然の産物であり、分離の枠組みからの見方が一般的でした。1859年、ダーウィンは『種の起源』を発表し、生物学的進化を世間に知らしめました。ダーウィンの進化論は、すべての生命は生命の樹の一部として同じ源から来ているという考えを含んでおり、他のすべての形態の進化、特に社会的・文化的な進化を理解できる扉を開いたのです。(1)

ダーウィンの進化論の一部は、社会的ダーウィン論に盗用され、二元論的世界観を悪化させ、分離の幻想をさらに広め、競争の優位性を促進し、さらには人種差別や戦争さえ正当化するものとなりました。進化は「生まれながらにして持っている可能性に向かって発展していく軌跡である」と理解すると、社会的ダーウィン論の考え方は、人間の本質に従来備わっている可能性には程遠い、限定的な側面を説明していると考えられます。

進化の本質

ホリスティックな進化のビジョンでは、私たち全体の幸福を脅かす脅威はすべて、1つにつながっています。そしてすべての解決策も問題とつながっています。釈迦(しゃか)は昔、「万物は1つの本質に由来し、1つの法則に従って発展し、1つの目的に向かって運命づけられている」と言いました[2]。この世界観では万物が目的をもって進化していくことが可能であり、現実は1つであり、調和は永遠の原則であると捉えています。

この視点では、万物は誕生、成長、成熟、衰退、再生のサイクルを繰り返しています。一般的な例としては季節のサイクルや文明の盛衰などがありますが、これに加えて精神的なエポック(画期的時代)のサイクルがあります。

精神的エポックは、人類の意識的な進化を刻み、新しいサイクルが来る度に人類の意識を飛躍させてきました。進化の全体的なビジョンから見ると、万物が1つの法則に従って進化するならば、宗教の進化もそうではないか、ということを考える必要があります。

世界の主たる宗教の創始者、すなわち、アブラハム、クリシュナ、モーゼ、ゾロアスター、ブッダ、キリスト、モハメド、そして現代ではバハーウッラーは、それぞれが独自の方法で世界の人々の精神生活を変え、この4000年の間、人類の人生の流れを導いてきました。これが社会に影響を与え、社会の発展段階は家族レベルから部族へ、都市国家へ、国家へ、そして最終的には地球規模での統一の共同創造へと焦点を移してきました。

このような変化で最も最近に起きたのは1800年代、分断と不寛容が頂点に達していた時代です。宗教学者たちは、預言の聖典が成就する場所として、聖地やペルシャに注目していました。そして、バハーウッラーは、それまでの預言者と同様に、時代の要請に焦点を当てた精神的教えを明らかにし（「地球はただ1つの国であり、人類はその国民である」[3]）、人類の一体性という原則に基づいてペルシャにバハーイー教を誕生させました。

この精神的なエポックからおよそ175年が経過し、いまだ始まりの段階ではありますが、世界の意識が徐々にとはいえ広く高まっていることは否定できず、最終的には人類の統一は避けられないと思われます。すべての領域における進化は目的をもって進行しており、常に内在する可能性に向かっています。

意識の本質

ダーウィンが進化論を唱えた時、意識の進化には何か大きなことが起こっていたようです。ダーウィンはビーグル号で航海して人生が一変するまでは自然神学を学ぶ神学生で、自然には神聖なデザインが宿っているという考えを探究していました。また、ユングが50年後に指摘した「我々は新たな精神的エポックの入り口に立っているにすぎない」という現象にも触発されていたのかもしれません。(4)

ダーウィンを再解釈し、彼の革新的な進化論を意識の進化という文脈で理解するということは、それは彼が生きていた時代にちょうど黎明期を迎えていた精神的エポックとの関連性から見るということであり、また、精神的なエネルギーの周期的な解放に備わるパワーがいかに人類全体を再活性化させることができるかを証明することにもなります。

これは、ダーウィンのもう1つの側面を認識してこそ初めて意味を成します。それは「神聖ダーウィニズム」と考えられるような側面で、1871年に『人間の由来』でダーウィンが述べたように、すべての生命は同じ生命の木の一部であるだけでなく、進化には目的があり、より大きなレベルの調和へと導くというのです。

> 人間が文明を進歩させ、小さな部族がより大きな共同体に統合されると、最も単純な理由から、各個人は、たとえ個人的には知らない人であっても同じ国のすべての構成員に社会的本能と同情心を広げるべきだと考えるだろう。この点にいったん到達すると、同情心がすべての国や人種の人間におよぶのを妨げるものはただ1つ、人工的な障壁である。(5)

ダーウィンのこの側面は、現在進行中の意識の変化と一致しています。ダーウィンの社会進化論そのものが、彼の時代に加速し始めた進化の衝動の表れとして見ることができます。ダーウィンは社会進化の発展の道筋を示すにあたり、土着の叡智、永遠の哲学（世界のすべての宗教伝統の中に共通の叡智の核心があるとするホリスティックな視点）、そして最新の神の啓示に従って、自然の協力の法則を大規模な黄金律と一致させています。ダーウィンの一大声明では「協力は競争を凌駕し、個人レベルから地球レベルまで進歩的であることが示されている、集団的利他主義はますます拡大していく」と述べられています。

自然の協力の法則によって、個人の利益から集団の利益への超越はうまく実現します。この自然の流れを一歩進めると、このような進化の軌跡に浮き沈みはあるでしょうが、最終的にはもう１つの普遍的な精神的原理、つまり、相互の共感を共有し合える未来が地球に平和をもたらすのです。ダーウィンが意図したように、協力の法則を人間のコミュニティに適用すると、人の本能や共感はより大きなコミュニティに広がり、いずれは地球全体を１つのコミュニティとして見るようになるでしょう。ダーウィンの社会進化論を、私たちの集団生存に貢献するものと解釈し直すこともできます。

ダーウィンが描いた「すべての国と人種におよぶ共感」を含む、人間の意識の現在の飛躍は、黄金律の原則を地球規模まで拡大しています。バハーウッラーとダーウィンは自らが生きていた時代の精神性と科学の最先端を代表し、同じ源からインスピレーションを受けているため、お互いに調和しているだけでなく、二人のビジョンは同じ結果に行き着きます。意識とは、全体性と一体性に向かって進化する潜在力なのです。

生き方の統一原則

すべての精神的エポックには、その時代の精神的な真実や精神の本質を特徴づける十戒、あるいは八福の教えがあります。前述のように、現代の特徴的な原則、中心的テーマ、否定できない真実は、「人類は1つである」ことです。

世界中のすべての宗教的・精神的伝統に共通しているのが、地球上の平和というビジョンです。このビジョンに向けた普遍的な取り組みの指針となる原則がいま、より明確に定まってきています。何世紀にもわたる意識の進化を経てきた私たちは、統一性、全体性、相互依存を基盤とし、その上にこのビジョンを構築する必要性をよく理解しています。また、以下のようなフレームワークが必要です。

・女性と男性の平等
・富と貧困のバランス
・科学と精神性の調和
・あらゆる偏見からの解放
・懲罰としてではなく、結合力を発揮する正義
・独立的に発見される真実

・普遍的な教育
・神聖な預かりものとして自然を守ること

これらの統一原理は相互に依存しながら結びついており、1つの実現が他のすべての実現に影響します。また、これらの原則は、人類が1つの家族として暮らすための前提条件でもあります。これらの原則が私たちの生活の中で実践され、ワンネスの視点ですべてのものを見てゆけば、私たちは地球上の平和という古くからのビジョンを実現することができるのです。[6]

私たちは、特定の社会的ニーズに最も近い精神的原理を適用することによって、このビジョンを実現し、すでに進行中のグローバルな変革プロセスを完了させ、現代の最も困難な問題を解決することができます。

目的の統一は進化の衝動の中心であり、その実現は私たちの心の中で何が起こっているかにかかっています。ピエール・テイヤール・ド・シャルダンは「一体性は意識やビジョンの向上に支えられて初めて育つ」と言っています。[7] 人類の意識の進化は、創造物のあらゆる多様性の中にすでに存在している完全な統一性、全体性、調和を人類が反映した時に、最大限の効果を発揮するのです。

第35章 スポットライト

ロバート・アトキンソンは、進化と意識の総合的な視点から、進化の衝動は生来の可能性に向かって目的をもった軌道をたどることを説明しています。これは、周期的なエポックが人類を集合的な充足感へと導く精神性の領域でも同じです。集合的に成熟の時代を迎えたいま、人類の一体性の認識、男女の平等、富と貧困のバランス、理性と信仰の調和、一元的正義、全体の中のすべてのグループを大切にすること、自然を神聖の具現化と見なすこと、自分自身で真実を発見することなど、現代に合った原則が、地球の平和という約束を実現するために必要です。

『行動への呼びかけ』

すべてのものが相互につながっていることを日々実感する練習をしましょう。ワンネスの目ですべてのものを見るようにしましょう。あなたの周りにある完璧な調和に、深く息を吹き込んでください。この全体性を自分に反映すると、どのように感じますか?

第36章

理性と体験でワンネスへの道を歩む

アーヴィン・ラズロ（博士）

いまこそ、ワンネスへの道を理性的に判断し、体験する時です。この2つの要素は互いを補完し、強化し合います。ワンネスとは、私たちが生命の網目全体とつながっていることを実感することです。このような意識の変化は普遍的なものでなければならず、また、内側からもたらされなければなりません。これまで危機的状況に遭遇するたびに、人類は洞察力や直感力に導かれて存続してきています。この意識の変化も、その洞察力や直観力へ立ち返る「回帰」の方向転換でなければなりません。

ヒーリングやスピリチュアリティへの関心が高まっていますが、これはこの「回帰」の表れです。この回帰ができるかどうかは、私たちの意識の進化に大きくかかっています。意識の進化にともなって、社会、ビジネス、教育、健康、政治などの分野において、重要な意思決定プロセスにはより進化的な意識が取り入れられるようになってきています。この地球において人類の存在が重要な転換点に近づくにつれ、私たちがこの世界をどのように経験し、世界の中で私たち自身をどのように経験するかによって、私たちの種だけでなく、生命の網全体を回復させることも、危険にさらすことも可能なのです。

「自分は分離している」という誤った認識

意識のある種は、自分が世界から分離していると誤って考えることがあります。この誤認識は「二元性」と呼ばれています。人類は、他の種が持っている本能的で直感的な一体感から外れてしまったのです。ですが、その過ちを正し、根本的な一体感を取り戻すこともできるのです。

しかし、もしこのまま恐怖、不寛容、不満を志向する二元的な進化の道を歩み続けるならば、国際システムは確固とした支配的な利益にコントロールされ続け、政治は他者を顧みずに権力を持つ集団の利益に合わせて行われ、持てる者と持たざる者、権力者と疎外された人々の間の格差はさらに拡大してゆきます。企業は「交換可能な」従業員や持続可能な発展を犠牲にしながら、利益を追求するビジネスを牽引し続けるでしょう。大いなる生態系からのフィードバックは無視するべき障害と見なし、管理を強化して企業の指示に従うことを強制することで衝突や対立を克服しようとするでしょう。このような方法では、地域規模の危機からやがて世界的な危機が発生し、その結果、完全に崩壊することになります。

現代の意識は本能や直観力の妥当性を疑問視し、観察と常識だけを信用しています。これからは、以前のような直感的な一体感に戻るのではなく、その一体感を意識的に回復させてゆくことになります。その回復に、観察や推論を活かすことができます。たとえその推論が一般常識を超えていても、です。このやり方は、科学的方法を用います。

科学で分離感を克服する

生物圏の中の人類の状況を科学的視点から見ると、生命の網は広大で有機的につながったシステムなのですが、ところどころに支離滅裂になっている部分があり、生命の本質的な一貫性を乱す要素が存在していることがわかります。それは、今から5万数千年前に高次の意識を進化させた、人間という種です。

私たちの種、ホモ・サピエンスの起源はこれよりもずっと古く、500万年以上前に遡ります。ただし、分離という間違いを犯し得るような意識は、ホモ・サピエンス・サピエンスから生まれたものです。ホモ・サピエンス・サピエンスには経験されているものから「経験者」を区別し、両者を根本的に分離する能力があったのです。

現代社会では、「人間だけが真の意識をもった存在である」という誤った信念があり、この欠陥的概念はさらに浮き彫りになっています。他の種は意識が低いか、あるいは意識をまったくもっていないと考えているのです。このような信念から生まれる行動は、生命の網の完全性にダメージを与えます。微細なバランスを保ちながら強く結びつき合っているこの自然のシステムを、他の要素を犠牲にして1つの要素、つまり人間を優遇することで「最適化」してしまうのです（そして人間の中でも、他人を犠牲にして一部の人間をさらに優遇しています）。

科学は、健全な生物は一貫的(コヒーレント)であり、すべての部分が協力して物理的にはとてもあり得ないようなダイナミックな生命状態を維持していると考えています。健康な生物は、自らが首尾一貫しているだけでなく、自然との関係性も首尾一貫しています。こうして超調和(スーパーコヒーレンス)、つまりそれ自体がコヒーレントなシステムの首尾一貫性を特徴とする、地球上の生命の包括的なシステムが形成されるのです。

私たちの超調和システムは、二元性という誤認識による支離滅裂な要素によって破壊されてきました。このような支離滅裂さは生命の網目のガンといえるもので、生命のシステムを脅かし、ひいては生命そのものを脅かします。

分離感を乗り越える人生経験

私たちが一体感を取り戻す1つの道は、「私たちは地球上のすべての生命との一体感を取り戻さなければいけない緊急事態にある」と認識することです。もう1つの道は、自然発生的な実体験を経ることで、体験者自身がこの現実を、身をもって確証することです。

サピエンス・サピエンスは、地球上の生命のシステムとの一貫性や世界との一体感を体験する能力を失ってはいません。この一体感を感じることができる感性をもつ人は増えています。この人々は、自分たちがより大きな全体の一部であることを感じています。つまり、自分たちは自然の本質的な要素の1つとして自然に属しており、自然は、私たちが宇宙と呼ぶ最大現実の本質的な要素であるということです。この感覚はスピリチュアルで宗教的な体験の特徴であり、それを表現している宗教や精神的伝統が何であれ、それこそが本物の体験です。

科学的手法と精神的体験は、どちらも同じ結論を導き出します。他者との一体感を覚える精神的体験は、科学で推論したり、実験したりする時と同じ洞察をもたらします。科学的手法と精神的体験は、それぞれの方法で、自分自身、他の人々、他の生命体、生物圏、そして最終的には宇宙との間にある根本的な相互関係を肯定しているのです。

科学と精神性は互いに相反する要素ではなく、人類が世界との一体感を取り戻すための道を模索する上で、補完的なパートナーです。科学はそれが緊急かつ客観的に必要であることを証明し、精神性はその固有の価値と最高の望ましさを証明します。

私たちは、世界との一体感を推論することも、世界との一体感を体験することもできます。理性的推論と経験の両方の道を歩むことで、私たちは感情、癒やし、意識へと向かう進化の軌道に乗ることができます。社会や世界のさまざまな領域において、世の流れはいま、私たちをこの方向に導いています。

・社会の共同体やニューメディアのプラットフォームは、社会の構造や組織をトップダウン型から、人々を結びつけ、深く影響を与える分散型ネットワークや関係性へと変化しており、協力的で共感できるリーダーやロールモデルを選ぶ人が増えています。

・テクノロジーの進歩により、さらに広い意識への到達、人工知能やロボット工学の進歩、バイオテクノロジー、量子コンピューティング、教育・健康・保安システムに不可欠となっている高性能マシンなど、これまで未開拓だった分野において、オープンアクセス、研究、開発の新たな機会が生まれています。

・新しい「メディア・エコロジー」を通じた人と人との触れ合いやコミュニケーションにより、若者たちは自分の気持ちや希望、願望を伝え合うことができ、地域や世界レベルでの共感を経験しています。

・健康と医療は、自然のリズムと調和した生活を求める人々によって代替的な自然療法へとシフトしています。

・生態学的には、人間の幸福は他の生物種との共存があって成り立つことが認識されています。

・教育分野では、新しい学習環境によって学習者は世界中の仲間や教師にアクセスできるようになり、同時にカリキュラムの共同制作者となることもできるので、より大きな意義と満足感を得ることができます。

・経済システムは共有事業体となり、経済成長はコミュニティ全体に最適な利益をもたらすためのものへと変わりつつあります。

このような傾向は理解、共感、協力の上に成り立つより高い進化の軌道に沿って、私たち全員を動かしています。地域、国、そして世界規模の合意が得られれば、社会や生態系の構造は変わり、豊かな世界が実現するでしょう。

人類が直面している課題は、意識的な種としての宿命に応えてゆくことです。ホモ・サピエンスは、その名にふさわしい豊かな世界を創造することができます。私たちは、この地球を共有するすべての人間の心の中にある知的・道徳的・感情的な可能性を実現することができるのです。

第36章 スポットライト

アーヴィン・ラズロは、持続可能性と繁栄につながるグローバルな変革の鍵は全体性のビジョン、つまり人間の一体性の回復にあると考えています。私たちの分離感という誤った感覚を克服するには、生命の網を広大で有機的に結合した首尾一貫したコヒーレント・システムとして認識する理性的な方法と、自分自身、他の人々、他の生命体、生物圏、そして宇宙の間の基本的な相互のつながりを思い出させる、身をもっての実体験による方法があります。どちらの方法も私たちの意識の進化を助け、一体感を取り戻すためのより進化的な決断を可能にしてくれます。

行動への呼びかけ

今日、あなたのコンフォートゾーンの外へ一歩、踏み出してください。見知らぬ人に話しかけてみましょう。裸足で草の上を歩いてみましょう。自分が生命の網目全体とつながっていることを実感してください。

第37章

“全体”への収斂(コンバージェンス)が生む相乗効果

バーバラ・マークス・ハバード

私たちは今、新人類の「誕生の危機」の震源地にいます。惑星の進化はこれから急速に下降するか、人類の進化の次の段階にジャンプするかのどちらかです。私たちの進化のプロセスはかつて、私たちの集合的な発展を促し、私たちをまさにここ、この瞬間に連れてきました。今回も私たち全員が一緒に進化的なリーダーシップの能力を引き出せば、私たち自身の内側からこの自然な誕生のプロセスを活性化させてゆくことができます。

私たちは、全体を統合することで、意識的な進化の次の段階に到達することができます。これは、自分たちを別々に分離した存在としてではなく、別個の部分の総計よりも大きなシステム全体へと進化させる方法で人々を集めてゆくことです。私たち自身のビジョン、夢、そして最も深い願望を新しいシステムに結びつけてくれる、相乗効果的な新しいプロセスはすでに存在しており、さまざまな場面で利用されてきました。勝ち負けのシステムを超えた、より相乗効果的なホリスティックな文化に、私たちは向かいつつあるのです。

コンバージェンスの自然なリズムへのアクセス

自然は、単細胞から人間へと進化してきました。自然がより高い次元にジャンプする方法は、少なくとも部分的には「引き寄せの力」を用いていると思われます。システムは、複雑になればなるほど無秩序なものが増えていきます。一方で、大きなシステムが衰退すると、あらゆる分野でイノベーションが起きます。人間の文化では、健康、教育、正義、人間関係などの分野でブレークスルーやイノベーションが生じるとともに、私たちの周りや私たち自身を通してこのような現象が起こっています。その過程のどこかで、自己組織化システム（最近では、神、霊、意識、源、神、万物などと総称されています）が目に見えない内部構造や収斂（コンバージェンス）〔多くのものが一点に集中すること〕のプロセスを生み出し、個別の革新が引き寄せられ、部分の総和よりもはるかに大きく、またそれとは異なる、より複雑な全体システムへとまとまっていくのです。

このコンバージェンスは、単なる相加でも、協同でもありません。それは相乗効果です。それは、別々のパーツのホリスティックな統合から新しさを生み出すものです。私たち人類は、破壊が加速し混沌とした危機に陥っていますが、一方ではあらゆる分野で革新的な技術が生まれ、新たな全体像に収束してゆきます。それは、単に新しいパーツを合わせてゆくよりもはるかに癒やしをもたらし、統一感があり、効果的です。

では、どのようにすれば、このプロセスに備わる生来の自然な力を最大限に活用し、自分自身や身近な人脈、グループ、共同体との間で相乗的な収斂を図り、最終的には世界全体を相乗的にすることができるでしょうか。

コンバージェンスを支援するフォーマットの開発

相乗効果のあるコンバージェンスを目的とした会議は、月面着陸後にジョン・J・ホワイトサイドと私が考案したもので、この驚異的な技術的、社会的、心理的プロセスを、市民社会の主要な問題に対する創造的な回答としてどのように提供することができるかを考えたものです。

ジョンと私が航空宇宙産業のトップなどにこのアイデアを提案して断られた後、ある日のランチの時にジョンは「車輪を作って、すべてのセクターを集めよう」と言いました。私たちは紙ナプキンを取り出し、彼は初めて、12の社会セクターから成る「共創の輪」を描きました。

1. 健康とウェルネス
2. 学習と教育
3. 社会的公正と安全保障
4. スピリチュアリティと宗教
5. 環境とインフラ
6. コミュニケーションとメディア

7. 統治と法律
8. 科学と技術
9. 経済とビジネス
10. エネルギー、食糧、水
11. 芸術と文化
12. 人間関係とエンパワーメント

1970年、ジョンと私は、南イリノイ大学（SIU）で最初の車輪を実現することを決めました。その名も「SYNCON（シンコン）」、つまり「相乗効果をもたらす収斂（シナジェティック・コンバージェンス）」という意味です。SIUには、私が以前から協力していた先進的ビジョンをもつ発明家のバックミンスター・フラーが研究員として滞在していました。

学生たちは、体育館に大きな車輪型の環境を作り、それぞれがセクターごとに分かれました。このセクター間を仕切る壁を取り払った時、絶妙な間（ま）が生まれました。大成功を収めたのは、私たちの間で新しい何かが動いていたからです。それは、私たちの中に、部分の総和とは異なる、より大きな新しい社会的総体が形成されるという経験だったのです。

これが終わると、私はバッキーに呼ばれました。「バーバラ、これを政治に持ち込むには女性が必要だ。君のために作戦計画を立てよう」と彼は言いました。そして、バッキーは「誰からも奪うことなく、すべての人のために世界を機能させる」ためのマニュアルを書いてくれました。

1984年にパートナーとなった私は、これらのアイデアを政治の世界に持ち込むことを決意し、民主党の副大統領候補として参加しました。私は副大統領になることは期待せず、政治の世界で最も高い位置からこの提案をすることだけを期待していました。

今、私たちはこの自然なプロセスをできるだけ広く活用し、普及させていく必要があります。シンコンの基本的なプロセスは、少人数のグループで集まり、共通の目標を見出すために、次のようなシンプルな質問を自分たちに投げかけることです。

1．私たちが最も作りたいものは何か？

2．私たちが望むものを作るために、最も必要なものは何か？

3．私たちは何をみんなに与えたいのか？

これは、1つのグループでも、多くのグループで同時に行うこともできます。このシンコンのプロセスは、より多くのグループが参加した方がよいのです。それは、各グループがこれらの質問に対する回答を全体に伝えることができるからです。その後、うまく調整された環境で知見の交換を行い、各グループが自分たちの目標、ニーズ、リソースについて全体に報告することができます。このプロセスでは、教養豊かな専門家にとってもエキサイティングなことが起きます。私たちは皆、文字通り、神やスピリットに満たされた熱意を感じるのです。

このようにして、私たちは生活や仕事を通して、社会的な相乗効果を育むことができます。また、グループ内の多様なメンバーの具体的なニーズやリソースを発見できる、特別な機会にもなり得ます。このようなグループの会話を録画し、オンラインで共有することも可能です。

この後、すべてのグループが「全体の集い」として集まり、それぞれの焦点のグループの間にある仕切りが象徴的に取り除かれます。この集会では、各グループや個人がニーズとリソースを再提示し、人々はお互いのニーズとリソースを一致させるために集合的に交流します。

この相乗的な社会的収束を通して、私たちはそれぞれの個性的な潜在力を実現させる引力を介して協力関係を築いていきます。自然は、共創と自己進化に向けて、1人では到底できないような創造に私たちを引き寄せます。これこそが、私たちの心の奥底にある願望を呼び覚まします。自分の人生の目的を表現することで、他の人が自分の目的を達成するために私たちと力を合わせてくれるようになるのです。

ハートに刻み込まれている、自分を表現したいという生来の欲求が、もっと完全に動くのです。やがて私たちは、自然な引力と相乗効果によって、心の望みを一緒に叶えていることに気づきます。自然のように、私たちはエネルギーを融合させて、新たな相乗効果のある全体を作り上げ、うまくいっているものをつなげ、新しい全体システムの苗を植えてゆくのです。

あらゆるレベルで相乗的なコンバージェンスを育む

このように形式ばらないで、しかも相乗効果のあるプロセスは、さらに相乗的な全体像に向かって、地域、国、ひいては地球規模で進化する社会的プロセスの基礎を形成することができます。これは単に良いアイデアというだけでなく、社会の生存のために必要なことなのです。

新しい地球を共同創造するための私のビジョンは、世界中の異なる文化や背景を持つ人々が小グループのシンコンを形成し、自分たちの目標やニーズ、そして他の人に与えたいギフトを表現してゆくことです。このようなローカル・グループは、進化的リーダー（および他の教師や哲学者）のリソースを利用することができます。リーダーとは、グループが必要な協議を行う際にインターネットのリソースや公開プレゼンテーションを通じて、このプロセスを導くことができるような人々です。この社会的相乗効果のプロセスがグループ内で展開されると、驚くべき統合、シンクロニシティ、飛躍的進化、啓示が起こります。それがやがては、それぞれの部分的な私たちの状態から大きな全体への統合を相乗的に実現させる、壮大なグローバル・シナジー・コンバージェンスへとつながるのです。

これが今後5年以内に実現すれば、人類が意識的進化の最高点に向かう次のステップに進むための重要な要素を築くことになるでしょう。私たちは各地のシンコンを通じて拡大を続け、より大きな範囲と包括性を取り入れてゆくとともに、個人的にも集団的にもニーズとリソースをマッチングさせることで、自分たちの間の共創を意図的かつ意識的に育てていかなければなりません。

第37章 スポットライト

バーバラ・マークス・ハバードは、本著の締め括りとなる最終章で挑発的かつ挑戦的なビジョンを提示しています。それはすべてを結びつけ、全体の相乗的な収束へと導く包括的なビジョンです。別々に存在していた人々は、引き寄せの力によってそれぞれの部分の総和よりも大きなシステム全体を作り上げることができ、勝ち負けのシステムを超えて、よりホリスティックな文化へと移行してゆくことができます。これは自然のプロセスに備わっている本来の力であり、これを利用することで地域、国、そして最終的には世界へと拡大・進化し、すべてのグループの間にある仕切りは取り除かれ、すべての人の可能性を成就させるために協力することで新たな相乗効果のある全体を共創し、進化の衝動を確実に前進させる手段となるのです。

〝行動への呼びかけ〟

あなたが最も作りたいものは何ですか？　それを作るために最も必要なものは何ですか？

あなたは何を惜しみなくすべての人に提供したいですか？　他の人と一緒に、このパワフルな共創のプロセスに参加してください。

あとがき　未来への手紙

エリザベット・サトゥリス（博士）

親愛なるイーサへ

この手紙は、私のいちばん新しい、5番目のひ孫であるあなたに宛てて書いています。2020年が到来し、まだ立ち上がったばかりのあなたは両手を広げて人生を受け入れようと走り出し、その目は明るく喜びに満ち、熱い探究心に溢れています。あなたを見ていると、私の赤ちゃんがかつて同じように喜んで私の腕の中に駆け込んできた姿を思い出します。また、時には、私の年齢になったあなたを想像して、新たな世紀がもう始まっているのだと思います。あなたが自分の人生を振り返った時、どんな感じになっているかは想像するしかありませんが、きっと人類史上最大の変化の中を生きてきたのだと思います。

この手紙を読んでいるあなたは16歳で、私は100歳になっていると思いますが、この2020年代の10年間は過ぎ去り、私はもうここにはいません。あなたはアジア、アフリカ、ヨーロッパの異文化の遺伝子を持っていて、私がいた頃の地球とはまったく異なる地球になっているでしょうから、自然と偏見のない人生を送り、成長してゆくことでしょう。私が旅立つ前に、私自身の経験や学んだことを伝え、それがあなたの興味を引き、夢を膨らませることができればと思っています。

私はあなたの守護天使として、あなたの人生の展開を、愛に満ちた誇りと保護と励ましをもって見守りたいと思っています。

私のあなたへの信頼は、私が信じている輪廻転生の現実に基づいています。つまり、私たちは皆、人間の経験をしているスピリットあるいは魂であり、私たちは皆、魂として、いつ、どこに転生するかを選択する自由意志をもっているのです。だからこそ、あなたは何が何でもより良い世界を作りたいという熱意と沈着の両方を携えてこの状況に立ち向かうために生まれてくることを決めたのだろうと私は信じるに至りました。

私が子どもの頃は、本当に幸運でした。野原や森、滝のある美しい小川、偉大なハドソン川のほとりを自由に行き来し、年の近い2人の兄弟と一緒に気が済むまで探検できたからです。それは素晴らしい自由と喜びでした。食糧は地元で栽培されたもので、農薬や防腐剤がまだ発明される前ですからオーガニックでした。

自分の子どもが大きくなった時、私は子ども向けのアースデイのイベントのために「大人が見張っていないところで」という詩を書きました。この詩は、できるだけ遠くを見るために木に登ったり、「立ち入り禁止」と書かれたフェンスを越えたり、川の薄氷の上を歩いたりして学んだ、貴重な教訓を綴ったものです。私はこの詩を通して世界の遠くを、そして未来を見通すことや、ルールを破ることの必要性を伝えました。というのは、私たちは皆、いま「薄氷の上」におり、実際に氷河は溶けており、私たちを生かしている脆い生態系は弱体化しているからです。

数十億年におよぶ地球の歴史を調べてみると、生物の進化の過程で、種の若年期は獲得と拡大のために激しい競争を繰り返しています。しかし、競争にはエネルギーがかかり過ぎるため、より効率的で持続可能な協力関係へと成熟していきます。人類の狩猟採集民は、比較的単純な幼少期を過ごし、あるものは協力的な先住的社会へと成熟し、またあるものは若い段階のまま帝国建設や資本主義的な成長経済へと移行しました。後者では、私たちは傲慢になり、母なる地球から切り離され、あたかも自分たちの奔放で独創的なハイテクなライフスタイルよりも重要なものなどないかのように地球を搾取し、汚染しました。私たちは自分たちが自然よりもはるかに優れていると考え、支配的な種になるとどのような結果がもたらされるかも気に留めませんでした。

歴史を振り返ると、帝国が崩壊するのは気候の劇的な変化だけではなく、権力を持ったエリートたちが大きな貧富の差を生み出し、変化が必要となった時にあまりにも頑なに我が身を守ろうとすることが崩壊の原因であることがわかります。樹木は変化の風を受けて身をしならせることで何千年も生き延びますが、人類の文明はそれとは異なり、いずれもこのようなストレスで崩壊してきました。今、私たちの文明は、この3つのすべての点で失敗しています。このことを人々に知らせようとした私の努力や、半世紀前から気候災害の可能性や不正な経済の失敗を理解していた多くの人々の努力は、もう手遅れとなったいまに至るまで無視され、あるいは間違っていると蔑まれてきました。私たちが目を覚まし、私たちの生活様式を再構築するための道を開くためには、実際の災害が必要なのかもしれません。

あなたの世代は、あなた以前の世代の人々のひどく破壊的なやり方に激しい怒りを感じることでしょう。それはもっともな怒りです。

私が人生の中で最も憤っていた時期、それは国がベトナムで恐ろしい、不当な戦争をしていたときです。この戦争は、誰もが見られるようにテレビで放映された初めての戦争でした。私はナパーム弾で焼かれる子どもたちや、言葉に絶するあらゆる残虐行為を見て激しい怒りに見舞われ、ひどい苦悩に苛まれていました。そんな時、あるベンガル人の詩人が私に詩を書いてくれたのですが、その中にこのような一文がありました。「涙と苦悩はどこかで雷の胸の中に納められている」。

私はすぐに、彼が「エネルギーはエネルギーであり、自らの怒りを有益な、ポジティブな行動に変えることができる」と言っていることがわかりました。この一文はそれ以来、私の生涯でとても役立ってくれました。私は怒りが湧くたびに、それを物事を良くするため、平和的な行動を起こすためのインスピレーションとして使うことを学んだのです。

進化生物学者であり未来学者である私の観点からすると、怒りや憎しみから愛へ、戦争から平和へ、激しい競争から思いやりのある協力関係へとエネルギーを変換することは、先に述べた成熟の問題であり、人類という種としての成長の問題です。私の青春時代からあなたの青春時代のあいだに私たち人類は急速に世界人口を3倍に増やし、次には無謀な拡大にブレーキをかけられ、競争に明け暮れるという思春期を迎えた人類の狂気が頂点に達したら今後はそこから目覚め、私たちは迅速に協力的な成熟へと移行することができること、移行しなければならないことを知りました。

いま、私は極地の氷がゾッとする速さで崩壊してゆく様子を見たり、荒れ狂う火事や嵐を見たりしていますが、あなたはまだ赤ちゃんで、家族の腕の中で災害から守られています。でも、16歳になれば、もう何も隠すことができなくなります。海が沿岸の巨大都市を飲み込み、水戦争、飢餓、病気の蔓延などで絶望した人々が無数に逃げ惑う様子をあなたは目の当たりにすることでしょう。

しかし、地球はなお美しく、知性をもつ惑星として生きています。自らの命をかけて戦っている地球は、私たちがこれからもっと高温の気候に適応してゆかねばならないとしても、それでも太陽系内のどの惑星よりも人間の生活に適しています。私たちが自ら招いた大惨事は、地球を愛し敬いなさいと私たちに教えてくれています。清らかな水、豊かな土壌、きれいな空気を取り戻すこと、残された野生の森や草原や生き物たちを守りながら、お互いに愛し合い、いたわり合うことが唯一の可能な道であることを示してくれています。グローバル・エコビレッジ・ネットワーク（GEN）、ローカル・リビング・エコノミクスのためのビジネス・アライアンス（BALLE）、国連のミレニアム開発目標（MDGs）、ヨーロッパのBOOMなどの素晴らしい音楽やアートのフェスティバル、オーガニック食品の栽培や人間の排泄物までリサイクルすることなど、数え切れないほどの現実的な取り組みが、あなたが生まれる前から行われており、もっと調和的に生きようとする私たちの意志と創造力を証明しています。

このような基礎的な努力の上にあなたの世代が何を築いていくのか、私はワクワクしています。あなたには、生存者をこの大きな嵐の向こうにある光へと導く力があります。あなたたちが自分や子どもたちを安全な海岸にたどり着かせ、ちぎれた命の糸を紡ぎ直して、私の世代では想像することしかできなかったものを作り出す姿が目に浮かびます。

私は、宇宙がビッグバンから地球上に生命のない無の状態に向かってエネルギーが下り続けているとは思いません。宿命として欠乏状態の中で際限なく競争することを強いられているとは思えないのです。これらはいずれも、科学者たちがこの世界は物質しかないと理解しようとするがためのストーリーにすぎません。しかし、私たちは身体の存在でそこから心やスピリットが何らかの形で発せられているのではありません。私たちは、身体―心―スピリットのすべてとして同時に存在しているのです。

古代の道教は、このことを明確に理解していました。また、古代のヴェーダでは、宇宙意識が「すべて」であり、魂や心の高い波動を物質の最も遅い波動にまで減速させることで、自らの中に物質を形成していると考えていました。愛しいイーサ、このような古代の叡智を探究してください。自分自身の内に入り、外面的な感覚を手放し、内面的な感覚がそれに取って代わると、あなたにとって必要な人生のガイダンスや欲しいものにアクセスできるようになります。そうすれば、最も純粋で愛に満ちた喜びはあなたにも誰にでも手に入れることができるということを知ってください。

古代ギリシャでは、自然科学を「フィロソフィア」と名づけました。「知恵の恋人」、「自然から学ぶ者」という意味です。古代の先住民社会ではそのようなことが自然に行われていて、まだ現在も生き残っているものもあります。私はこのことに気づき、大学で科学を学ぶだけでなく、手つかずの自然の中で子ども時代を過ごしたことを思い出し、先住民からできる限り多くのことを学びたいと思うようになりました。

私が彼らから学んだ最も重要なことは、美しいアマゾンのインディアンに、熱帯雨林の植物や動物との会話の仕方を教えてもらったことです。「エリザベット、この森が存在する限り、彼らはずっと会話を続けてきたんだよ。あなたの役割は彼らに話しかけることではなく、彼らの声に耳を傾けること……聞くことだよ」。

このことがきっかけで、ストーリーを語るコミュニケーションを導く言語と、それ以外の方法での私たちのコミュニケーション能力を否定する言語の違いが見えてきました。植物や動物、私たちを構成する体細胞、さらには腸内細菌や細胞内の生きた分子や原子に至るまで、自然界のすべての存在は、私が「親交（コミュニオン）」と呼ぶ情報の直接伝達によって、自分の居場所を知っているのだということが深くわかるようになりました。コミュニオンとは、言語によるコミュニケーションと区別するための名称です。コミュニオンの不思議なところは、万物を通じて同じシステムが存在するため、翻訳の必要がないことです。自然界の生き物の中でこのシステムに沿わずに生きようとしたのは唯一、人間だけなのです！

だからこそ、私たちはここまで迷走してしまったのです。「コミュニオン」を行う人たちは携帯電話やGPS装置を必要としません。問題を解決する際も、無限の助けを得られるからです。彼らは人間同士、そして自然と協力して取り組んでいます。子どもたちは、止められるまで自然にそうしています。J・アレン・ブーンが著した素敵な本『すべての生命との親密さ *Kinship with All Life*』には、人間が生まれながらにしてもっている、お互いと、そしてすべての生命体と親交できる能力について説明されていますが、私自身もそれを実践し、他の種、特に木々との間で多くの素晴らしい体験をしてきました。

樹木は、地球上で最も真の意味での長老かもしれません。研究者のステファノ・マンキューソは著書『輝かしい緑 *Brilliant Green*』の中で、木には人間の五感（視覚、嗅覚、聴覚、触覚、味覚）だけでなく、さらに少なくとも十数種類の感覚を備えていると書いています。あなたもいつか、私のように木を愛し、敬い、木と友達になることを願っています。

イザベル、大切なシスター・ソウル、この手紙はこれくらいにしておきましょう！　この本の著者数人と私は、「シルバー・クラン」に属しています。月に敬意を表して、私たちは自分たちのことを「ルーミナリーズ」と呼んでいて、「スピナージャイズ」という新しい言葉を作りました。地球のシステムの壊れた布を織り直すために、必要な糸を作ることを意味する言葉です。あなたとあなたの仲間がスピナージャイズし、危機を乗り越えてすべての生命をいたわり、思いやるコミュニティを構築する作業を続けるあいだ、私は愛と光の中であなたの手を握っています。

エピローグ　集団行動を呼びかける糸をつなぐ

ロバート・アトキンソン（博士）
カート・ジョンソン（博士）

私たちは、地平線上に大きな希望を見出しています。意識的な進化への呼びかけは、私たちが思い描く未来を共同で創り出すためのものです。意識進化の本質は、私たちに未来への変わらぬ希望を与えてくれます。

私たちは、本書で共有されている個人的なビジョンを実現するために必要なものをすべて持っています。それは進化の原動力を前進させるために必要不可欠な基礎的要素、すなわち、原則、価値観、ツール、解決策、行動ステップです。これらはすべて、私たちが複数に分断された不公平で分離した共同体や社会に住んでいると考えるのではなく、1つの統合された、公正で全体的な地球共同体に住んでおり、この共同体を成す多様性に富む部分的要素は全体の機能と繁栄に貢献する不可欠な存在であるという認識への転換、集団意識の飛躍を導きます。私たちは今、この大変化の真っ只中にいます。そして、このビジョンが放つ光は、この運命的な移行の瞬間を成就に向かって導いてくれています。

変革という画期的時期に生きるということは、人と万物を結びつける精神的・相乗的エネルギーの解放がもたらす恵みを受け取れるということです。私たちがこの惑星意識を達成した時、最も優先されるべき原則は、全体の利益に対する責任感を共有することであり、1つの人類家族である私たちの本質的な一体性を認識することです。

今、相互接続性と全体性に向けた革新、相乗効果、収束が、人類がこれまでかつて目撃したことのないスケールで発生しています。そして、私たちはこの重要なプロセスに参加するという素晴らしい機会を得ているのです。

この本が構築している7つのテーマ・サークルは、別々のものに見えるかもしれません。しかし、それは表面上に過ぎません。全体性を意識して深く見てみると、ここで雄弁かつ簡潔に語られているテーマ、問題、原因はすべて結びついています。それどころか、まったく分離できない相互依存の関係にあるのです。

ピート・シーガーは、1969年にサウス・ストリート・シーポートで行われたクリアウォーター号の初航海で、次のように述べています。

私たちはお互いに話し合い、やるべきことに合意しない限り、成功しません。私たち全員が、です。老いも若きも、黒人も白人も、裕福な人も貧しい人も、長髪の人も短髪の人もです。私たちは、誰かが「おや、この川はひどいことになっている。どうにかしないと」と言ってくれることを願っています。この世のすべてはつながっているのです。川をきれいにすれば、次には社会をきれいにするために取り組んでいかねばなりません。皆で力を合わせて、これをやり遂げましょう。私たちにはできます。誰にも無理だと言わせないでください[1]。

この本で私たちの未来のビジョンを語っている43人の進化的リーダーは、このことをよく理解しています。彼らのビジョンはすべて、１つの物語を構成しています。これらのビジョンは、一握りの献身的なリーダーだけでは実現しません。また、これらのビジョンに基づいて行動し、この愛と癒やしの領域を広げてゆくためには、すでに存在している進化的コミュニティだけでは進みません。私たちが求めている思いやり、尊敬、慈しみ、協力に根差したハートで生きる未来を生み出すためには、全人類が自分たちの無数の贈り物をすべて提供し、これらのビジョンを現実化するために行動せねばならないのです。

最も重要なのは自分自身について語るストーリーであり、グレッグ・ブレイデンが序文で指摘しているように、それは私たちが生きる上での信条を示すストーリーです。なぜなら、自分の起源、過去、運命について何を信じるかによって、自分や他者をどう捉えるかが決まるからです。物語がなければ、私たちは希望を得られません。この絶好の機会を迎えている私たちの選択肢は、私たちが思い描く結果、すなわち世界中の神聖な伝統が予言している全体性と調和と平和を実現する物語を語り、それに沿って生きるか、あるいは、うまくいかない物語を語り、その中で苦悩するかのどちらかです。ディーパック・チョプラがサークル４の章で述べているように、ここには選択の余地などないのかもしれません。

エリザベート・サトリウスが曾孫に宛てた手紙の中で述べているように、その手紙を読む頃にはその曽孫は人類史上最大の変革期をすでに経験していることでしょう。そのような未来という視点から見ると、これらのことがより鮮明に浮かび上がってきます。エリザベットのビジョンには、曽孫の世代が先人たちの努力による基盤の上に築かれ、人類が成熟し、無謀な青春時代のやり方を捨てて、すべての生命に配慮した協力的なコミュニティで構成されたより良い世界を構築し、安全な到着地を見つける時代を迎える様子が描かれています。

これが私たちのビジョンであり、行動への呼びかけです。本書の7つのサークルに織り込まれた糸は、それぞれが重要な意味をもっていますが、すべては1つの布を成しており、すべては同一の目標を掲げており、私たちを1つの種としてだけでなく、創造物の一部としての私たちの一体性、生来の全体性の理解へ至らせてくれます。これらはすべて、私たちの集合的な幸福につながる共通の糸です。行動への呼びかけを実行するのは私たち1人ひとりであり、それが必要とされている集合的行動に参加するということです。私たちは皆で、1つのタペストリーを織っているのです。

進化のリーダーである私たちは、分離しているパーツをより大きな全体に統合するという壮大でグローバルな相乗的収束のプロセスを導くために、解決策とリソースを提供します。そして全体の意識的な進化をサポートすることで1つにまとまる世界を促進し、人類の集合的進化の最高点に向けて次のステップに導いてゆきます。

いまこそ、全人類が目的に向かって団結する時です。私たちは、人類が成熟期に入ったことを宣言します。つまり、人類の家族の1人ひとりは、公正で実り豊かな平和な世界を先導し、共創するためにいま、生きているのです。過去の時代のすべての人々は、これを目標として生きてきました。

そして、いよいよそれを実現させるのは私たちなのです。

私たちは先だって、パンデミックによって一斉に未知に飲み込まれるという経験をしました。これによって、皆で分かち合う未来に私たちは何を望んでいるかをさらに深く考える、またとない機会が与えられました。

私たちは慣れ親しんだものを捨て、「こういうものである」と捉えていたものをすべて取り下げて見直すという普遍的な原型を、1つの人類家族として経験しました。これは、進化の本質的な適応プロセスを通じてすでに進行中の集合的変革が成功し、進化の衝動が意識的に実行されるように促すための、宇宙の方法なのです。

皆が速度を落とし、内に向いたことによって、以下のことがかつてないほど明らかになりました。

・私たちは、他人に対してもっと強い共感と思いやりを感じることができる。
・私たちは、今あるものにもっと感謝し、もっと惜しみなく与えることができる。
・私たちは思った以上につながっているだけでなく、切っても切れない関係である。
・私たちの集合体としての力は、私たちの団結的行動にかかっている。
・私たちは集合体の叡智をもっと信頼し、自らそれに従って生きることができる。
・私たちは、共に努力する精神を育むことができる。
・私たちは、存在の尊さを何よりも大切にすることができる。

・私たちは、人類全体を包み込むような、精神的意識を育むことができる。

この共通の経験によって、私たちは思い描いている新しい世界に一歩近づくことができます。私たちの本質的な相互依存関係について、より深い洞察が与えられたのです。この本で取り上げられている7つのテーマは、より大きな全体像、つまり現実の本質を知り、それと調和して生きるために、常に進化を続ける統合された方法に収束していくことも示しています。摂理とも自然の摂理とも言えますが、現時点では、相反する上昇と下降のエネルギーが最も宇宙的なレベルで作用しているという新しい証拠が示されました。私たちに求められているのは、この知識を行動に移し、すべてのものが複雑につながり合っていることを忘れずに生きていくことです。

こうした全体性を自分の人生のあらゆる瞬間にあらゆる形で発揮することが、私たちの集合としての充足のストーリーを生きることになります。意識の進化を促進すること、それが進化のリーダーたちのコミットメントです。私から皆さんに呼びかけます。この最も深遠な努力において、私たちと一緒に共同制作をしましょう。共に、協力、友好、深い関わりの新しい世界を誕生させましょう。私たちの共同行動への呼びかけに、あなたもどうぞ加わってください。

謝辞

本書は、豊かな才能と先見性に恵まれた人々の支援によって実現しました。

第一に、エボリューショナリー・リーダーズ・サークルの本拠地であるソース・オブ・シナジー財団、特にその創設者であるダイアン・ウィリアムズ氏に感謝します。２００６年、彼女はディーパック・チョプラ™とビジョンを共有し、リーダーや組織を集めて、進化をリードする人々の間のつながりを深めることを提案しました。ディーパック・チョプラは、「いいね、一緒にやろう。最初の集まりは、ニューヨークの私のオフィスでやろう」と答え、エボリューショナリー・リーダーズ・サークルの旅が始まりました。

進化するリーダーズのビジョンを常に信じ、14年間にわたって励まし続けてくれたディーパックに、ソース・オブ・シナジー財団は永遠の感謝を捧げます。また、ディーパック・チョプラ™有限責任会社の社長である素晴らしいキャロライン・ランゲル氏には設立当初から貴重な支援をいただき、チョプラ財団にはソース・オブ・シナジー財団とエボリューショナリー・リーダーズ・サークルの設立に協力していただき、ニューヨーク・コーリション・フォー・ワンボイスには連携のために情熱を注いでいただき、バーバラ・フィールズ氏とアソシエーション・フォー・グローバル・ニュー・ソートには、西海岸での数回にわたる集会に素晴らしい協力者として参加していただいたことを感謝しています。

編集チームを率いたロバート・アトキンソンの優れたスキルと献身的なビジョンなくしてこの本の誕生は実現していなかったでしょう。提案から出版まで、このプロジェクトに並々ならぬ尽力をしてくださったことに感謝します。私たちは、どんな困難な状況にあっても善良な性格を保つことができる彼の素晴らしさに驚嘆しました。

また、このプロセス全体を通して光と知恵を与えてくれたカート・ジョンソンとデボラ・モルダウにも感謝しています。この本の全体的な構成を編集し、フォーマットするという彼らの重要な役割は滞りなく遂行されました。ボブ、カート、デボラの3人のチームワークは素晴らしいものでした。

デボラはこの本の制作期間に限らず、ソース・オブ・シナジー財団の設立当初からの理事として、またエボリューショナリー・リーダー・プロジェクトのディレクターとしてもその能力を発揮してくれました。この貴重なコミュニティを優雅に、知恵をもって、献身的に、そして細心の注意を払って支え、導いてくれたデボラに心から感謝しています。

相乗効果を生み出す達人、カートは、彼の素晴らしい洞察力とつながりを大切にする姿勢をすべての活動に活かしています。この本のために時間と創造性を捧げてくださったこと、そして、人とプロジェクトとメディアを結びつける無限の能力で進化系リーダーのコミュニティを強化してくださっていることに敬意を表します。

そして、この本のプロジェクトに最初から助言を与え、その知恵と専門知識、そして揺るぎないサポートを提供してくれたグレッグ・ブレイデンにも感謝します。グレッグは、エボリューショナリー・リーダーズ・サークルが一丸となって行動することを常に奨励してくれましたが、それはまさに私たちが選択する瞬間を迎えているからです。私たちにインスピレーションを与え、この本のタイトルを考案し、素晴らしい紹介文を書いてくれたグレッグに、私たちより尽きない感謝を捧げます。

この本のプロジェクトをビヨンド・ワーズ社の社長兼出版者であるリチャード・コーン氏に紹介してくださった、インスティテュート・オブ・ノエティック・サイエンス（IONS）の議長クラウディア・ウェルズ氏に感謝します。当初からのサポートとコミットメントをしてくれたリチャードと、クリエイティブ・ディレクターのミケーレ・アシュティアニ・コーン、出版社アシスタントのチェルシー・ロービー、そしてアトリア／サイモン&シュスターのパートナーを含むビヨンド・ワーズの先見性のあるチームに、深い感謝を捧げます。

特にビヨンド・ワーズ社の編集長、リンゼイ・イースターブルックス＝ブラウン氏には、困難な時期にもかかわらず、迅速な出版のために献身的かつ熱心に仕事をしていただき、感謝しています。また、校訂者のジェニファー・エインジェル氏には、丁寧な編集をしていただきました。そして、私たちの選集を信じて見守ってくれたウォーターサイド・プロダクション社のエージェント、ビル・グラッドストーン氏にも感謝しています。

興味を引く〔原著の〕ブックカバーのデザインを担当したサラ・ブラム氏、マーケティングや広告の面で洞察力と努力を提供してくれたコリーン・カラスキー氏とブレナ・ヘイル氏に感謝します。

この本を推薦し、この集合的な試みを支援するために時間と心を割いてくれたすべての人々に感謝します。

43人の素晴らしい寄稿者の方々には、それぞれの章で洞察力とインスピレーションを与えていただきました。また、その過程で助けていただいた方々、ソース・オブ・シナジー財団のスタッフ、コンサルタント、アドバイザー、寄付者、ソース・オブ・シナジー財団理事会メンバー、特に前理事長のジェフ・バンダー・クルート氏と現理事長のバーバラ・レイトン氏、そして意識の進化に貢献するために日々私たちを高揚させ、刺激を与えてくれるエボリューショナリー・リーダーズ・サークルのメンバーの方々にも感謝したいと思います。

最後になりましたが、この旅に参加してくださった読者の皆様、そして意識の変化の加速に貢献してくださっている皆様のすべての行動に感謝を表します。

(3) Bahá'u'lláh, *Gleanings from the Writings of Baha'u'llah* (Wilmette, IL: Bahá'í Publishing Trust, 1983), 250.
(4) C. G. Jung, *Modern Man in Search of a Soul* (New York: Harcourt, 1933), 217.
(5) Charles Darwin, *The Descent of Man* (New York: Penguin Classics, 2004), 147.
(6) Atkinson, *The Story of Our Time*, 103–8.
(7) Pierre Teilhard de Chardin, *The Human Phenomenon* (New York: Perennial, 1976), 3.

エピローグ

(1) Robert Atkinson, *Year of Living Deeply: A Memoir of 1969* (Wilmette, IL: One Voice Press, 2019), 16–17.

Scientific Publishing, 2008).
(6) Ken Wilber, in conversation with Barbara Marx Hubbard, Foundation for Conscious Evolution's Agents of Conscious Evolution online course, 2011.
(7) Jean Baptiste Lamarck, *Zoological Philosophy: An Exposition with Regard to the Natural History of Animals* (London: Macmillan, 1914).
(8) Julie Jordan Avritt and Thomas Hübl, "Thomas Hübl's The Pocket Project Facilitating the Integration of Collective Trauma," *Kosmos Journal* (Spring-Summer 2017), https://www.kosmosjournal.org/article /thomas-hubls-the-pocket-project-facilitating-the-integration-of -collective-trauma/.

第 33 章

(1) Marta Sinclair, ed., *Handbook of Intuition Research* (Cheltenham, UK: Edward Elgar Publisher, 2013); Raymond Bradley, "The Psychophysiology of Intuition: A Quantum-Holographic Theory of Nonlocal Communication," *World Futures* 63, no. 2 (2007): 61–97; Raymond Bradley, Murray Gillin, Rollin McCraty, and Mike Atkinson, "Nonlocal Intuition in Entrepreneurs and Non-entrepreneurs: Results of Two Experiments Using Electrophysiological Measures," *International Journal of Entrepreneurship and Small Business* 12, no. 3 (2011): 343–72; and Rollin McCraty, Mike Atkinson, and Raymond Bradley, "Electrophysiological Evidence of Intuition: Part 2. A System- wide Process?", *Journal of Alternative Complementary Medicine* 10, no. 2 (2004): 325–36.
(2) Adolescent Moral Development Lab, "The Psychology of Purpose," John Templeton Foundation: Claremont Graduate University, February 2018, https://www.templeton.org/wp-content/uploads/2020/02 /Psychology-of-Purpose.pdf.
(3) Randy Cohen, Chirag Bavishi, and Alan Rozanski, "Purpose in Life and Its Relationship to All-Cause Mortality and Cardiovascular Events: A Meta-Analysis," *Psychosomatic Medicine* 78, no. 2 (2015); Patrick Hill and Nicholas Turiano, "Purpose in Life as a Predictor of Mortality Across Adulthood," *Psychological Science* 25 (2014); and Toshimasa Sone, Naoki Nakaya, Kaori Ohmori, Taichi Shimazu, Mizuka Higashiguchi, Masako Kakizaki, Nobutaka Kikuchi, Shinichi Kuriyama, and Ichiro Tsuji, "Sense of Life Worth Living (Ikigai) and Mortality in Japan: Ohsaki Study," *Psychosomatic Medicine* 70 (2008): 709–15.
(4) Adolescent Moral Development Lab, "The Psychology of Purpose," 13.

第 35 章

(1) Robert Atkinson, *The Story of Our Time: From Duality to Interconnectedness to Oneness* (Fort Lauderdale, FL: Sacred Stories Publishing, 2017), 116–23.
(2) Paul Carus, *The Gospel of Buddha* (Chicago: Open Court Publishing, 1915), 142.

Association banquet, Washington, DC, February 22, 1899), https://archive.org /stream/speechesofwillia02bryauoft/speechesof willia02bryauoft_djvu.txt.

第 29 章

(1) James Jeans, *The Mysterious Universe* (New York: Cambridge University Press, 1930), 137.

第 31 章

(1) Daniel DeNoon, "Salt-Water Fish Extinction Seen by 2048," CBS News, November 2, 2006, https://www.cbsnews.com/news/salt-water-fish-extinction-seen-by-2048/.
(2) David Wallace-Wells, "The Uninhabitable Earth," *New York Magazine*, July 10, 2017, http://nymag.com/intelligencer/2017/07/climate-change-earth-too-hot-for-humans.html.
(3) Cosmic Scientist, "This Is Exactly Why Nikola Tesla Told Us to Study the 'Nonphysical,'" April 27, 2016, https://cosmicscientist.com/this-is-exactly-why-nikola-tesla-told-us-to-study-the-non-physical/.
(4) Cosmic Scientist, "This Is Exactly Why Nikola Tesla."
(5) The HeartMath Institute (HMI) researches heart-brain communication and its relationship to managing stress, increasing coherence, and deepening our connection to self and others. HMI's scientists also explore the electrophysiology of intuition and how all things are connected. heartmath.com
(6) Sung live by Siedah Garrett, lyrics written by Glenn Ballard and Siedah Garrett, recorded by Michael Jackson, "Man in the Mirror," May 1987, track 4 on *Bad*, Epic.

第 32 章

(1) Brian Swimme, *The Powers of the Universe*, directed by Dan Anderson (San Francisco: Center for the Story of the Universe, 2004), DVD.
(2) Peter Corning, *Nature's Magic: Synergy in Evolution and the Fate of Humankind* (Cambridge, UK: Cambridge University Press, 2003).
(3) Rollin McCraty and Maria A. Zayas, "Cardiac Coherence, Self- Regulation, Autonomic Stability, and Psychosocial Well-Being," *Frontiers in Psychology Journal* 29, September (2014): https://www.frontiersin.org/articles/10.3389/fpsyg.2014.01090/full.
(4) The Science of Mindfulness & Compassion, private conversation attended by the author in New Delhi hosted by the Templeton Foundation, organized by the Fetzer Institute in collaboration with the Center for Contemplative Science and Compassion Based Ethics at Emory University, April, 2019.
(5) Mae-Wan Ho, *The Rainbow and the Worm: The Physics of Organisms* (London: World

Meditation on Anti-correlated Networks in the Brain," *Frontiers in Human Neuroscience* (January 2012), https://www .frontiersin.org/articles/10.3389/fnhum.2011.00183.

第 24 章

(1) Lynne McTaggart, *The Field: The Quest for the Secret Force of the Universe* (London: HarperCollins Publishers, 2001).
(2) Elizabeth Rauscher, J. J. Hurtak, and Desiree Hurtak, *Mind Dynamics in Space and Time* (Los Gatos, CA: Academy for Future Science, 2016).
(3) Zvi Ram, Chae-Young Kim, Garth A. Nicholas, and Steven Toms, "ACTR-27. Compliance and Treatment Duration Predict Survival in a Phase 3 EF-14 Trial of Tumor Treating Fields with Temozolomide in Patients with Newly Diagnosed Glioblastoma," *Neuro-Oncology* 19, suppl. 6 (2017): vi6–vi7: https://academic.oup.com/neuro-oncology/article/19/suppl_6/vi6/4590316.
(4) Pierre Teilhard de Chardin, *The Phenomenon of Man* (New York: Harper, 1959).
(5) J. J. Hurtak, *The Book of Knowledge: The Keys of Enoch* (Los Gatos, CA: Academy for Future Science, 1973), 26: https://keysofenoch.org/teachings/overview/.

第 26 章

(1) Jude Currivan, *The Cosmic Hologram: In-formation at the Center of Creation* (Rochester, VT: Inner Traditions, 2017).
(2) Currivan, *The Cosmic Hologram.*

第 27 章

(1) Gregg Braden, *Deep Truth: Igniting the Memory of Our Origin, History, Destiny and Fate* (Carlsbad, CA: Hay House, 2011), 219–22.
(2) Braden, *Deep Truth*, 219–22.
(3) Braden, *Deep Truth*, 139–83.
(4) Braden, *Deep Truth*, 139–83.
(5) Gregg Braden, *The Divine Matrix: Bridging Time, Space, Miracles, and Belief* (Carlsbad, CA: Hay House, 2007), 101–22.
(6) Braden, *The Divine Matrix*, 101–22.
(7) Tad Williams, *To Green Angel Tower, Part 1* (New York: DAW Books, 1993), 771.
(8) George Musser, "The Climax of Humanity," *Scientific American*, special edition "Crossroads for Planet Earth" (September 2005): 44–47.
(9) Musser, "The Climax of Humanity," 47.
(10) Musser, "The Climax of Humanity," 47.
(11) William Jennings Bryan, "America's Mission" (speech, Virginia Democratic

6–10.
(8) The Aspen Institute: National Commission on Social, Emotional, and Academic Development, "From a Nation at Risk to a Nation at Hope," 2019, http://nationathope.org/report-from-the-nation/.
(9) Jane Ellen Stevens, "Nearly 35 Million US Children Have Experienced One or More Types of Childhood Trauma," *Aces too High News*, May 13, 2013, https://acestoohigh.com/2013/05/13/nearly-35-million-u-s-children-have-experienced-one-or-more-types-of-childhood-trauma.

第 19 章

(1) Albert Einstein quoted in "What Einstein Knows," by Elizabeth Lesser, in Andrea Joy Cohen, *A Blessing in Disguise: 39 Life Lessons from Today's Greatest Teachers* (New York: Berkley Books, 2008), 49.
(2) Pierre Teilhard de Chardin quoted in Oprah Winfrey, *What I Know for Sure* (New York: Flatiron Books, 2014), 150.

第 20 章

(1) Kerry Grens, "Earth Experiencing Sixth Mass Extinction: Study," *The Scientist*, July 11, 2017, http://www.the-scientist.com/?articles.view/articleNo/49841/title/E.
(2) Bruce Lipton, *The Biology of Belief, Tenth Anniversary Edition: Unleashing the Power of Consciousness, Matter, and Miracles* (Carlsbad, CA: Hay House, 2016), 57–81.
(3) Lynn Margulis and Dorion Sagan, *Microcosmos: Four Billion Years of Microbial Evolution from Our Microbial Ancestors* (New York: Summit Books, 1986), 14–15.
(4) Jean-Baptiste Lamarck, *Zoological Philosophy: An Exposition with Regard to the Natural History of Animals*, trans. by Hugh Elliot (Chicago: University of Chicago Press, 1914).
(5) Bruce Lipton, "An Introduction to Conscious Evolution: A Theory We Can Thrive With," *Spanda* VII, no. 1 (2017): 183–92.
(6) Lipton, *The Biology of Belief*, 57–81. Chapter 22: The Power of Eight
1. David R. Hamilton, PhD, *Why Kindness Is Good for You* (London: Hay House UK, 2010), 108.

第 22 章

(1) David R. Hamilton, PhD, Why Kindness Is Good for You (London: Hay House UK, 2010), 108.

第 23 章

(1) Zoran Josipovic, Ilan Dinstein, Jochen Weber, and David Heeger, "Influence of

(10) Schrödinger, *What Is Life?*, 145.
(11) Michael Grosso, *The Final Choice: Death or Transcendence?* (Hove, UK: *White Crow Books, 2017), chap. 8.*
(12) Michael Grosso, "The Archetype of Death and Enlightenment," in *The Near-Death Experience: A Reader*, eds. Lee Bailey and Jenny Yates (New York: Routledge, 1996), 127–44.
(13) Sam Parnia, quoted in Mindy Weisberger, "Are 'Flatliners' Really Conscious after Death?", *Live Science*, October 4, 2017, https://www .livescience.com/60593-flatliners-movie-death-resuscitation.html.

第 17 章

(1) Kathleen K. S. Hui, Jing Liu, Ovidiu Marina, Vitaly Napadow, Christian Haselgrove, Kenneth K. Kwong, David N. Kennedy, and Nikos Makris, "The Integrated Response of the Human Cerebro-Cerebellar and Limbic Systems to Acupuncture Stimulation at ST 36 as Evidenced by fMRI," *NeuroImage* 27, no. 3 (2005): 479–96; Michael G. H. Coles, Emanuel Donchin, Stephen W. Porges, *Psychophysiology: Systems, Processes and Applications* (New York: Guilford Press, 1986).
(2) Margorie. E. Maharaj, "Differential Gene Expression after Emotional Freedom Techniques (EFT) Treatment: A Novel Pilot Protocol for Salivary mRNA Assessment," *Energy Psychology Journal* 8, no. 1 (2016): 17–32.

第 18 章

(1) Marshall McLuhan, from notes taken by the author, Gordon Dveirin, in Marshall McLuhan's graduate seminar, University of Toronto, 1972; see also, Marshall McLuhan, *The Global Village: Transformations in World Life and Media in the 21st Century* (New York: Oxford University Press, 1989), 99–100.
(2) Thomas Berry, *The Dream of the Earth* (Berkeley: University of California Press, 2006), 17.
(3) Loren Eisley, *The Man Who Saw Through Time*, revised and enlarged edition of *Francis Bacon and the Modern Dilemma* (New York: Scribners, 1973), 39.
(4) Kai Bird and Martin Sherwin, *American Prometheus: The Triumph and Tragedy of J. Robert Oppenheimer* (New York: Vintage Books, 2006).
(5) Jamie Metzl, *Hacking Darwin: Genetic Engineering and the Future of Humanity* (Naperville, IL: Sourcebooks, 2019), loc. 165 of 6104 and loc. 219 of 6104, Kindle.
(6) Yuval Noah Harari, "Why Technology Favors Tyranny," *The Atlantic*, October 2018, 70.
(7) Willis Harman, "The New Copernican Revolution," *Stanford Today*, Winter 1969,

climate-environment/2019/05/06/one-million-species-face-extinction-un-panel-says-humans-will-suffer-result/.

第 14 章

(1) Pierre Teilhard de Chardin, quoted in Oprah Winfrey, *What I Know for Sure* (New York: Flatiron Books, 2014), 150.
(2) Rhondalynn Korolak, *On the Shoulders of Giants: 33 New Ways to Guide Yourself to Greatness* (Australia: Imagineering Unlimited, 2008), 82.
(3) Christopher Logue, "Come to the Edge," *New Numbers* (London: Jonathan Cape, 1969), 65–66.

第 15 章

(1) Apple, "Think Different Marketing Campaign," The Crazy Ones, the website dedicated to Apple's ad campaign, 1997, accessed May 5, 2020, http://www.thecrazyones.it/spot-en.html.
(2) John Gardner, "On Potential," PBS, 1965 speech, accessed May 7, 2020, https://www.pbs.org/johngardner/sections/writings.html.

第 16 章

(1) Larry Dossey, *One Mind: How Our Mind Is Part of a Greater Consciousness and Why It Matters* (Carlsbad, CA: Hay House, 2013), xxviii.
(2) Hippocrates, quoted in *The Dreams of Dragons: An Exploration and Celebration of the Mysteries of Nature*, by Lyall Watson (Rochester, VT: Destiny Books, 1992), 27.
(3) William Butler Yeats, quoted in *Irish Writing in the Twentieth Century: A Reader*, ed. David Pierce (Cork, Ireland: Cork University Press, 2000), 62.
(4) Walt Whitman, "Passage to India," in *Leaves of Grass: Selected Poems* (London: Macmillan Collector's Library, 2019), 233–45.
(5) Ralph Waldo Emerson and Alfred Ferguson, eds., *The Essays of Ralph Waldo Emerson* (Cambridge, MA: Harvard University Press, 1987), 160.
(6) Erwin Schrödinger, *What Is Life? The Physical Aspect of the Living Cell with Mind and Matter and Autobiographical Sketches* (London: Cambridge University Press, 1969), 139, 145.
(7) David Bohm, quoted in Dialogues with Scientists and Sages: The Search for *Unity*, by Renée Weber (New York: Routledge and Kegan Paul, 1986), 41.
(8) Carl Jung, *Memories, Dreams, Reflections* (New York: Random House, 1965), 325.
(9) Carl Jung, *Collected Works of C. G. Jung, Volume 13*, trans. by R. F. C. Hull (Princeton, NJ: Princeton University Press, 2014), 46.

(1) Michael Williams, *Deforesting the Earth: From Prehistory to Global Crisis* (Chicago: University of Chicago Press, 2002), https://rainforests .mongabay.com/general_tables.htm; World Wildlife Fund, "The Living Planet Report," October 30, 2018, https://www.wwf.org.uk/updates /living-planet-report-2018.
(2) International Panel on Climate Change, "Special Report: Global Warming of 1.5 ℃," 2018, https://www.ipcc.ch/sr15/.
(3) Mary Oliver, "Wild Geese," University of New Mexico, accessed May 12, 2020, http://www.phys.unm.edu/~tw/fas/yits/archive/oliver _wildgeese.html.
(4) Joanna Macy in discussion with author, March 2003, during "The Work that Reconnects" training of trainers in Madrid, Spain.

第 8 章

(1) Dee Brown, "War Comes to the Cheyennes," *Bury My Heart at Wounded Knee: An Indian History of the American West* (New York: Henry Holt, 2001), 86–90.
(2) United States Congress, "Report of the Joint Committee on the Conduct of the War at the Second Session Thirty-Eighth Congress: Army of the Potomac. Battle of Petersburg," February 20, 1865, https://www.senate.gov/artandhistory/history/common/investigations/pdf/JCCW_Report.pdf.
(3) Colorado State Archives, "John Evans," 2019, accessed March 1, 2020, https://colorado.gov/pacific/archives/john-evans.
(4) Chief Seattle, "Excerpts from Chief Seattle's Famous Speech to President Franklin Pierce," 1854, Children of the Earth United, https://www.childrenoftheearth.org/chief_seattle.htm.

第 9 章

(1) White Buffalo Calf Woman, "Lakota Instructions for Living," Xavier University Jesuit Resources, accessed May 19, 2020, https://www .xavier.edu/jesuitresource/online-resources/quote-archive1/native -american1.

第 11 章

(1) Steve Farrell, "The Dawn of a Conscious Movement," *Kosmos*, Fall/ Winter 2017, https://www.kosmosjournal.org/contributor/steve-farrell.
(2) Ken Wilber, *A Brief History of Everything* (Boston: Shambhala, 2007), 499.

第 12 章

(1) Darryl Fears, "One million species face extinction, U.N. report says. And humans will suffer as a result," *The Washington Post*, May 6, 2019 https://www.washingtonpost.com/

(New York: Jan-Lee Music, 1955).

第 6 章

(1) Luther Standing Bear, quoted in Joseph Brown, "Modes of Contemplation through Actions: North American Indians," in *Main Currents in Modern Thought: A Study of the Spiritual and Intellectual Movements of the Present Day*, Rudolf Eucken and Meyrick Booth (New York: Kessinger Publishing, 2008), 194.

(2) Malcolm Margolin, *The Ohlone Way: Indian Life in the San Francisco-Monterey Bay Area* (Berkeley: Heyday Books, 1978).

(3) Richard Nelson, *Make Prayers to the Raven: A Koyukon View of the Northern Forest* (Chicago: University of Chicago Press, 1983), 14.

(4) Matthew Fox, *Meditations with Meister Eckhart* (Santa Fe: Bear & Company, 1983), 24.

(5) Jalal al-Din Rumi, *The Essential Rumi*, trans. by Coleman Barks and John Moyne (San Francisco: Harper, 1995).

(6) Daisetz T. Suzuki, *Zen and Japanese Culture* (Princeton: Princeton University Press, 1970), 364.

(7) Sri Maharaj, *I Am That: Talks with Sri Nisargadatta Maharaj*, trans. by Maurice Frydman (Bombay, India: Chetana, 1973), 289.

(8) Lao Tsu, *Tao Te Ching*, trans. by Gia-fu Feng and Jane English (New York: Vintage Books, 1972).

(9) Clara Moskowitz, "What's 96 Percent of the Universe Made Of? Astronomers Don't Know," *Space.com*, May 12, 2011, https://www.space.com/11642-dark-matter-dark-energy-4-percent-universe-panek.html.

(10) Eugene Roehlkepartain, Peter Benson, Peter Scales, Lisa Kimball, and Pamela, "With Their Own Voices: A Global Exploration of How Today's Young People Experience and Think about Spiritual Development," Search Institute, 2008, https://www.search-institute.org/wp-content/uploads/2018/02/with_their_own_voices_report.pdf.

(11) Andrew Greeley, *Ecstasy as a Way of Knowing* (Englewood Cliffs, NJ: Prentice Hall, 1974), 57; Luis Lugo, director, Pew Forum on Religion and Public Life, "Many Americans Mix Multiple Faiths," Pew Research Center, December 9, 2009, https://www.pewforum.org/2009/12/09 /many-americans-mix-multiple-faiths/.

(12) Pew Research Center, "US Public Becoming Less Religious," November 3, 2015, http://www.pewforum.org/2015/11/03/u-s-public -becoming-less-religious.

第 7 章

原注

第 1 章

（1）James O'Dea, *Cultivating Peace: Becoming a 21st Century Peace Ambassador* (San Rafael, CA: Shift Books, 2012), 44–60.

第 3 章

（1）Sheila Kinkade, "Toward a Whole World Ethic: The Role of Conscious Evolution," *Mind and Life Institute Blog*, December 9, 2019, https://www.mindandlife.org/toward-a-whole-world-ethic-the-role-of-conscious-evolution.
（2）David Sloan Wilson, *Does Altruism Exist? Culture, Genes, and the Welfare of Others* (New Haven: Yale University Press, 2015).
（3）David Sloan Wilson, *This View of Life: Completing the Darwinian Revolution* (New York: Pantheon/Random House, 2019); Kurt Johnson and David Ord, *The Coming Interspiritual Age* (Vancouver: Namaste, 2013).
（4）Pierre Teilhard de Chardin, *The Phenomenon of Man* (New York: Harper, 1959).
（5）Eva Jablonka and Marion Lamb, *Evolution in Four Dimensions: Genetic, Epigenetic, Behavioral, and Symbolic Variation in the History of Life* (Cambridge, MA: MIT Press, 2006).
（6）Keven Laland, Tobias Uller, Marcus Feldman, Kim Sterelny, Gerd Müller, Armin Moczek, Eva Jablonka, and John Odling-Smee, "Proceedings B: The Extended Evolutionary Synthesis: Its Structure, Assumptions, and Predictions," *The Royal Society Publishing* (2015): 282, https://doi.org/http://dx.doi.org/10.1098/rspb.2015.1019.
（7）Ronald Giphart and Mark van Vugt, *Mismatch: How Our Stone Age Brain Deceives Us Every Day and What We Can Do about It* (London: Robinson Page, 2018).
（8）Blair Witherington, "The Problem of Photo Pollution for Sea Turtles and Other Nocturnal Animals," in *Behavioral Approaches to Conservation in the Wild*, ed. by Janine Clemmons and Richard Buchholz (Cambridge, UK: Cambridge University Press, 1997), 303–28.
（9）Richard Wrangham, *The Goodness Paradox: The Strange Relationship Between Virtue and Violence in Human Evolution* (New York: Pantheon, 2019).
（10）James Mark Baldwin, *Development and Evolution* (Sydney, Australia: Wentworth Press, 2019).

第 5 章

（1）Jill Jackson and Sy Miller, "Let There Be Peace on Earth," No. 431, *The Um Hymnal*

Anne-Marie Voorhoeve	thehaguecenter.org
Daniel Christian Wahl	designforsustainability.medium.com
Neale Donald Walsch	nealedonaldwalsch.com
Michael Wayne	drmichaelwayne.com
Claudia Welss	noetic.org
Diane Marie Williams	sourceofsynergyfoundation.org
Mikki Willis	elevate.us
David Sloan Wilson	evolution-institute.org
Trina Wyatt	consciousgood.com
Carlen Young	create.community
Elizabeth Ashley Young	somedayfire.com
Claire Zammit	femininepower.com
Gary Zukav	seatofthesoul.com

Jon Ramer	sine.network
Sommer Joy Ramer	compassiongames.org
Carolyn Rangel	deepakchopra.com
Ocean Robbins	foodrevolution.org
Llyn Roberts	llynroberts.com
Gayle S. Rose	evscorporation.com
Peter Russell	peterrussell.com
Derek Rydall	derekrydall.com
Elisabet Sahtouris	sahtouris.com
Yuka Saionji	goipeace.or.jp
Deborah Sandella	riminstitute.com
Denise Scotto	un.org/en/events/yogaday
Gerard Senehi	openfutureinstitute.org
Heather Shea	unitedpalace.org
Vandana Shiva	navdanya.org
Pedram Shojai	well.org
Robert Smith	icvgroup.org
Anneloes Smitsman	earthwisecentre.org
Sergey Solonin	qiwi.com
Christian Sorensen	christiansorenseninspires.com
John Steiner	bridgealliance.us
Alan Steinfeld	newrealities.com
Daniel Stone	danielstone.com
Sara Avant Stover	thewayofthehappywoman.com
Sylvia Sumter	unityofwashingtondc.org
Katherine Woodward Thomas	katherinewoodwardthomas.com
Kit Thomas	circleofwisdom.org
Lynne Twist	soulofmoney.org
Katia Txi	t.me/katiatxilive
Rick Ulfik	wetheworld.org
Jeff Vander Clute	jeffvanderclute.com
Cassandra Vieten	cassandravieten.com
Alberto Villoldo	albertovilloldophd.com

Howard Martin	heartmath.com
Xiuhtezcatl Martinez	earthguardians.org
Joe Martino	collective-evolution.com
Fred Matser	fredfoundation.org
Peter Matthies	consciousbusinessinstitute.com
Sarah McCrum	sarahmccrum.com
Rod McGrew	operationhope.org
Jennifer McLean	healingwiththemasters.com
Lynne McTaggart	lynnemctaggart.com
Oscar Medina	mbaproject.org
Nipun Mehta	servicespace.org
Nina Meyerhof	onehumanity.institute
Oscar Miro-Quesada	heartofthehealer.org
Devaa Haley Mitchell	devaa.com
Sheri Mitchell	sacredinstructions.life
Deborah Moldow	gardenoflight.org
Anita Moorjani	anitamoorjani.com
Karen Newell	sacredacoustics.com
David Nicol	gaiafield.net
Karen Noé	karennoe.com
James O'Dea	jamesodea.com
Rick Paine	newstories.org
Carl Palmer	legacyworksgroup.com
Ersin Pamuksüzer	ersinpamuksuzer.com
Gino Pastori-Ng	youthimpacthub.unitedrootsoakland.org
Terry Patten	terrypatten.com
Jeanne White Eagle Pehrson	interstellarcommunityfoundation.org
John Pehrson	mysticalnumerologyonline.com
John Perkins	johnperkins.org
Carter Phipps	carterphipps.com
Anna-Mari Pieterse	school.ubuntucivicsacademy.com
Paulette Pipe	touchingthestillness.org
Mitchell J. Rabin	mitchellrabin.com

Shamini Jain	shaminijain.com
Shilpa Jain	yesworld.org
Sister Jenna	americameditating.org
Heather Johnson	whidbeyinstitute.org
Kurt Johnson	lightonlight.us
Anodea Judith	anodeajudith.com
Juan Carlos Kaiten	iwg.life
David Karchere	davidkarchere.com
Bernardo Kastrup	bernardokastrup.com
Tim Kelley	truepurposeinstitute.com
Loch Kelly	lochkelly.org
Margo King	mediatorsfoundation.org
Audrey E. Kitagawa	parliamentofreligions.org
Ken Kitatani	i-ceed.org
Jackie Knechtel	flowconsciousnessinstitute.com
Domen Kocevar	onehumanity.institute
Kanu Kogod	leadershipalchemy.com
Eve Konstantine	evekonstantine.com
Emanuel Kuntzelman	emanuelkuntzelman.com
Phil Lane, Jr.	fwii.net
Ervin Laszlo	clubofbudapest.com
Sage Lavine	sagelavine.com
Erik Lawyer	onebecoming.one
George H. Lewis	georgehlewis.com
Lori Leyden	createglobalhealing.org
Christopher Life	onenation.party
Bruce H. Lipton	brucelipton.com
Lorena Llobenes	foromindfulness.com
Kahontakwas Diane Longboat	soulofthemother.org
Jewel Love	championsmentalhealth.com
Carolyn Lukensmeyer	nicd.arizona.edu
Lynnaea Lumbard	newstories.org
Elza S. Maalouf	humanemergencemiddleeast.org

Ashley Ellis	thebreathecollective.org
Kristin Engvig	winconference.net
Justin Faerman	flowconsciousnessinstitute.com
Steve Farrell	humanitysteam.org
Barbara Fields	agnt.org
Linda Francis	seatofthesoul.com
Hugo Francone	netspirit.com
Ashok Gangadean	awakeningmind.org
Marcel Gasser	akasha.space
Alan Gegenschatz	agengenschatz.com
David Gershon	empowermentinstitute.net
Mark Gerzon	mediatorsfoundation.org
Charles Gibbs	revcharlesgibbs.net
Joshua Gorman	joshuagorman.com
Alex Grey	cosm.org
Allyson Grey	cosm.org
Stanislav Grof	stanislavgrof.com
Chris Grosso	theindiespiritualist.com
Kazu Haga	eastpointpeace.org
Mussie Hailu	uri.org
Adam C. Hall	adamhall.solutions
Antoinette "Rootsdawtah" Hall	patobanton.com/ministry
Craig Hamilton	integralenlightenment.com
Olivia Hansen	spirituallifetvchannel.com
Philip Hellmich	theshiftnetwork.com
Jarrad Hewett	jarradhewett.com
Kristin Hoffmann	kristinhoffmann.com
David Hofstatter	tanglelab.com
Jean Houston	jeanhouston.com
Jean-Louis Huard	peopletogether.com
Thomas Hübl	thomashuebl.com
Desiree Hurtak	futurescience.org
J. J. Hurtak	futurescience.org

Mindahi Bastida Muñoz	centerforearthethics.org
Don Edward Beck	spiraldynamics.com
Michael Bernard Beckwith	agapelive.com
Diane Berke	1spirit.org
Lawrence Bloom	lawrencebloom.com
Leslie Booker	lesliebooker.com
Joan Borysenko	joanborysenko.com
Ben Bowler	unity.earth
Gregg Braden	greggbraden.com
Rinaldo Brutoco	worldbusiness.org
Connie Buffalo	fourthfire.com
Sandra de Castro Buffington	sandradecastrobuffington.com
Jack Canfield	jackcanfield.com
Scott Carlin	kdpifm.org/scottcarlin
Jeff Carreira	jeffcarreira.com
Deepak Chopra™	deepakchopra.com
John Clausen	hyfo.org
Miranda Clendening	unify.org
Andrew Cohen	andrewcohen.org
Oren Cohen	geniusworks.co.za
Roger Collis	lorian.org
Theresa Corazon	socialightconference.com
Bruce Cryer	brucecryer.com
Jude Currivan	judecurrivan.com
Téana David	sixpetalsretreats.com
Panache Desai	panachedesai.com
Stephen Dinan	theshiftnetwork.com
Dustin DiPerna	dustindiperna.com
Barbara Dossey	dosseydossey.com
Larry Dossey	dosseydossey.com
Mark Dubois	friendsoftheriver.org
Gordon Dveirin	claritasinstitute.com
Duane Elgin	duaneelgin.com

進化の先導者
エボリューショナリー・リーダーたち

この本は、ソース・オブ・シナジー財団のプロジェクト「エボリューショナリー・リーダーズ・サークル」のメンバー43人の合同作品で、このプロジェクトは現在186人の明確なビジョンをもった先見的な作家、科学者、教育者、社会革新者で構成されています。メンバーの略歴はevolutionaryleaders.net/evolutionary-leadersに掲載されています。また、以下のメンバーのウェブサイトは、意識の進化を目指すすべての人々に相乗効果をもたらす情報、インスピレーション、プログラム、プロジェクトの宝庫ですのでご覧ください。

Patricia Albere	evolutionarycollective.com
Eben Alexander	ebenalexander.com
Panos Anastasakis	linkmedia.org
Robert Atkinson	robertatkinson.net
Ciro Gabriel Avruj	gabrielavruj.com
Cherine Badawi	thrivetrainings.com
Pato Banton	patobanton.com
Darius M. Barazandeh	youwealthrevolution.com

ダイアン・マリー・ウィリアムズ

Diane Marie Williams

ソース・オブ・シナジー財団の創設者兼会長。同財団の主要プロジェクトの1つである「エボリューショナリー・リーダーズ・サークル」をディーパック・チョプラ™と共同で立ち上げた。また、ニューヨークの国連で「精神性、価値観、地球規模の問題に関するNGO委員会」の創設委員長を務め、「国連の精神賞」、「黄金律賞」、「PEMAC平和賞」を受賞している。

sourceofsynergyfoundation.org

デイビッド・スローン・ウィルソン(博士)

David Sloan Wilson, PhD

ニューヨーク州立大学ビンガムトン校特別教授(生物学、人類学)、エボリューション・インスティテュート代表。著書に『人生についてのこの観点 *This View of Life*』、『利他主義は存在するか? *Does Altruism Exist?*』、『みんなのための進化 *Evolution for Everyone*』、『ダーウィンの大聖堂 *Darwin's Cathedral*』などがあり、進化論に根本的な貢献をもたらしている。

evolution-institute.org

ダニエル・クリスチャン・ウォール（博士）
Daniel Christian Wahl, PhD

教育、変革をもたらすイノベーション、未来の実践、積極的行動、文化の変革の交点において国際的に活動している。生物学、動物学、ホリスティック・サイエンスを専門とし、持続可能なデザインの博士号を取得（ダンディ大学）。国際フューチャー・フォーラム会員、フィンドホーン財団および王立芸術協会の研究員、オハイ財団の諮問委員会メンバー。『再生的文化の構築 *Designing Regenerative Cultures*』の著者でもある。

クラウディア・ウェルズ
Claudia Welss

ノエティック・サイエンス（知性の科学）研究所（IONS）の会長であり、グローバル・コヒーレンス・イニシアティブの会長も務める。クラウディアはカリフォルニア大学バークレー校ハースビジネススクールのエグゼクティブプログラムの責任者を務めていた時にハートマス研究所を企業幹部のコーチングに招き、デジタルアース国際シンポジウムのデジタルアース／デジタルマインド・イニシアティブに参加した。スペース・フォー・ヒューマニティの理事、NEXUSグローバル・ネットワークの「自分自身への投資」ワーキング・グループの議長も務めている。

noetic.org

クリスチャン・ソレンセン師（神学博士）

Reverend Christian Sorensen, DD

現代の新思想家として名高く、カリフォルニア州エンシニータスにあるシーサイド・センター・フォー・スピリチュアル・リビングのスピリチュアル・リーダーを務めている。22歳の時に、150年にわたるニューソートの歴史の中で最も若い牧師の1人となる。また、『山頂から生きる *Living from the Mountaintop*』など10冊の著書、共著に『喜びの豊かさ日記 *Joyous Abundance Journal*』がある。seasidecenter.orgでは、毎週日曜日にライブを配信している。

christiansorenseninspires.com

シルビア・サムター師

Reverend Sylvia Sumter

1991年からワシントンDCユニティ教会で上級牧師を務める。それ以前はミズーリ州ユニティ村にあるユニティ宗教学校のコミュニケーション研究とスキル学部の学科長を務めていた。ユニティのキリスト教学校を卒業し、1987年にユニティの牧師に任命される。また、心理学の修士号と学士号も取得。生来の神の可能性に気づくことで、人々に人生の変革を促すことを使命としている。unityofwashingtondc.org/standupに「人類のために立ち上がれ（Stand Up For Humanity）」についての詳細が記載されている。

ジョン・パーキンス
John Perkins

作家、活動家。『エコノミック・ヒットマン』〔古草秀子訳、東洋経済新報社〕や『ジャガーに触れる *Touching the Jaguar*』などの著書は数百万部を売り上げ、35カ国以上の言語に翻訳されている。シャーマニズムの第1人者である彼は、環境保護と持続可能な経済の構築のために先住民と協力する非営利団体パチャママ連合とドリーム・チェンジの創設者でもある。また、世界銀行、国連、国際通貨基金、「フォーチュン500」ランクイン企業の顧問も務めている。

johnperkins.org

エリザベット・サトゥリス（博士）
Elisabet Sahtouris, PhD

国際的に有名な進化生物学者であり、未来学者。マサチューセッツ工科大学とマサチューセッツ大学で教鞭をとり、現在はホノルルのシャミナード大学でビジネスの教授を務めています。著書に『アースダンス』〔吉田三智世訳、バベルプレス〕、『徒歩で歩く150億年の旅』、〔大田直子訳、バベルプレス〕『ガイアのダンス *Gaia's Dance*』などがある。ワールド・ビジネス・アカデミーの名誉会長で、世界先住民科学ネットワークの共同設立者でもある。

sahtouris.com

ジェームズ・オディア

James O'Dea

『意識的アクティビスト *The Conscious Activist*』、『平和を耕す *Cultivating Peace*』、『魂の覚醒訓練 *Soul Awakening Practice*』などの著者で知られている。ノエティック・サイエンス研究所の前社長、アムネスティ・インターナショナルのワシントン支部統括者、セヴァ財団のCEOを務めた。また、世界30カ国で1,000人以上の学生に平和構築の指導を行っている。また、世界各地で社会を癒やすための最前線の対話を行っている。

jamesodea.com

ジーノ・パストーリ=ン

Gino Pastori-Ng

環境保護主義のヒップホップ・アーティスト。カリフォルニア州オークランドで生まれ育つ。カリフォルニア大学サンタクルーズ校で就学中に森を散策し、環境保護への情熱を育む。ヨーロッパ、南米、アジアを旅した後、Youth SEED（Youth Social Entrepreneurship for Equitable Development、公正な発展のための青年社会的起業プログラム）を共同で設立し、その後、ユース・インパクト・ハブ（オークランド）を設立して、低所得コミュニティの若者の社会的起業プロジェクトの立ち上げを支援している。

youthimpacthub.unitedrootsoakland.org

ニーナ・マイヤーホフ(教育学博士)

Nina Meyerhof, EdD

アウシュビッツ博物館に隣接するワン・ヒューマニティ・インスティテュート「希望の街」の共同設立者であり、若者が自分のリーダーシップの可能性を知ることができる世界的に有名な組織「地球の子どもたち」の代表兼設立者。共著書に『意識的教育 *Conscious Education*』がある。ニーナはその活動を通して、私たちが織り成す一体感を認識してすべての人々が違いを超えて利他的な倫理を目指すことを提唱し、平和に焦点を当てている。

coeworld.org

カレン・ニューウェル

Karen Newell

カレンは秘教的な教えや意識の領域を探究する生涯にわたる実体験を通して、知恵を探し求めてきた。内なるガイダンスにつながり、インスピレーションを得て健康を増進し、直観力を養う方法を示し、人々を力づけている。セイクリッド・アコースティクス社の共同設立者であり、不安を軽減し、創造性を高めるための脳波同調オーディオ録音を提供している。著書に『マインドフルな宇宙に生きる *Living in a Mindful Universe*』(エベン・アレグザンダーとの共著)がある。

sacredacoustics.com

サラ・マクラム
Saroh McCrum

作家、教師。人々がお金との関係をどのように変えれば豊かさや充実感をもって豊かな人生を経験できるかを探究している。22年間、中国の師のもとで修行し、ヒーリング、人間関係、ビジネスなど、人生のあらゆる分野に適用されるエネルギーについて伝統的かつ現代的な教えを学ぶ。お金のエネルギーから受け取った一連のメッセージは、著書『お金を愛せば、お金から愛される *Love Money, Money Loves You*』に書かれている。

sarahmccrum.com

リン・マクタガート
Lynne McTaggart

意識、新物理学、スピリチュアリティの科学に関する卓越したスポークスマンの1人。受賞歴のあるジャーナリストであり、世界的ベストセラー『フィールド 響き合う生命・意識・宇宙』〔野中浩一訳、河出書房新社〕、『意思のサイエンス』〔PHP研究所〕、『パワー・オブ・エイト』〔ダイヤモンド社〕など7冊の著書がある。また、国際的雑誌「医師があなたに教えないこと」(wddty.com)や健康エキスポ「ゲット・ウェル」(getwell.solutions)の共同創設者でもある。世界を癒やすために意図の力をテストする、インターネット上のグローバルな実験室「インテンション・エクスペリメント」の設計者。

lynnemctaggart.com

ロリ・ライデン（博士、経営学修士）
Lori Leyden, PhD, MBA

トラウマ治療の専門家、変革リーダー、スピリチュアル・メンターとして全米で知られている。また、数々の賞を受賞したドキュメンタリー映画『幸せになると言った若き日の私 *When I Was Young I Said I Would Be Happy*』の製作者。この映画では、ルワンダの大虐殺を生き延びた人々がどのように変化し、ルワンダからコネチカット州ニュータウンまで、何百人もの人々がいかにして癒やされていったかが描かれている。

createglobalhealing.org

ブルース・H・リプトン（博士）
Bruce H. Lipton, PhD

科学と精神の架け橋として国際的に認知されている科学者・講演者。著書『「思考」のすごい力』〔邦訳：西尾香苗訳、PHP研究所〕、『自発的進化 *Spontaneous Evolution*』、『ハネムーン効果 *The Honeymoon Effect*』はベストセラーとなっている。2009年には五井平和賞を受賞。過去にはウィスコンシン大学医学部の解剖学准教授を務め、細胞生物学、組織学、発生学の講師として医学カリキュラムに参加していた。

brucelipton.com

フィル・レーン・ジュニア世襲首長

Hereditary Chief Phil Lane Jr.

イハンクトンワン・ダコタ族とチカソー族の登録メンバーであり、人間開発、コミュニティ開発、経済開発において国際的に認められたリーダー。50年にわたり、アメリカ大陸、ミクロネシア、東南アジア、中国、インド、ハワイ、アフリカの先住民族と協力している。カナダのアルバータ州にあるレスブリッジ大学で教育学の准教授を務めた後、1982年にフォー・ワールズ・インターナショナル・インスティテュートを設立。第4の道による人類の統一を目指している。

FWII.net

アーヴィン・ラズロ（博士）

Ervin Laszlo, PhD

70冊以上の書籍の著者・編集者。6本のピアノ録音を含む、400以上の論文や調査報告書を発表している。システム哲学と一般進化論の創始者として知られ、ノーベル平和賞に2度ノミネートされている。ブダペスト・クラブの創設者兼会長を務めており、国際システム科学学会では会長を務めていた。

ervinlaszlo.com

ロッホ・ケリー（神学修士、公認臨床ソーシャルワーカー）
Loch Kelly, MDiv, LCSW

教育者、作家、瞑想教師、心理療法士、意識と覚醒の分野で認められたリーダー。非営利団体「オープン・ハート・アウェアネス・インスティテュート」を創設。『自由へのシフト *Shift into Freedom*』、『努力のいらないマインドフルネスの方法 *The Way of Effortless Mindfulness*』を著した受賞作家でもある。

lochkelly.org

イブ・コンスタンティン（公衆衛生学修士）
Eve Konstantine, MPH

進化のパターンの曲線を見抜き、その意味するところを明らかにする才能をもった思想家であり、地球上の意識を高めることに人生のすべてを捧げている。国際的な講演者であり、雑誌や書籍への寄稿者でもあるイブは、ワシントンDCで暮らした20年間に、国際組織のリーダーやウォール街の経営者を指導し、国際通貨基金の家族会の会長、クリントン元大統領在任時のホワイトハウス・ボランティアも務めた。

evekonstantine.com

J.J.ハータック(博士)
J. J. Hurtak, PhD

社会科学者であり未来学者。国際NGOであるフューチャー・サイエンス協会(AFFS)を共同設立し、社会的なプロジェクトや対話を通じて科学と意識の協同を促進している。科学と宗教が相互に排他的である必要はないことを数多くの書籍で示しており、『エノクの鍵』〔紫上はとる・小野満磨訳、ナチュラルスピリット〕も著した。カリフォルニア大学とミネソタ大学で2つの博士号を取得している。

futurescience.org

シルパ・ジェイン
Shilpa Jain

「YES!」の常任理事として、社会変革者たちと協力し、すべての人のために公正でバランスのとれた繁栄の世界を創造している。これまでに数多くの書籍や記事を執筆し、グローバリゼーション、創造的表現、エコロジー、民主的生活、革新的学習と学習解除などをテーマにしたワークショップのファシリテーターを務め、50カ国以上から集まった数百人のリーダーたちに変革をもたらすリーダーシップの集いを開催している。

yesworld.org

バーバラ・マークス・ハバード

Barbara Marx Hubbard

未来学者、進化的教育者、作家、講演者。コンシャス・エボリューション財団の共同設立者・会長。『意識的な進化』〔加藤晴美訳、ナチュラルスピリット〕など、社会や惑星の進化に関する7冊の著書があり、バーバラ自身がドキュメンタリー映画『アメリカン・ヴィジョナリー』の題材にもなっている。彼女は「シナジー・エンジン」、「シンコン(シナジェティック・コンバージェンス、相乗的収束)」、「ピース・ルーム」、「共創の輪」、「人類の分娩」などのコンセプトで知られている。バーバラの章は彼女が亡くなる直前に本書に提供されたもので、彼女の最後の文章の1つである。

ディズリー・ハータック(博士、社会科学修士)

Desiree Hurtak, PhD, MSSc

社会科学者、未来学者、環境保護主義者。多くの発展途上国のコミュニティや個人を支援するフューチャー・サイエンス財団の会長であり、フューチャー・サイエンス協会(AFFS)の副会長兼共同創設者でもある。夫のJ.J.ハータックとの共著に『自己を超えた覚醒 *Overself Awakening*』などがあり、人生における真の可能性についての洞察と理解をもたらしている。

futurescience.org

ディヴィッド・ガーション
David Gershon

エンパワーメント・インスティテュートの共同設立者・CEO。明確なビジョンを備えたリーダーシップと社会変革の専門知識を駆使し、不可能と思われることを可能にする2次的変動のソリューションを都市や国々のために立案している。受賞作『ソーシャル・チェンジ2.0』やベストセラー『エンパワーメント』を含む12冊の著書があり、夢見る世界は創造できると信じられるよう人々を励ますこと、その実現を助ける戦略やツールをデザインすることに人生を捧げている。

reinventing.earth

ジーン・ヒューストン（博士）
Jean Houston, PhD

人間の能力に関する学者・研究者。過去40年間（夫のロバート・マスターズ博士が亡くなるまで）、ニューヨークとオレゴン州アシュランドでマインド・リサーチ財団を共同運営し、人間の潜在能力の解明に取り組んできた。26冊の著書があり、国連の人間開発に関する上級コンサルタントであるとともに、変革を推進する人々を力づける「異文化間の神話と精神の研究プログラム」の創設者でもある。

jeanhouston.com

ジャスティン・ファーマン

Justin Faerman

明確なビジョンをもつ先見的変革者であり、国際的な講演者、連続起業家、意識研究者。世界の意識進化、科学とスピリチュアリティの架け橋の構築に尽力し、個人レベルと社会レベルの両方で啓発的アイデアを広めている。『コンシャス・ライフスタイル・マガジン』誌とフロー・コンシャスネス・インスティテュートの共同設立者。意識のフローと構造の分野における先駆的研究で知られ、講師としても活躍。

justinfaerman.com

スティーブ・ファレル

Steve Farrell

ヒューマニティーズ・チーム（世界150カ国以上に65万人以上の仲間がいる世界的な草の根スピリチュアル・ムーブメント）の代表兼エグゼクティブ・ディレクター。ヒューマニティーズ・チームは、人類が平和、調和、幸福の持続可能な世界を享受できるように、ワンネスに目覚め、それを体現することを目的としている。そのプロジェクトには、グローバル・ワンネス・デー（2010年の国連訪問を受けて制定）、ワンネス宣言、年間を通して開催されるリビング・イン・ワンネス・サミットなどがある。

humanitysteam.org

ゴードン・ドゥベイリン（教育学博士）
Gordon Dveirin, EdD

組織、社会、文化の変化を「未来への道を共に学ぶこと」と捉え、博士論文「マンパワーからマインドフルネスへ：新たなハイテク文化と、それが教育へもたらす影響（From Man-power to Mindfulness: The High-Tech Culture of Emergence and Its Implications for Education）」の中でこのことを述べている。また、レイチェル・ケスラーが設立した教育の人道化を促進する機関、パッセージ・ワークス・インスティテュートを支援。妻のジョーン・ボリセンコと「多様なスピリチュアル探究のための光明研究所（Claritas Institute for Interspiritual Inquiry）」を共同設立している。共著に『あなたの魂の羅針盤 *Your Soul's Compass*』がある。

claritasinstitute.com

デュエイン・エルジン（経営学修士、文学修士）
Duane Elgin, MBA, MA

国際的に認められている作家、講演者、教育者、そして市民の声を大切にする活動家。著書は『生きている宇宙 *The Living Universe*』、『未来への約束 *Promise Ahead*』、『ボランタリー・シンプリシティ（自発的簡素）』〔早川淳訳、TBS・ブリタニカ〕、『覚醒する地球 *Awakening Earth*』など。2006年には「より持続可能で精神的な文化」を育む世界的な「ビジョン、意識、ライフスタイル」への貢献が認められ、東京で五井平和賞を受賞。

duaneelgin.com

バーバラ・ドッシー（博士、公認看護師）
Barbara Dossey, PhD, RN

国際的に認められた統合的・ホリスティック看護のパイオニアであり、看護理論家。国際看護師コーチ協会（INCA）理事、ナイチンゲール・イニシアティブ・フォー・グローバル・ヘルスの国際共同責任者、統合的看護師コーチ認証プログラム（INCCP）の中核構成員を務めている。『ホリスティック・ナーシング』〔守田美奈子・川原由佳里監修、エルゼビア・ジャパン〕や『看護師コーチング *Nurse Coaching*』など25冊の著書がある。

dosseydossey.com

ラリー・ドッシー（医学博士）
Larry Dossey, MD

内科医師、ダラス診断協会の共同設立者。1968年から1969年にかけてベトナムで野戦大隊の外科医として従軍し、勇猛果敢な活動で勲章を受章。著書に『時間・空間・医療』〔栗野康和訳、めるくまーる〕、『魂の再発見』〔上野圭一・井上哲彰訳、春秋社〕、『癒やしのことば』〔森内薫訳、春秋社〕、『医療の再創出 *Reinventing Medicine*』、『予感のパワー *The Power of Premonitions*』『一つのマインド *One Mind*』など13冊がある。

larrydosseymd.com

ディーパック・チョプラ（医学博士、米国内科医師会会員）

Deepak Chopra™, MD, FACP

幸福と人道主義に関する研究を行う非営利団体チョプラ財団と、科学とスピリチュアリティが交差する現代の健康企業チョプラ・グローバルの創設者であり、統合医療と個人の変容における世界的に有名なパイオニア。カリフォルニア大学サンディエゴ校の家庭医学および公衆衛生学の臨床教授であり、『メタヒューマン *Metahuman*』をはじめとする90冊以上の著書（43カ国語に翻訳）や、『ニューヨーク・タイムズ』紙のベストセラーを多数執筆。『タイム』誌はチョプラ博士を「今世紀のヒーロー、アイコンとしてトップ100に入る人物」と評している。

deepakchopra.com

ジュード・カリバン（博士）

Jude Currivan, PhD

宇宙学者、惑星ヒーラー、未来学者、『コスミック・ホログラム *The Cosmic Hologram*』著者、ノーティラス銀賞受賞者、元米国上級ビジネスウーマン。最先端の科学、意識研究、普遍的な知恵の教えを統合し、統一現実のパラダイムに基づいてWholeWorld-View.orgを共同で設立。オックスフォード大学で考古学の博士号と物理学の修士号を取得しており、宇宙論と量子物理学を専門とする。

judecurrivan.org

リナルド・S・ブルトコ

Rinaldo S. Brutoco

サンタバーバラに拠点を置くワールド・ビジネス・アカデミーの創設者兼CEO、アメリカで最も公正な企業ランキングを行うジャスト・キャピタルの共同創設者。また、連続起業家、経営者、作家、ラジオ司会者、未来学者でもあり、35年以上にわたって道徳的・環境的・社会的関心事に関連したビジネスの役割について発表している。オメガ・ポイント・インスティテュート、ジャスト・キャピタル、その他多くの営利・非営利企業の役員も務めている。

worldbusiness.org

コンスタンス・バッファロー

Constance Buffalo

チペワ族のレッド・クリフ・バンドのメンバー。化学兵器による汚染除去を行うインテラガード社の社長兼CEOや、CBSテレビの販売促進・広告部門統括者として貴重な経験を積む。チペワ族の伝統は彼女に「すべての生命が神聖なパターンでシームレスに織り込まれている」という土台をもたらし、彼女はすべての生命と深い関係を生きることを約束している。

fourthfire.com

ジョーン・ボリセンコ（博士）

Joan Borysenko, PhD

心と身体のつながりに関して世界的に有名な専門家。ハーバード大学医学部で学んだ細胞生物学者、心理学者として最先端の科学と深い人間性を融合させる。『ニューヨーク・タイムズ』紙のベストセラー作家で17冊の本を出版しているほか、『ワシントン・ポスト』紙や『ウォール・ストリート・ジャーナル』紙、公共テレビ放送、や多数のウェブサイトでも紹介されている。現在はニューメキシコ州サンタフェにあるMind-Body Health Sciences, LLCの社長を務める。

joanborysenko.com

グレッグ・ブレイデン

Gregg Braden

科学とスピリチュアリティの架け橋となる先駆者として国際的に知られている。『ゴッド・コード』〔島津公美訳、ダイヤモンド社〕、『聖なるマトリックス』〔福山良広訳、ナチュラルスピリット〕、『深奥の真実 *Deep Truth*』などの著書があり、『ニューヨーク・タイムズ』紙のベストセラー作家として5回の受賞歴がある。科学的な専門知識を活かし1970年代のエネルギー危機の際にはコンピュータ地質学者として、1980年代の冷戦時代には米空軍宇宙司令部の渉外官として、そして第1次湾岸戦争ではシスコ・システムズのテクニカル・オペレーション・マネージャーとして問題解決にあたり、成功に導いた。

greggbraden.com

寄稿者紹介

＊姓のアルファベット順

エベン・アレグザンダー3世（医学博士）

Eben Alexander III, MD

ボストンのブリガム・アンド・ウィメンズ病院、チルドレンズ・ホスピタル、ハーバード・メディカル・スクールでの15年間の勤務を含め、25年以上にわたって研究的神経外科医として活躍。また、物理学や宇宙論にも深い造詣がある。著書にはニューヨーク・タイムズ紙のベストセラー『プルーフ・オブ・ヘヴン』『マップ・オブ・ヘブン』〔ともに白川貴子訳、早川書房〕があり、カレン・ニューウェルとの共著に『マインドフルな宇宙に生きる *Living in a Mindful Universe*』がある。

ebenalexander.com

マイケル・バーナード・ベックウィズ師

Reverend Michael Bernard Beckwith

ロサンゼルスにあるアガペ・インターナショナル・スピリチュアル・センターの創設者兼スピリチュアル・ディレクター、グローバル・ニュー・ソート協会の共同創設者。講演者として人気が高く、作家としても活躍しており、近著の『人生のビジョンを描く *Life Visioning*』、『本当に自由になるスピリチュアルな生き方』〔雨宮美智子訳、ナチュラルスピリット〕、『拡大する超越性 *Transcendance Expanded*』の3冊は、権威あるノーティラス賞を受賞。平和を求める世界の先駆者として知られている。

agapelive.com

デボラ・モルダウ師

Reverend Deborah Moldow

異宗教間の叙任聖職者。自身の牧師職、国際平和活動、異宗教間の取り組み、講演、執筆などを通じて、人類の意識を平和の文化へと転換させることに尽力している。新たに台頭しつつある世界的な霊性運動のためのプラットフォーム「ガーデン・オブ・ライト」の創設者。また、ソース・オブ・シナジー財団のプロジェクトである「エボリューショナリー・リーダーズ」の責任者を務め、この重要な時代に人類の意識的な進化を加速させることにコミットしている先見者たちを集めている。また、20年以上にわたり「May Peace Prevail on Earth International」の国連代表を務め、平和のために世界中を旅している。メキシコのサン・ミゲル・デ・アジェンデにある自宅では、「スピリット・サロン」を開いている。

gardenoflight.org

カート・ジョンソン（博士）
Kurt Johnson, PhD

40年以上にわたって科学と比較宗教の分野の専門家として活動。国連をはじめとする国際的な委員会で活躍する一方、影響力のある書籍『来るべきインタースピリチュアル時代 *The Coming Interspiritual Age*』や、科学に関する2冊の受賞作『ナボコフのブルース』、『ファイン・ラインズ』の共著者でもある。また、ニューヨーク市のインターフェイス・セミナリー（多宗教間学校）やアメリカ自然史博物館との関係も深く、ボイス・アメリカの「コンバージェンス」ラジオシリーズや『コンバージェンス』、『ライト・オン・ライト』、『コンシャス・ビジネス』などの電子雑誌の共同主宰者も務めている。進化学と生態学の博士号をもち、200以上の技術的な科学論文を執筆している。インタースピリチュアリティのパイオニアであるウェイン・ティーズデール修道士と「インタースピリチュアル・ダイアログ」を共同設立。エボリューショナリー・リーダーズ、ユニティ・アース・ネットワークなど多くの団体のメンバーでもある。

lightonlight.us

編者紹介

ロバート・アトキンソン(博士)
Robert Atkinson, PhD

作家、教育者、発達心理学者であり、著書『私たちの中にある物語』〔塚田守訳、ミネルヴァ書房〕は2017年ノーティラス・ブック・アワードを受賞。他にも『深く生きる年:1969年の回想録 *Year of Living Deeply: A Memoir of 1969*』、『神秘の旅 *Mystic Journey*』、『物語の贈り物 *The Gift of Stories*』など8冊の著書がある。ペンシルバニア大学で異文化間の人類の発達のテーマで博士号を取得し、シカゴ大学で博士号取得後の研究を行った後、サザンメイン大学の名誉教授、「ストーリー・コモンズ」の統括者、ピスカタカ平和フォーラムの創設者を務めている。また、ライフストーリー・インタビューの国際的権威であり、個人的な神話作りと魂作りの技術のパイオニア。全体性と統一性を目指す進化の衝動を支援することに深くコミットしている。

robertatkinson.net

［訳者］

喜多理恵子

きた・りえこ

大阪府生まれ。通訳・翻訳家。
専門分野はスピリチュアリティ全領域、
ボディワーク、非二元論、心理学。
国内をはじめ海外でのワークショップや研修でも通訳を務める。
訳書は『早く死ねたらいいね!』
『ホームには誰もいない』（ともにナチュラルスピリット）
『アセンションミステリー［上］』『地球と自分を聖地に変えるあなたへ』
（ともにヒカルランド）その他。
ELM瞑想教師としても活動している。

Published by arrangement with Atria Books/Beyond Words,
a Division of Simon & Schuster, Inc.,
through Tuttle-Mori Agency, Inc., Tokyo

地球大崩壊を超えてゆく《意識進化》の超パワー！

いま最も メジャーな人たちの 重大メッセージ

第一刷　2023年1月31日

編者　ロバート・アトキンソン
カート・ジョンソン
デボラ・モルダウ

訳者　喜多理恵子

発行人　石井健資

発行所　株式会社ヒカルランド
〒162-0821 東京都新宿区津久戸町 3-11 TH1 ビル 6F
電話 03-6265-0852 ファックス 03-6265-0853
http://www.hikaruland.co.jp info@hikaruland.co.jp

振替　00180-8-496587

ブックデザイン　ニマユマ

校正　麦秋アートセンター

本文・カバー・製本　中央精版印刷株式会社

DTP　株式会社キャップス

編集担当　小澤祥子

ISBN978-4-86742-201-4

不思議・健康・スピリチュアルファン必読！
ヒカルランドパークメールマガジン会員とは??

ヒカルランドパークでは無料のメールマガジンで皆さまにワクワク☆ドキドキの最新情報をお伝えしております！　キャンセル待ち必須の大人気セミナーの先行告知／メルマガ会員だけの無料セミナーのご案内／ここだけの書籍・グッズの裏話トークなど、お得な内容たっぷり。下記のページから簡単にご登録できますので、ぜひご利用ください！

◀ヒカルランドパークメールマガジンの登録はこちらから

ヒカルランドの新次元の雑誌「ハピハピ Hi-Ringo」読者さま募集中！

ヒカルランドパークの超お役立ちアイテムと、「Hi-Ringo」の量子的オリジナル商品情報が合体！　まさに“他では見られない”ここだけのアイテムや、スピリチュアル・健康情報満載の１冊にリニューアルしました。なんと雑誌自体に「量子加工」を施す前代未聞のおまけ付き☆持っているだけで心身が“ととのう”声が寄せられています。巻末には、ヒカルランドの最新書籍がわかる「ブックカタログ」も付いて、とっても充実した内容に進化しました。ご希望の方に無料でお届けしますので、ヒカルランドパークまでお申し込みください。

創刊号は2022年11月刊行！

ヒカルランドパーク
メールマガジン＆ハピハピ Hi-Ringo お問い合わせ先

- お電話：03－6265－0852
- FAX：03－6265－0853
- e-mail：info@hikarulandpark.jp

- メルマガご希望の方：お名前・メールアドレスをお知らせください。
- ハピハピ Hi-Ringo ご希望の方：お名前・ご住所・お電話番号をお知らせください。

ヒカルランド　好評既刊！

地上の星☆ヒカルランド　銀河より届く愛と叡智の宅配便

すべてが叶う究極の次元〈アッパールーム〉の教え
【自己実現】の超法則
著者：ポール・セリグ
訳者：斉藤宗美
四六ソフト　本体 3,300円+税

ウブントゥ
人類の繁栄のための青写真（ブループリント）
著者：マイケル・テリンジャー
訳者：田元明日菜
推薦：横河サラ
Ａ５ソフト　本体 2,500円+税

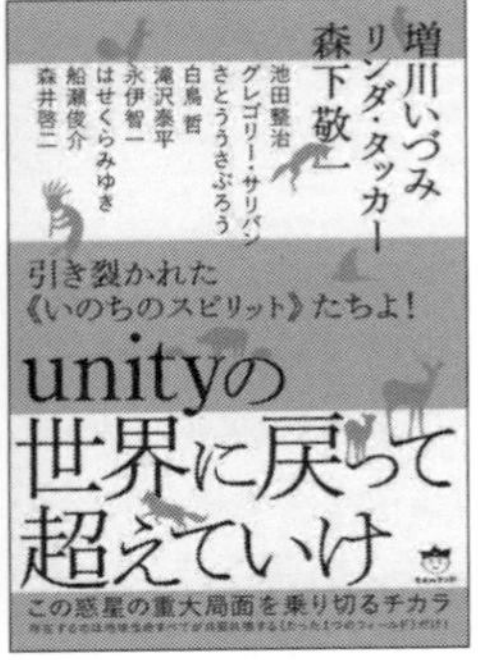

引き裂かれた《いのちのスピリット》たちよ！
unityの世界に戻って超えていけ
この惑星の重大局面を乗り切るチカラ
著者：増川いづみ／リンダ・タッカー／森下敬一 他
四六ソフト　本体 2,500円+税

天を味方につける生き方
世界中の民族に教えてもらった本当の豊かさ
著者：山納銀之輔
四六ソフト　本体 2,000円+税

インビジブル・レインボー
電信線から５Ｇ・携帯基地局・Wi-Fiまで
著者：アーサー・ファーステンバーグ
監修・解説：増川いづみ
訳者：柴田浩一
Ａ５ソフト　本体 4,550円+税

【新装復刻版】クロス・カレント
電磁波“複合”被曝の恐怖
著者：ロバート・O・ベッカー
訳者：船瀬俊介
四六ソフト　本体 2,300円+税